入門 被差別部落の歴史

寺木伸明 Teraki Nobuaki
黒川みどり Kurokawa Midori

解放出版社

はしがき

本書刊行の目的は、第一に、近年著しく深化してきた被差別民衆史研究、特にその一環としての部落史研究の現水準を踏まえた、入門書的な部落史通史を作成して同和教育・人権教育・人権啓発ひいては部落解放運動に資すること、第二に、部落史研究の発展によって明らかになってきた史実の概要を広く国際発信をしていくということにあります。本書刊行までの経緯について簡単に述べておきますと、一般社団法人部落解放・人権研究所では、上記二点の目的を実現するために、二〇一一年から二カ年計画で調査研究事業の一つとして「新版　被差別部落の歴史」（仮称）の原稿作成・編集・出版のための研究会を立ち上げ、一般財団法人原田伴彦記念基金から助成金を得て研究会活動を開始しました。前近代編の分担者を寺木伸明、近現代編の分担者を黒川みどりとして、研究会では部落史研究者はもちろん、同和教育・人権教育の研究者・教員、部落解放運動の活動家などの意見も積極的に聞くこととし、また、国際発信をしていくためにも海外の研究者の協力も得ることとしました。研究会では、多くの方々、特に友永健三さん（部落解放・人権研究所名誉理事）、イアン・ニアリーさん（オックスフォード大学教授）、西村寿子さん（当時、部落解放・人権研究所啓発・販売部長）から貴重なご意見・ご教示をいただきました。そして、この二年間の研究会活動の成果を踏まえて原稿を作成し、さらに多くの方々からご意見・ご批判をいただいて、より充実した単行本にしたいという趣旨で、二〇一四年一月から一五年一二月までの二年間、二四回にわたって部落解放・人権研究所の月刊誌『ヒューマンライツ』に連載いたしました。

本書刊行にあたって、広く国際発信をしていくために同時並行的に英訳をしてくださったイアン・ニアリーさんをはじめ、読者の方々のご意見・ご教示を参考にして原稿を補正するとともに、よりわかりやすくするために脚注・図版・写真を入れました。

ここで改めて、この調査研究事業を企画・実施していただいた部落解放・人権研究所および研究助成をしていただいた原田伴彦記念基金運営委員会に厚くお礼申し上げます。

本書が多くの方々、特に学校教員、人権啓発・研修にかかわる行政職員・企業内担当者、部落解放運動にかかわる活動家そして海外において日本の部落問題に関心をもっておられる方々に読まれて、所期の目的に少しでも沿うものとなれば、著者としてこれほど嬉しいことはありません。

二〇一六年一月二九日

寺木伸明

入門　被差別部落の歴史●目次

はしがき　寺木伸明　1

前近代編……寺木伸明

第1章●国家の成立と身分差別の発生・変遷――14
古代小国家の身分　14
邪馬台国の身分　18
ヤマト王権の成立と氏・姓　20

第2章●古代律令国家体制の成立と身分制度――22
律令体制の成立　22
律令制的身分制下での「賤民」制度の成立　23
律令制的「賤民」　24
律令制的身分制度の動揺と解体　25
渡来人が果たした役割と社会的位置　26
列島の東方・北方の住民と南島人への夷狄観と侵略　28
平安時代における、ケガレ観念に基づく差別の強まり　31
屠畜・皮革業者に対する職業差別の発生　34

第3章●中世社会の成立・展開と被差別民の生活・文化――38

中世社会の構造と展開　38
中世身分制の特徴　39
中世前期における「穢多」（清目・細工・河原者）の形成と状況　40
中世前期における「非人」とその生活　45
中世前期における散所とその生活　52
中世社会の変貌　54
中世後期における河原者（「穢多」・清目・細工）の仕事と生活　55
中世後期における「非人」および散所（声聞師）の仕事と生活　62
戦国時代のかわた（皮多・革多）　64

第4章● 近世社会と皮多／長吏身分（近世部落）の成立――71

豊臣政権・初期徳川政権の民衆支配とかわた／長吏　71
幕藩体制と身分制度　74
皮多／長吏（近世部落）の成り立ち　77
江戸時代の身分序列の真実　83
江戸前期における領主の被差別民統制と差別政策　85
江戸前期の皮多／長吏の多様な生業　90
江戸前期の皮多／長吏の役負担　96

第5章● 近世の多様な被差別民衆――100

「非人」身分の成り立ちと役負担　100

その他の被差別民衆　103

第6章●近世社会の展開と被差別民衆――108
江戸中期の社会の動向と幕藩領主の被差別民統制・差別政策　108
江戸中期の皮多／長吏の生業　111
江戸中期の被差別民をめぐる社会の状況　117
江戸中期における皮多／長吏と宗教　119

第7章●近世社会の動揺・崩壊と被差別民衆――123
江戸後期の社会の動向と被差別民衆　123
江戸後期の皮多／長吏の人びとの生業とその変化　125
被差別民衆の闘いと解放思想の展開　128
幕末・維新期の社会変動と被差別民衆――「解放令」前夜　131

近現代編……黒川みどり

第8章●近代における部落問題とは何か――134
はじめに――社会を問う　134
部落／被差別部落／同和地区　136

「身分」に代わる境界　138
近代における部落問題の始まり――「解放令」　140
公議所における議論　141
民部・大蔵官僚による推進　143

第9章 つくりだされる差別の徴表――146
「旧習」の維持　146
「開化」の理念による差別の否定　149
自由民権運動と部落問題　150
浮かび上がる貧困／不潔・病気の温床という徴　152
「異種」という眼差し　154

第10章 〝発見〟される被差別部落――159
行政村からの排除　159
結婚を阻む「家」の壁　161
大倉桃郎『琵琶歌』　163
立ちはだかる「身の素性」――『破戒』から　164
差別の徴表の払拭をめざして　166
部落改善政策の開始　167
「人種」という線引き　169

第11章●帝国の一体化を求めて――171
人種主義と「修養」 171
「特殊部落」から「細民部落」へ 173
大和同志会の結成――「実業の育成」による「臣民」化への途 175
「融和握手」のための起源論構築 176
帝国公道会の成立――「民族の融和」 179
「新天地」――移住・移民 180
目的と手段の転倒――大和同志会と帝国公道会 183
「一般部落民の開発」 183

第12章●米騒動／人種平等――185
米騒動の発生 185
弾圧の集中 187
つくられる「暴民」・「特種民」像 189
「同情融和」 190
人種差別撤廃要求と部落差別 192
人種起源論の粉砕 193
同愛会の誕生 195

第13章●自らの力で解放を――197

「自覚」の追求　197
燕会――「無差別社会の住人」を求めて　198
誇りの回復――全国水平社の創立　201
被差別体験と重ねて　204
被差別部落の女性――忍耐と服従　206
婦人水平社の結成　207
衡平社／解平社　209

第14章●解放か融和か――212

社会主義をめざして　212
水平社運動への反発――世良田村事件　213
〝同じ〟無産階級として　215
「ブラク民」意識の死守　217
中央社会事業協会地方改善部から中央融和事業協会へ　219
精神運動か経済運動か　222

第15章●「国民一体」とその矛盾――226

経済問題の浮上　226
水平社解消論とその修正　228
「国民一体」への合流　230
日中全面戦争の開始と水平社による戦争協力の表明　232

「大東亜建設」への「国民一体」の従属 233
融和教育の開始 234
「民族」による包容 235
「反国家的行為」としての差別 237
大政翼賛会と同和奉公会の成立 238
資源調整事業と「満州」移民 239
「同和運動」の消滅 241

第16章●戦後改革と部落解放運動の再出発 243
部落解放全国委員会の結成 243
天皇制との対決 244
貴族あれば賤族あり 246
とり残される被差別部落 248
国策を求めて／部落解放同盟の成立 249
立ち上がる女性たち 252
全国同和教育研究協議会の結成 255

第17章●「市民」をつくる／「市民」になる 258
「市民」をつくる 258
「国の責務」の承認——同対審答申 260
新たな境界 262

狭山事件——差別の徴の再刻印　264
部落解放運動の高揚と広がり　266
「路地」という語り／木の国・根の国物語　268

第18章◎「市民社会」への包摂と排除——272

同和対策／部落解放運動の再点検　272
「部落民」とは何か　274
「誇り」の語り　275
マイノリティとの連帯　279
「同和」から「人権」へ——特別措置法の廃止　280

第19章◎部落問題の〈いま〉を見つめて——283

近年の意識調査から　283
部落問題の〝後退〟〝無化〟　284
「市民社会」を見つめる　290
普遍的人権の意識獲得をめざして　292

あとがき　黒川みどり　294

参考文献一覧　296

掲載写真所蔵・提供一覧　302

一、引用文は原表記を尊重したが、旧漢字は新漢字に、歴史的仮名遣いは新仮名遣いに改めた。また、適宜、句読点を補い、難読語にはルビを付した。

一、出典は本文中、または脚注に記した。

一、巻末に参考文献一覧を付した。

一、本文・脚注に［　］で記した文献は、参考文献一覧に記載があるものを示す。

前近代編

寺木伸明

第1章●国家の成立と身分差別の発生・変遷

古代小国家の身分

私たちが、今、その解決を課題としている部落差別をどのように定義づけるかは、諸説があって難しい問題ですが、その差別の淵源《えんげん》が前近代に存在していた身分差別に結びついていることは確実です。そのため、部落差別の歴史を考えるとき、どうしても身分差別そのものの発生とその後の歴史的変遷をおさえておくことが必要であり、重要です。また、部落差別は単独に孤立して存在してきたわけではなく、その他の差別問題と関連し重層的に存続してきましたので、特に先住民族差別との関連で、日本人の起源から理解していくことが重要です。

日本列島にわれわれの直接の先祖である新人（ホモ・サピエンス）が住みはじめたのは、現在の研究では後期旧石器時代の四万〜三万五〇〇〇年前とされています［上田二〇一二a］。この時期は地球の寒冷期で、インドシナ半島から東南アジアにかけてはスンダランドと称され、アジア大陸とつながっていました。特に約二万年前は最も寒い時期であり、黄海・東シナ海・南シナ海などの大部分が干上がったため日本列島も大陸とつながったと考えられています。われわれの先祖は、このスンダランドあたりの、つまり東南アジアの旧石器時代人にルーツを有し、主として大陸伝いに日本列島に到達したのではないかという説が有力です［埴原《はにはら》一九九五］。なお、北東アジアの後期旧石器時代にも原モンゴロイドがいて、彼らも日本列島に入ってきた可能性もあるという意見もあります［尾本一九九六］。いずれにしても、その子孫が縄文人であるとされています。

青森県三内丸山遺跡の柱跡

縄文時代は、約一万五〇〇〇年前から始まり、弥生時代が始まる紀元前五世紀ごろまで続きます（弥生時代の始期については諸説があります）。この時代の特徴は、たとえば縄文文化の高さを象徴するような青森県の三内丸山《さんないまるやま》遺跡にみられるように、水田耕作の跡がみられないこと、青銅器や鉄器などの金属器が出土しないこと、また集落の周りに濠《ほり》や柵などの防御施設がみられないことです。この実に長い時代は、けっして停滞していたわけではなく、豊かな文化をはぐくみながら発展を続けていたのですが、基本的には採集・狩猟・漁撈《ぎょろう》生産の段階にとどまっていて、必要生産物の生産しかできず、剰余生産物の存在しない社会でした。そのため、私有財産や階級・身分の差がなく、指導者である長老は存在していても支配・被支配の関係はなかったと考えられます。また、共同体間・集団間の戦争・戦闘もなく、したがって防御施設は不要でした。

ところが、紀元前五世紀ごろから水田の耕作（稲作）や金属器の使用が始まると、急速に生産力が高まり、剰余生産物の生産が可能になり、私有財産が発生し、貧富の差も大きくなり、支配・被支配の関係が生まれてきました。佐賀県の吉野ケ里《よしのがり》遺跡をはじめ多くの弥生時代の集落の遺跡から濠・柵などの防御施設が発見されるのも、戦争・戦闘が始まるようになったことを示しています。なお、イネの伝来経路についても南島沿いに伝わったとか朝鮮半島から伝わったとか、諸説があります。金属器などは主として朝鮮半島からもたらされたと考えられます。

縄文時代の終わりごろから東北アジア系の集団が主として朝鮮半島から北部九州や本州の西端部に渡来し、弥生時代以降、渡来人の数は急速に増え、やがて近畿地方にまで拡散してヤマト王権のもとでの文化の基礎をつくり、さらには東日本、四国、南部九州にまで広がり、在来の縄文系の集団と混血しながら「本土日本人」が形成されていったとする考えが有力視されています。また、アイヌ民族や琉球《りゅうきゅう》人は、地理的関係からあまり混血が進まず、それゆえ両者は縄文人系の特徴を色濃く残していると考えられています〔埴原一九九五、尾本一九九六など〕。ちなみに今から約六五〇〇〜七〇〇〇年前に縄文人が九州から奄美《あまみ》・沖縄諸島へ移住したとされ、約五〇〇〇年前までは奄美・沖縄諸島の文化と九州の文化との間には大きなちがいはみられなかったとされています〔安里一九九三〕。

なお、日本語のルーツを言語学的研究から究明してインド南部のタミル語に求め、紀元前数百年のころ南インドから稲作・金属器・機織《はたおり》という当時の最先端をゆく文明をもつ人びと（タミル人）が日本列島に到来し、やがてその言語・文化がそれ以前から居住していた人びとの間にも定着したのではないかという興味深い見解もあります〔大野一九九四〕。

ここで大事なことは、日本社会はその当初から東南アジア系および北東アジア系の集団からなると考えられ、しかも縄文末期ごろからは北東アジア人が大量に渡来してきて混血してきたのであって、けっして単一民族社会ではなかったという事実です。その後も、北海道を中心として、縄文人系で、その後渡来人とあまり混血しなかったとみられるアイヌの人びとが独自の言語と文化をもって歴史を営んできたのであり、また、同様に琉球人も独自の文化を形成・発展させてきたことを忘れてはいけないと思います。その他、かつてはクマソ（熊襲）・ハヤト（隼人）・クズ（国栖）・ツチグモ

（土蜘蛛）と蔑称を付された集団もいて〔大林一九七五、中村一九八六、沖浦二〇〇二〕、大和朝廷によって制圧され同化させられて「本土日本人」化したと考えられていることにも注意しておかなければなりません〔埴原一九九五〕。加えて、稲作文化だけではなく非稲作文化（海の民や山の民による漁撈・狩猟・焼畑に基づく文化）も各地で存続・発達してきた事実も重要です。

さて、今から二〇〇〇年ほど前になると、列島には各地に小国家が分立するようになります。紀元前後のことを記したと考えられている中国の『漢書《かんじょ》』*1地理誌には、朝鮮半島の沖合に倭人《わじん》がいて、一〇〇余りの国に分かれていると記しています。『後漢書』*2東夷伝《とういでん》には、建武中元二年（西暦五七）に福岡県の博多近くにあったとみられる奴国《なこく》の王が中国の後漢の光武帝に使いを遣わしたことがみえ、永初元年（一〇七）には倭国の王が生口《せいこう》一六〇人を献上したと記されています。この生口の実態については諸説がありますが、奴隷と同じような存在と考えられています〔井上一九八七〕。これらの記録によれば、小国家内部には、王—大夫《たいふ》—生口という階層が存在していたことがわかります。

*1　中国の前漢（前二〇六～後八年）の正史。後漢の班固《はんこ》撰。八二年ごろ成立。

*2　中国の後漢（二五～二二〇）の正史。南朝宋の范曄《はんよう》撰。四三二年ごろ成立。

邪馬台国の身分

さらに西晋《せいしん》の陳寿《ちんじゅ》が太康年間（二八〇～二八九）に著した『三国志』のなかの『魏《ぎ》

志《し》』東夷伝倭人の条（いわゆる「魏志倭人伝」）によれば、三世紀前半ごろの邪馬台国《やまたいこく》には女王―大人《だいじん》―下戸《げこ／かこ》―奴婢《ぬひ》・生口という階層がありました。女王卑弥呼《じょうおうひみこ／ひめこ》が死んだとき大きな塚を作って奴婢一〇〇人余りを「徇葬《じゅんそう》」したとあります。これは殉葬のことと解釈され、殉死と考えられます［井上一九八七］。この奴婢も先の生口と同じく奴隷的存在であったとみられます。また、下戸が大人に道で会えば、道端によけて両手を地につき、跪《ひざまず》いて恭敬《くぎょう》（慎み敬うこと）したとありますので、大人と下戸の間に厳しい身分差があったことが明らかです。階層序列化は、「卑狗《ひこ》」「卑奴母離《ひなもり》」などの官僚制度や法律・徴税制度によって具体化されていました。

　以上みてきたような諸階層は、しだいに生まれによって決まる階層、つまり「代々世襲によって継承され、固定化される生得的な社会的地位」［寺木一九九二］である身分として固められていったと考えられます。

　こうした身分は、現在では国家権力による一元的な政治的作為によるものではなく、政治も含めて共同体、社会的分業（職業）、階級関係、風俗・習慣および宗教の教義や支配思想などと結びついた観念に基づいて成立し、また、それらの変化によって身分も変遷していくものと考えられています［横井一九六二、石母田《いしもだ》一九六三、矢木一九六九、黒田一九七二、沖浦・野間一九八三、寺木二〇〇九］。部落差別の形成過程を考えるうえでも、こうした複雑な諸要素・契機とその絡み合いをきっちり見極めていくことが重要です。

なお、「魏志倭人伝」によれば、三世紀前半ごろの風俗について誰かが亡くなると一〇日間ほど喪《も》に服し、その間、肉を食べず、遺体を葬ったあと一家あげて水中にいたって沐浴《もくよく》（湯や水を浴びて体を清めること）のようなことをする、と記しています。仏教や儒教・道教が入ってくる以前から、服喪中の肉食の禁忌（タブー）や後の禊《みそぎ》*3につながるような風俗があったことがうかがえます。

*3　身に罪またはケガレがあるとされるとき、また重要な神事の前に川の水などで洗い清めること。

ヤマト王権の成立と氏・姓

邪馬台国が北九州にあったのか、近畿地方（特に奈良県）にあったのか、あるいはそのほかの地域にあったのか、諸説があって定まりません。いずれにしましても奈良県桜井市域の三輪山《みわやま》北西部を中心に三世紀中葉から四世紀の中ごろに前方後円墳が築造されており、この時期には、この地域にヤマト王権の基盤があったとみられます。

このヤマト王権は、中国や朝鮮の先進文化を吸収しながら、しだいに各地の豪族・小国家を配下に収め、巨大化していきます。巨大権力の象徴が、面積では世界で最も広い墳墓である大山《だいせん》古墳（伝仁徳《にんとく》天皇陵）です。全長約四八六メートル、平面積四七万平方メートルもあり、甲子園球場が一二も入る広さです。古代の工法で、この古墳の築造にはピーク時二〇〇〇人の作業者で工期一五年を要すると推定されています。

さて、ヤマトの王はやがて五世紀ごろには高句麗《こうくり》（朝鮮古代の国名。前一世紀ごろ～六六八年。百済《くだら》・新羅《しらぎ》と合わせて朝鮮三国という）などの大王の称号にならって大王《おおきみ》と称するようになります。雄略《ゆうりゃく》天皇のことと考えられている「ワカタケル大王」の名が刻まれた鉄剣が、埼玉県行田《ぎょうだ》市の稲荷山《いなりやま》古墳から、また同じく大刀が熊本県玉名郡和水《なごみ》町の江田《えた》船山《ふなやま》古墳から出土しました。このことから五世紀ごろには、この王権が少なくとも東は埼玉県域から西は熊本県域に及ぶ広い範囲を支配下においていたことがわかります。

この王権の統治システムはまだよくわからないところが多いのですが、部民制《ぶみんせい》によって支えられていたとされます。部民制は、五世紀ごろ大王の宮廷内に形成されはじめていた家産的な労役奉仕の体制が百済の官司制を参考にして整備されたと考えられています。それがしだいに地方の豪族の所有する人民にも適用されるにいたって全国的な社会組織になりました。また、氏《うじ》と称された、血縁でつながる同族であると信じられている集団（実際には血縁でつながっていない人も多かったという）に、この氏を単位として姓《かばね》（臣《おみ》・連《むらじ》・君《きみ》・直《あたい》・首《おびと》・村主《すぐり》）という政治的地位を示す呼称が大王から与えられていました。

第2章●古代律令国家体制の成立と身分制度

律令体制の成立

朝鮮半島からの渡来の波のピークの時期は、四時期ないし三時期に分けられるようですが［井上一九九九］、五世紀後半から末期・六世紀初頭も一つの大きな渡来の波がありました。朝鮮半島の高句麗《こうくり》は紀元前一世紀、百済《くだら》・新羅《しらぎ》では四世紀に国家形成を終えており、この時期に渡来した人びとは国家組織・行政の知識を日本にもたらしました。五世紀初頭から高句麗が強盛になり百済・新羅を圧迫して朝鮮半島は激動期に入りました。倭《わ》王権*1も、この影響を受けざるをえず中央集権的な統一国家の形成により、この国際的危機を切り抜けようとしていました。こうして朝鮮三国からの渡来人によってもたらされた国家形成に関する知識をもとにして国家組織の整備が進められました。律令《りつりょう》*2体制の準備は、六世紀末〜七世紀初頭ごろから始まります。推古《すいこ》朝（五九三〜六二八）には遣隋使《けんずいし》が派遣され、中国の統一国家隋に関する知識ももたらされました。その後、遣唐使による唐の国家組織に関する情報ももたらされ、やがて

*1　日本という国号は七世紀後半の天武朝の時から使用されはじめたとされる。

*2　律は刑罰体系を定めたもので、令は国家の行政法のこと。

「大化《たいか》の改新《かいしん》」による部分的改革を経て六七二年の「壬申《じんしん》の乱」後の天武《てんむ》天皇のときに律令体制の整備を行いました。なお天皇号は、天武天皇の前の天智《てんじ》天皇期に使われていた可能性が高く、天武朝では確実に使用されていたと言います［上田二〇一二b］。こうして日本における律令体制は、六八九年の飛鳥浄御原令《あすかきよみはらりょう》と七〇一〜二年の大宝《たいほう》律令の施行で完成しました。この体制は、変動・動揺・衰退はあったものの平安末期まで約五〇〇年間も続き、その影響は明治維新まで残り、明治以降の官制の名称にまで影響が及んだのです。

律令制的身分制下での「賤民」制度の成立

古代律令制的身分制度では、中国の良賤《りょうせん》制度に基づき、国民を良と賤に分け、超越的存在としての天皇のもとに、天皇の臣下である貴族官人層―天皇の民（公民）である百姓《ひゃくせい》―品部《しなべ／ともべ》・雑戸《ざっこ》などの雑色人《ぞうしきにん》が良人とされ、陵戸《りょうこ》―官戸《かんこ》・家人《けにん》―官奴婢《かんぬひ》・私《し》奴婢《ぬひ》が「賤」とされました。

良賤制は、六八九年の飛鳥浄御原令で成立しました。当初、「賤」身分は、官奴婢（公奴婢《くぬひ》）と私奴婢の二つで、翌年の庚寅年籍《こういんねんじゃく》で奴婢身分が確定されたとされています。奴婢は、代々世襲され、良民との通婚は禁じられ、姓をもつことを許されませんでした。この奴婢は、何代にもわたって隷属してきた者や犯罪などで没官《もっかん》（人身を没収すること）された奴隷層に由来し、主として共同体内部から生み出されてきたとされています。この点、奴隷は共同体の外部から戦争や売買によってもたらされた西洋古典古代と相違します。六九三年になると、百姓は黄色衣を、奴婢は皁《くろきぬ》（橡墨色《つるばみすみぞめの》衣《ころも》。紺のかかった黒色）を着用させられ、身分が一目でわかるようにされました。*3 七〇一年の大宝令から公奴婢は官戸と官奴婢に、私奴婢は家人と私奴婢に分けられました。七一八年の養老令《ようろうりょう》から天皇陵などの守衛と清掃を担当する陵戸が新たに「賤」身分に加えられました。この措置は唐令に倣《なら》ったもので、死穢《しえ》とかかわるゆえに賤とされたのではないようです［神野一九九六b］。ともあれ、ここに「五色の賤」と言われる「賤民」制度が整ったのです。

＊3 『日本書紀』持統天皇七年正月二日の条。

律令制的「賤民」

官戸・公奴婢は、政府に隷属する身分であって、官戸は宮内省官奴司《くないしょうかんぬし》に所属し、雑役に使われました。家族を持つことは許され口分田《くぶんでん》も良身分と同じように支給されました。公奴婢は各官司に隷属した、より下層の身分で、やはり雑役を担いました。売買の対象とされ、家族は持てず、口分田も良民の三分の一でした。家人・私奴婢は、貴族や寺社に隷属した人びとで、家人は家族を持つことが許され、売買は禁止されていたようです。口分田は良民の三分の一でした。私奴婢は、やはり貴族や寺社に隷属した人びとで、家族は持てず、売買の対象とされ、牛馬同然の扱いを受けました。口分田も良民の三分の一でした。「賤民」は、同色婚《どうしきこん》、つまり同じ身分の者同士の結婚を強制されていました。

注目すべきは、大安寺・薬師寺などでは寺域の東北隅に「賤院」や奴婢専用の門を配置し、官奴婢を支配する官奴司なども藤原宮・平城宮などの東北の角のあたりに設けられていて、鬼門《きもん》の方角にあったことです*4。また、寺奴婢は、汚穢《おわい》を清める灑掃《さいそう》*5を主な職掌にしていました［神野一九九六b］。

*4　陰悪《いんあく》の気が集まり、鬼が出入りする方向と考えられていた。

*5　水をそそぎ塵《ちり》をはらうこと、掃除すること。

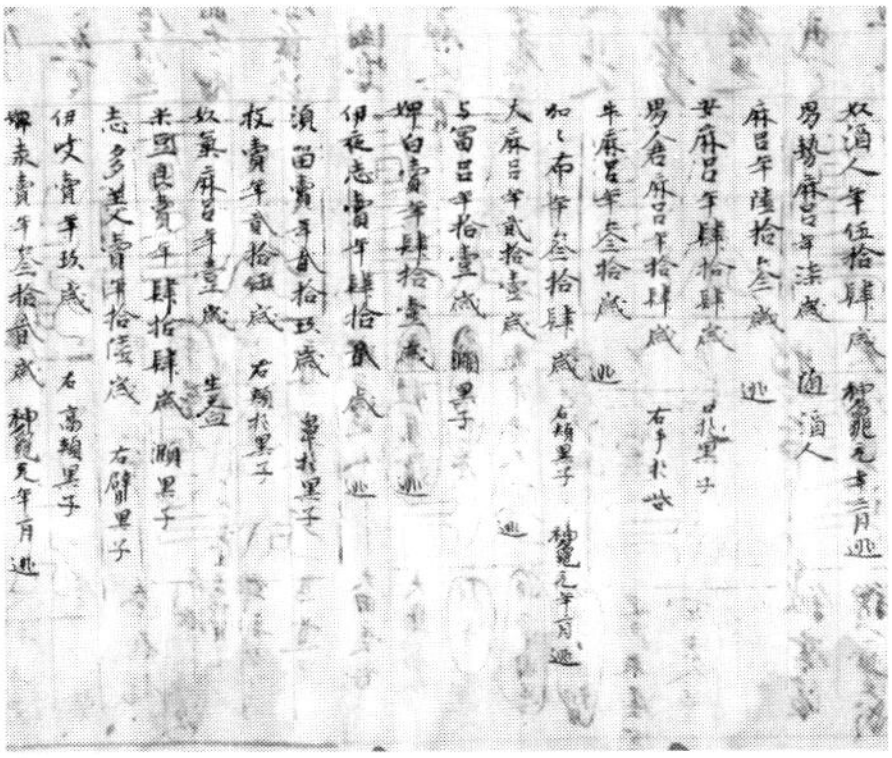

奴婢逃亡を示す「逃」の記載がある計帳
（山背国愛宕郡出雲郷雲上里計帳）

律令制的身分制度の動揺と解体

やがて奈良時代末から平安時代に入ると荘園制*6が発展し、公地公民制が崩れていくにしたがい、律令制的身分制度も動揺し、ついには基本的には解体していきます。それに連動して賤民制度も衰退し崩壊していきます。奈良時代においてすでに奴婢が逃亡して良民に紛れ込むという事態が起こっていました。神護景雲《じんごけいうん》元年（七六七）には、

*6　八世紀後半から一六世紀後半まで存続した土地領有システム。一一世紀後半から一五世紀後半までの時期においては、荘園が政治・経済・社会の根幹を規定する機能を果たしていた。

常陸国《ひたち》（現茨城県）の鹿島神社の「賤男」八〇人と「賤女」七五人が解放されて良民に編入されています。良賤間の通婚も黙認されるようになり、なかには奴婢と結婚して課役から免れようとする者まで現れてきました。[*7] 古代天皇制国家も、こうした民衆の動きを無視できず、それまで良賤間の子どもはすべて「賤民」にしていたのを改めて延暦《えんりゃく》八年（七八九）、良民と賤民の間にできた子を良民とすることにしました。[*8] 延喜《えんぎ》七年（九〇七）になると、奴婢そのものが停止されました。[*9] もっとも、その後の記録に奴婢のことが散見されますので、この法令によって奴婢が完全に解放されたわけではありませんが、律令制的賤民制が解体しはじめたことは否めません［神野一九八六、神野一九九三］。[*10]

*7 奴婢は、租税などの負担を免除されていた。
*8 『日本書紀』大化元年八月五日の条。
*9 『続日本紀《しょくにほんぎ》』同年五月一八日の条。
*10 『政事要略』巻八四。

渡来人が果たした役割と社会的位置

前述のように朝鮮半島からの渡来の波のピークは数度に及んでいますが、そのうちの五世紀後半から六世紀初頭の渡来の波の時期は、ヤマト王権が成立しつつあるときで、行政組織が整備される時期にあたり、文化的にも技術的にも高い水準の能力を身に付けていた渡来人たちは、差別待遇を受けるどころかむしろ重用されていました。たとえば東漢氏《やまとのあやうじ》や西文氏《かわちのふみうじ》は政府の記録・出納・外交文書の作成などに大きな役割を果たしました。また、錦織部《にしごりべ》や韓鍛冶部《からのかぬちべ》や陶部《すえべ》などに属して、各種手工業の発展に尽くしました。直《あたえ》・使主《おみ》・忌寸《いみき》・史《ふひと》・村主《すぐり》などの姓《かばね》を与えられた渡来人も少なくありませんでした。天皇家と婚姻関係を結んだ渡来人もいました。たとえば桓武《かんむ》天皇の母親は、光仁《こうにん》天皇夫人の、百済系渡来人の高野新笠《たかののにいがさ》でした。奈良時代の高僧行基《ぎょうき》や東大寺の前身の金光明寺造営に造仏長官となった国中公麻呂《くになかのきみまろ》も百済系の渡来人でした。各地に百済・新羅・高麗《こま》・太秦《うずまさ》などの渡来人系の地名が残っていることも、彼らの活躍を物語るものです［井上一九九七、井上一九九九］。日本古代の政治・経済・技術・文化・芸術の分野で渡来人の活躍とその影響がきわめて大きかったことは明らかです。たしかに、古代においても部分的には支配者の間には渡来人差別・賤視が認められるにしても、それは支配権力の側によってつくりだされたものであり、民衆社会に存在していたわけではないことに留意しておかなければなりません［井上一九八七］。

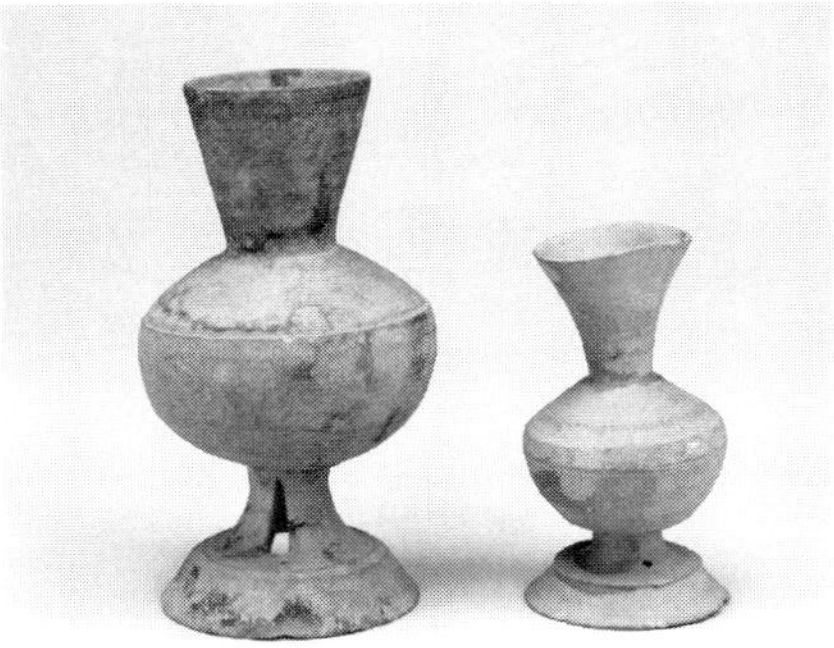
朝鮮半島渡来の新技術で作られた須恵器

なお、古代、朝鮮の国々からの渡来人をかつては「帰化人《きかじん》」と称してきましたが、元来、日本の大王・天皇の徳を慕って日本に「帰化」した人という意味であって、史実とは異なっているうえ、中国からの渡来人には使用しなかったもので、朝鮮人を卑賤《ひせん》視する、当時の支配者の意識が反映した用語ですから、現在では渡来人という言い方が適切であると考えられています［井上一九九七。なお、渡来人については上田一九六五参照］。

列島の東方・北方の住民と南島人への夷狄観と侵略

古代律令制国家は、その内部においては上に「聖なる存在」として天皇・皇族を置き、下に「卑しい存在」として「賤民」を置くという身分差別制度を敷くとともに、天皇制国家の支配下の「内国《うちつくに》」を世界の中心とみて「華夏《かか》」の地とし、服属しない列島北方の人びとを「蝦夷《えみし》」[*11]と呼び、「南島人《みなみのしまひと》」と呼ばれた南西諸島の人びとが住んでいたところを「蛮《ひな》の居所《いどころ》」と称して共に夷狄視《いてきし》して圧迫を加えました［神野一九八六、神野一九九六ａ］。

『日本書紀』景行《けいこう》天皇二七年二月一二日の条には列島の東方・北方に住む人びとのことを「蝦夷」と呼び、「撃《う》ちて取るべし」という武内宿禰《たけのうちのすくね》の奏言があり、同天皇四〇年七月の条には天皇が「蝦夷悉《ふつく》に叛《そむ》きて 屢《しばしば》 人民《おおみたから》を略《かす》む」と述べ、日本武尊《やまとたけるのみこと》に対して彼らの「識性《たましい》」は「暴強《あらびこわく》」で「凌犯《しのぎおか》」すことを宗《むね》としていると訓示したことが記されています。この時点では、まだ天皇の称号はありませんでしたし、のちの八世紀段階の律令制国家の考えが述べられているとみられます。もちろん東北地方や北

＊11　蝦はガマ・ヒキガエルあるいはエビという意味がある。夷は中国の中華思想で東にいる異民族を貶《おとし》めていう用語。

海道地方にも、古くから人びとが住んでいて縄文時代においてはたとえば青森県三内《さんない》丸山《まるやま》遺跡に象徴されるような、縄文文明とも称されるような高い豊かな文化を発展させてきました。特に北海道地域では地理的関係によって、渡来してきた弥生系の人びととの混血が進まず、また、水田耕作も紀元前三世紀には津軽平野までは届いていましたが津軽海峡を越えて北海道地域に広がることはなかったようです。この文化を続縄文文化と言います。[＊12] 北海道地域ではその後も擦文《さつもん》文化・オホーツク文化という独自の文化を形成してきたのです。もちろん、本州の住民と北海道地域の住民との交流・交易は盛んに行われていました［工藤二〇〇一］。

古代律令制国家は、独自の生活・文化を営んでいた東北・北海道地域の人びとを蝦夷と蔑《さげす》み、東北侵略のため大化三年（六四七）に渟足《ぬたり》の柵《き》（現新潟市域）を設けたのをはじめ、神亀《じんき》元年（七二四）には多賀城《たがじょう》（宮城県多賀城市）を置きました。六五八年以来、数度にわたって阿倍比羅夫《あべのひらふ》を遠征させています。こうした侵略軍に対して東北の人びとは当然のことながらしばしば抵抗し、反乱を起こしました。延暦八年（七八九）には阿弖流為《あてるい》率いる軍勢が大和朝廷軍を破っています。ただし、延暦二一年（八〇二）征夷《せいい》大将軍坂上田村麻呂《さかのうえたむらまろ》軍に降《くだ》り、河内国で斬殺《ざんさつ》されました。

先走って言っておきますと、東北地方南部の住民はだんだん日本国に制圧されるようになりましたが、平安末期にいたるまでなお現在の盛岡市と秋田市を結ぶ線以北

＊12　同様の文化は東北北部にも広がっていた。

は、律令国家の支配外でありまして、その線以北の人びとをさして「蝦夷」と言うようになっていきました。「蝦夷」の読みも、「エミシ」から「エゾ」へと変わりましたが、初めのうちは東北北部の住民も含む言葉でした。平安末期・鎌倉時代以降、東北北部まで日本国の支配が及び、ついに本州の北端部を北条氏が掌握することとなり、政府の直接支配の外は津軽海峡以北の地域のみとなりました。北海道を中心とした地域の住民は、その後も独自の歴史を歩み、アイヌ民族を形成したとされています［高橋一九八六、海保一九八七、工藤二〇〇一］。

なお、律令国家による列島東北部征服戦争により制圧された人びとで日本各地に集団的に配置された人びとを「俘囚《ふしゅう》」と言います。この俘囚が被差別部落の起源をなすという説は、古代的身分制度が解体するとともに消滅し、俘囚という表現自体もみえなくなり、中世以降、俘囚への差別的状況は確認されませんので、この説は学問的に成り立たないとされています［井上一九九七］。

一方、列島の最南部の琉球地域の歴史について言いますと、同地域で旧石器時代の人骨とされる港川人《みなとがわじん》の骨が発見されており、歴史的起源はきわめて古いのです。前にふれましたように、その後、約六五〇〇～七〇〇〇年前に縄文人が九州から奄美・沖縄諸島へ移住したとみられ、約五〇〇〇年前までは縄文文化の範囲内にありましたが、列島最北部と同様、地理的関係から弥生系の人びととの混血はほとんど進みませんでした。そのため文化的な個性化を強め、独自の文化を形成していきました。七〜八世紀に大和国家と一定のかかわりをもっていたことが文献や木簡《もっかん》によって知られています［新城二〇〇八］。

平安時代における、ケガレ観念に基づく差別の強まり

ケガレ観念とは、「本来的には、斎《いみ》ごもりを行い清浄な環境の中で神を迎え、食国《おすくに》の政《まつりごと》を報告し食《け》を奉る祭のときに、不浄な物に触れることで神の怒りを買い、食国の政が損なわれること、すなわち「食《け》」あるいは作物の「毛」が枯れることが穢であった」［森一九九六］とされています。古代において神が憎むとされた「不浄な物」には、人や動物の死体、埋葬、改葬、傷胎《しょうたい》（流産）、出血、月事《げつじ》（月経）、懐妊、出産、病気、肉食、失火などがありました。*13 こうしたケガレに触れると、災い・不幸が生じるとして恐れられました。前述のように紀元三世紀前半ごろの列島社会では、人が亡くなると一〇日間ほど喪に服し、その間、肉を食べない、葬った後、一家をあげて水中で沐浴《もくよく》のようなことをするという風習がありましたから、*14 後の肉食の禁忌（タブー）や死穢の考えにつながる意識が芽生えていたことがうかがえます。

奈良時代の天平宝字《てんぴょうほうじ》元年（七五七）の天皇の詔《みことのり》のなかに重罪人を「穢奴等《きたなきやっこども》」ととらえる記述があって、*15 罪穢《ざいえ》を奴婢と結びつける観念があったようです。ただし、奈

*13　ケガレとされたものに触れると怪我・病気・死など不幸が起こると考えられていた。ケガレ観念については、［山本一九九二、神野一九九七、宮田一九九六、沖浦・宮田一九九九］等を参照。

*14　『魏志倭人伝』。

*15　『続日本紀』天平宝字元年七月一二日の条。

良時代においては、穢は、固定概念としては存在しなかったとされます〔大本二〇一三〕。

ところが、平安時代に入って弘仁《こうにん》一一年（八二〇）成立の「弘仁式」（原本は失われています）に、延長《えんちょう》五年（九二七）成立の「延喜式」（九六七年施行）にみられるものとほぼ同様の穢の規定が存在していたことが逸文でわかります。[*16]「延喜式」では、穢悪事に触れて忌むべき日数が人の死は三〇日、出産は七日、六畜（牛・馬・羊・鶏・犬・豚）の死は五日、出産は三日、肉食は三日と規定されました。他の条項で失火なども忌むべきものとされ、また、甲→乙→丙とケガレは三転[*17]するものとされました。

このうち、人の死にかかわる規定から葬送業者に対する職業差別が、月事や出産にかかわる規定から女性差別が、動物の死体にかかわる規定から屠畜《とちく》業者・皮革業者に対する職業差別[*18]が強められたと考えられます。「延喜式」の別の条項では、「鴨御祖《かものみおや》社《やしろ》南辺は、四至《しいし》の外に在ると雖《いえど》も、濫僧《ろうそう》[*19]・屠者《としゃ》など、居住するを得ず」と規定され、京都の下鴨《しもがも》神社の四至（この場合、神社の境内をさすと考えられます）の外の南側（賀茂川と高野川の合流地点のあたり）には濫僧や屠者（屠畜業者）は住んではいけないとされて、排除されたのです。以降、各神社では物忌《い》み規定を設け、神社の境内はもとよりその周辺でもケガレを極力排除しようとする傾向が強まっていきました。

ところで、「弘仁式」や「延喜式」などのケガレの規定は、日本に入ってきていた

*16 『改定史籍集覧　編外一　西宮記』臨時六「定穢事」。

*17 甲のケガレが乙に、ついで乙から丙に伝染すること。

*18 これが後述するように後に部落差別につながっていく。

*19 正式に得度《とくど》をしていない、みだらな僧侶という意味で蔑まれていた。

仏教経典のうち密教経典である『陀羅尼集経《だらにじっきょう》』の影響を受けていたとされます。この経典の巻第九の中の「烏枢沙摩解穢法印《うすさまげえほういん》第十七」で死体や婦人の出産、六畜の出産（血）を見ることがケガレであるとされ、かつ、この経典が奈良時代には日本にもたらされていて、天平《てんぴょう》八年（七三六）以降、たびたび書写され、触穢《しょくえ》規定が成立する平安初期の段階までに盛んに受容されていました［大本二〇一三］。

また、日本に伝来した大乗仏教の重要経典とされる『妙法蓮華経《みょうほうれんげきょう》（法華経《ほっけきょう》）』の中に菩薩《ぼさつ》などの僧侶は、「旃陀羅《せんだら》、及び猪《い》・羊《よう》・雞《けい》・狗《く》を畜《やしな》い、畋猟《でんりょう》し漁捕する諸《もろもろ》の悪律儀に親近《しんごん》せざれ」（「安楽行品」第十四）とあります。旃陀羅というのは、サンスクリット語のチャンダーラの中国語への音写語で、インド古代におけるカースト制度の下の最下層身分の一グループ（サブ・カースト）の人びとをさす用語です。つまり、経典には、僧侶は最下層身分の人びとや家畜業者（屠畜業者も含まれます）・狩人・漁師などの「悪律儀」の人びとと親しく接してはいけないと書かれているのです。旃陀羅や屠畜業者や肉を食べる人を「悪人」とみたりする記述は他の大乗仏典にもみられます。[＊20] こうした大乗仏典（日本では古くは漢訳仏典に拠ってきました）の教義の影響が、初めは天皇・皇族・貴族や知識人中心に及んでいたものが、平安時代後期になるとしだいに庶民にも及ぶようになり、また都から地方へと広がっていったと考えられます。このように「弘仁式」や「延喜式」などのケガレの規定、大乗仏典、特に『陀羅

＊20　『大般涅槃経《だいはつねはんぎょう》』『観無量寿経《かんむりょうじゅきょう》』等、［仲尾一九八二、遠藤一九九七］参照。

尼集経』の教義、そして神社の物忌み規定などの影響により、屠畜業者（この当時は皮革業者と未分化の場合が多かったでしょう）に対する差別が強まっていったと推測されます。

屠畜・皮革業者に対する職業差別の発生

部落差別の発生にかかわって屠畜・皮革業者に対する職業差別との関連は、きわめて重要ですので、少し詳しくふれていきます。言うまでもなく、列島社会においても、元来、肉食が忌まれていたわけではありません。また、屠畜業にかかわる人びとや皮革業にかかわる人びとがもともと差別を受けていたわけでもありません。まず屠畜・肉食からみていきますと、縄文人は、鹿や猪《いのしし》を好み、兎《うさぎ》・狐《きつね》・狼《おおかみ》・狸《たぬき》・カワウソ・ムササビなどを食し、猿まで食べていました。家畜の豚は、弥生時代に稲作とともに大陸から連れてこられた可能性が高いとされています。牛馬は、古墳中期時代以降になって、その存在が確認されます［松井一九九三］。古代においては殺牛馬の信仰も存在していました。[*21] 天武天皇四年（六七五）四月には肉食禁止令が出されていますが、それは四月から九月の間だけ牛・馬・犬・猿・鶏の肉を食べてはいけないということであって、その時期以外は食べてもよかったし、猪・鹿・兎などはいつ食べてもよかったのです。奈良時代までに猪の肉や脂《あぶら》を進貢するために猪名部《いなべ》・猪飼部《いかいべ》が存在

＊21 『日本書紀』皇極元年（六四二）七月の条。

していて、猪を飼い、屠畜していた人びとが存在していました〔加茂一九七六〕。養老律令の「厩牧令《くもくりょう》」によりますと、「凡《およ》そ官の牛馬死なば、各《おのおの》皮・脳《なずき》・角《つの》・胆《い》を取《と》れ。もし牛黄《ごおう》[*22]を得ば、別《こと》に進《たてまつ》れ」とあって、各牧場には牛馬の解体に従事した「牧子《ぼくし》」がいたと考えられます。天平一六年（七四四）に「天下の馬飼《うまかい》雑戸人等」が「汝《なんじ》らの今負う姓、人の恥ずる所也《ところなり》」と記されていることから[*23]、馬飼らが、社会的に恥ずかしいと思われる状況にあったことがわかります。一〇世紀前半に成立したとされる『倭名類聚鈔《わみょうるいじゅしょう》』には、「屠児《とじ》　和名恵止利《えとり》　牛馬肉を屠《ほふ》り、鷹雞《たかひな》の餌を取るの義なり。殺生及び牛馬肉を屠り、取り売る者なり」とあり、「屠児」（屠者）の和名が餌取であったことがわかりますが、その屠者について差別的記述は見当たりません。ところが、同じころの延喜一四年（九一四）四月二八日の三善清行《みよしきよゆき》「意見封事《ふうじ》十二箇条」では、悪僧を批判するのに「形は沙門《しゃもん》に似て、心は屠児のごとし」[*24]というように差別的にみられていました。

次に皮革業者についてみてみましょう。皮革は有機質であるため土中で腐りやすく遺跡からの発掘例はほとんどありませんが、古墳時代には、牛・馬・猪・鹿などの皮革は存在していたとみられています。奈良県の藤ノ木古墳の石棺周辺から、鹿革の細片とみられるものが出土しています。西暦七〇〇年ごろのものとされています〔出口一九九九〕。『日本書紀』仁賢《にんけん》天皇六年の条に「日鷹《ひたか》の吉士《きし》、高麗より還りて、工匠《てひと》須《す》

＊22　牛の腸・肝・胆に生ずる結石で、高貴薬とされていた。

＊23　『続日本紀』天平一六年二月一二日の条。

＊24　『本朝文粋』巻第二。

流枳《るき》・奴流枳《ぬるき》等《ら》を献《たてまつ》る。今、大倭国《おおやまとくに》の山辺郡《やまべのこおり》の額田邑《ぬかたむら》の熟皮《かわおし》の高麗は、是其《これそ》の後なり」とあります。おそらく五世紀末ぐらいに朝鮮の高句麗より製革技師を招いて、より優れた皮革の生産に努めようとしたものでしょう。「大化の改新」のときに百済の手部《てひと》や高句麗の狛部《こまべ》を大蔵省《おおくらしょう》内蔵寮《くらりょう》に置いて製革業に従事させたようです。「養老令」によれば、大蔵省に典履《てんり》をおいて履物《はきもの》や鞍《くら》の縫い作りを司《つかさど》らしめ、その下に百済の手部一〇人を置いて縫わせ、典革一人を置いて染革を司らしめ、その下に狛部六人を置いて革を染めさせたことが記されています。前掲の養老律令の「厩牧令《くもくりょう》」によれば、官牧の牛馬が死ねば皮を取ることが定められていましたので、おそらく「牧子」が皮剝ぎにも従事していたのでありましょう。諸国の正税帳《しょうぜいちょう》には、多くの馬皮・馬革・牛皮・牛革・鹿皮・鹿革の記事がみえます。これらの斃牛馬《へいぎゅうば》処理に当たったのが馬飼《うまかい》雑戸・狛戸・百済戸であったとされます〔丹生谷一九九三〕。宝亀《ほうき》一一年（七八〇）八月、光仁天皇は、牢固《ろうこ》で耐久性のある革製甲冑《かっちゅう》の製革を命じ、その一〇年後の延暦九年（七九〇）閏《うるう》三月には「蝦夷《えみし》」を制圧するためとして諸国に二〇〇〇領の革甲を製作するように命じています（『続日本紀《しょくにほんぎ》』）。このころまでに専門的な皮革業者が各地に存在していたと考えられます。特に在地においては屠畜業と皮革業が未分化の状況でしたから、皮革業者もまた、奈良時代から「人の恥ずる所」というような状況に置かれはじめ、一〇世紀以降、屠畜業者・皮革業者が当時の日本社会のなかで、主としてケガレ観念や大乗仏教のなかの差別的教義に基づいて排除・差別を受け、一三世紀ごろには京都を中心にしてしだいに交際を断たれていくようになったと推測されます。

こうした差別は、特定の文化・社会の所産であって、列島社会の中でも、前述のような、三つの事柄、つまり「弘仁式」や「延喜式」などのケガレの規定、大乗仏典、特に『陀羅尼集経』の教義、そして神社の物忌み規定の影響が強く及んだ地域に限定されることに注目しておかなければなりません。たとえば肉食の禁忌について、「前近代の北海道・琉球においては、肉食の禁忌がなく稲作への傾倒が弱い、という共通項の存在」が指摘されています［原田一九九三］。そのこととも関連して両地域では、屠畜業者・皮革業者が差別されることはなかったと考えられます。それ以外の、当時の日本社会においても、水田耕作があまり進まず焼畑農業・狩猟を主たる生業としていた地域や大乗仏教のなかの差別的内容・神社の物忌みの影響をあまり受けなかった地域では、屠畜業者・皮革業者に対する差別は、稀薄であったと思われます。

第3章●中世社会の成立・展開と被差別民の生活・文化

中世社会の構造と展開

社会の重要な基礎をなす土地制度において、荘園制[＊1]の発展によって古代の公地公民制度は徐々に侵食され、いわゆる荘園公領制[＊2]が形成されていきます。政治の面でも摂関政治から院政を経て平氏政権、ついで一二世紀の末期に鎌倉幕府が成立し、武家政権が東国に出現しました。しかし、幕府が支配できたのは、主として鎌倉を中心に御《ご》家人《けにん》を配置した領域でありまして、西国には京都を中心に王朝政権がなお勢力を保っていましたから、北海道地方と琉球《りゅうきゅう》地方を除く日本地域は大きく二つの国家に分立していたとされます〔網野一九九七a〕。しかも、特に西国では興福寺や延暦寺などの寺院勢力なども荘園領主として独自の支配権を有していましたから（僧兵などの軍事力も保持していました）、中世前期の日本社会は複雑でした。

東国の政権である鎌倉幕府が元弘《げんこう》三年（一三三三）に滅亡し、後醍醐《ごだいご》天皇が「建武《けんむ》の新政」を行ったものの、しばらくして南北朝の対立が起こり、以降、六〇年も動乱

＊1　二五頁の注6参照。

＊2　荘園と公領（国衙《こくが》領）とを土地制度の基本的要素とする制度。

が続きました。

この動乱を経て日本社会は大きく変化しましたので、ここではそれまでを中世前期とし、動乱終結の一四世紀末以降の室町時代・戦国時代を中世後期とします。

中世身分制の特徴

中世身分制の特徴は、第一に、古代律令制的身分制度のように全国的規模で法制的に規定されたものではありませんでしたので、天皇・皇族、公家、有力武家・寺家・社家などを除けば、流動的であったことです。[*3] 中世後期の下剋上《げこくじょう》がその象徴です。第二に、先に述べた中世社会の複雑な構造を反映して、身分制も全国的、単一的なものではなく、その系列も多様だったことです。たとえば黒田俊雄は、この系列を次のような四つ、つまり村落（住人―間人《もうと》―乞食）、荘園・公領（本家・領家―荘官―本百姓―小百姓―下人《げにん》）、権門の家産支配秩序（武家の幕府の場合：別当―執事―奉行―御家人―雑色《ぞうしき》）、国家体制（貴種―司・侍・官人―凡下《ぼんげ》―「穢多《えた》」）に分類しました［黒田一九七二］。東国と西国での、また、京都・奈良・鎌倉とその他の地域での、身分の種類やありかたのちがいや中世前期と後期との時代による差異も大きかったと考えられます。

＊3　古代の戸籍や近世の宗門人別改帳のような戸籍簿もなかった。

中世前期における「穢多」（清目・細工・河原者）の形成と状況

中世前期における被差別民についてみますと、主要なものとして「穢多」*4・「非人」および散所《さんじょ》*5があげられます［丹生谷二〇〇五、服部二〇一二］。それらの被差別民を総称して「非人」と理解する考え方も有力ですが［黒田一九七二、丹生谷二〇〇五など］、狭義の「非人」と「穢多」とは「職種、そして賤視《せんし》の度合いが異なっており、共通性はむしろ少ない」［服部二〇一二］という意見もあります。筆者も後述するように「穢多」を中世「非人」と同じようにみて、「非人」身分として括《くく》るのには無理があるのではないかと考えます。

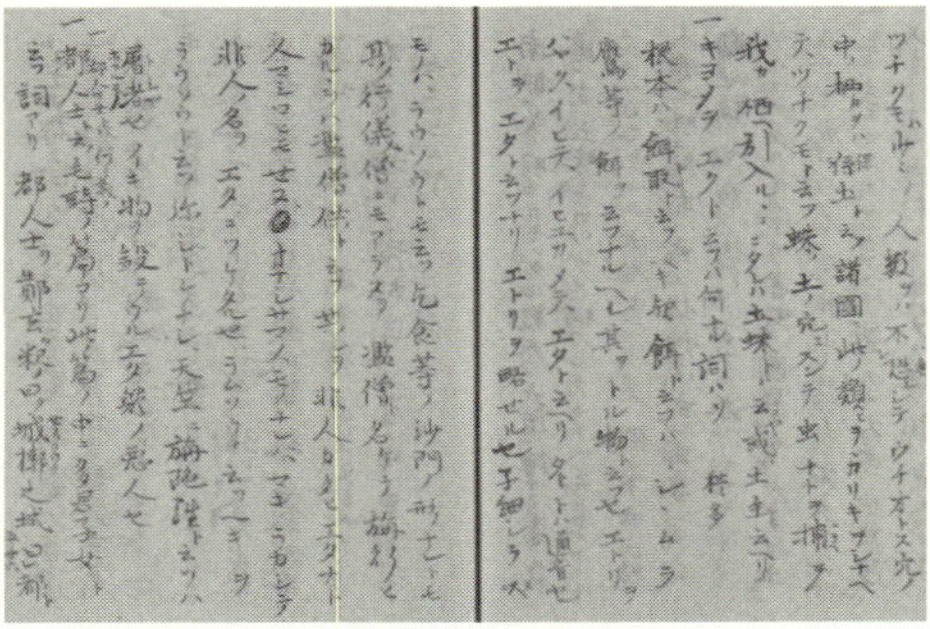
「えた」の初見史料（『塵袋』）

まず「穢多」について述べますと、一三世紀後半に成立した『塵袋《ちりぶくろ》』には、「キヨメ」を「エタ」*6とも言うとあり、「餌取《えとり》」に由来することが記述され、「天竺《てんじく》ニ旃陀羅《せんだら》ト云《い》フハ屠者也、イキ物を殺テウルエタ躰《てい》ノ悪人也」とあります。これによりまして「穢多」が清めにかかわり、屠者（屠畜業者）であって、「人マシロヒモセヌ」（人交わり、つまり交際を断たれている）状況にあったことがうかがえます。また、「悪人」視されていたこともわかります。一三

＊4　清目《きよめ》・細工《さいく》とも称された。河原者《かわらもの》とも呼ばれるようになる。

＊5　差別されない散所も存在していた。声聞師《しょうもじ》・舞々《まいまい》とも称された。

＊6　同じ個所に漢字で「穢多」とあるのは、後世の記入と推測されている。

京都・鴨河原の「穢多童」の様子（『天狗草紙』）

世紀末の作とされる『天狗草紙《てんぐぞうし》』には、京都の鴨《かもの》河原《かわら》の「穢多童」が鳥を捕獲し、かつ庭に皮が干してある場面が描かれています。「穢多」と称された人びとが皮革業にも従事していたことが示されています。

前述のように奈良時代より前においては、差別されていなかったと考えられる屠畜・皮革業者が奈良時代には「人の恥ずべき所」と見なされるようになり、平安時代に入って「延喜式《えんぎしき》」の規定によって下《しも》鴨《がも》神社の南側の川の合流地点に居住していたと思われる屠者が排除されたのをはじめ、しだいに社会から差別されるにいたったのです。長和《ちょうわ》五年（一〇一六）一月の記録には、鴨川の河原のあたりに住んでいたと思われる「河原人」が死牛の皮を剥いでいたこと、牛黄《ごおう》*7を見つけて取り出したことが書かれていますから、*8皮を剥ぐだけではなく、肉も処理していたと考えられます。鎌倉時代の「穢多」は、この「河原人」と関係が深いと考えられます。承暦《じょうりゃく》四年（一〇八〇）六月に検非違使《けびいし》*9（庁）の下文《くだしぶみ》によって醍醐寺（現京都市伏見区）に二名の餌取《えとり》が寄付されていることがわかります。「清目《きよめ》」としての所

*7　三五頁の注22参照。

*8　『左経記』同年一月二日の条。

*9　平安初期に設置された警察・軍事担当の官職。奈良時代の令《りょう》にはなかった新しい官職ということで、令外官《りょうげのかん》と言われた。

役として障泥《あおり》*10や裏無《うらなし》*11の上納、掃除などがありました。この餌取は、後の河原者《かわらのもの》と同じであったと考えられています〔丹生谷一九八六〕。屠畜・皮革業に従事していた餌取が清目として掃除を担い、また、草履《ぞうり》を上納していたことが注目されます。正治《しょうじ》二年（一二〇〇）、藤原定家が嵯峨より出京しようとする途次、人骨があり、それを片付けさせたのは近辺に住んでいた清目と呼ばれるものであったと言います〔山本一九九五〕。検非違使（庁）がケガレ＝キヨメの管理や「非人施行《せぎょう》」にかかわっていたことが明らかにされてきていますが、中世「非人」身分の形成と構造に検非違使（庁）が果たした役割はほとんど決定的であるとされます〔丹生谷一九九三〕。以上は、京都およびその周辺の事例です。

次に奈良・大和国についてみますと、「穢多」と同義語である「細工」の初見は、文永《ぶんえい》二年（一二六五）一二月のことです。関白一条実経《さねつね》が春日社参詣のため奈良を訪れることになったさい、迎賓《げいひん》準備のため興福寺寺中および周辺の掃除のうち般若寺坂《はんにゃじざか》の墓地の掃除を担当させられたのが「横行」と「細工」でした〔奈良県立同和問題関係史料センター二〇〇二〕。弘安《こうあん》五年（一二八二）の記録に一乗院《いちじょういん》の「諸座寄人《よりうど》」のことが見え、そのなかに裏無の本座・新座の記述があり、かつ、一乗院の諸座の寄人が承和《じょうわ》二年（一〇七五）前後に形成された可能性があり、その時期に裏無の座が生まれたと考えられています。奈良でも中世後期の室町時代には「エンタ」（細工）が板上利《いたじょうり》*12を

*10　馬具の一種で、泥が飛びはね衣服を汚すのを防ぐための皮革。

*11　藺草《いぐさ》や檳榔毛《びろうげ》などで編んだ草履。草履は普通二枚重ねて作るが、一枚で作ったことから裏無と言われるようになった。藺金剛《いこんごう》・緒太《おぶと》とも言う。

*12　草履の裏に板を付けたもの。

献上する例がみられることから、この座は細工によって構成されていたと考えられています〔同前〕。延慶《えんぎょう》三年（一三一〇）、法隆寺北東の極楽寺《ごくらくじ》で、「カセヒ野ノ細工」が捕えられた盗賊を断頭していますから〔同前〕、この時点までに細工が行刑《ぎょうけい》役を担っていたことが判明します。

なお、「穢多」と称された人びとは、史料をみるかぎり主たる生業は、屠畜・皮革業（裏無草履などの履物《はきもの》も製造していた）でありまして、この仕事に従事する人たちも他の専門職人と同じく、技術・知識や道具を要する専門業者でありますから、「庶民の共同体から貧乏・障害・重病などによって欠落し」て「穢多」になったと考えるのは〔たとえば脇田二〇〇二〕、困難だと考えます。なんらかの事情で没落して河原周辺に住みついたのではなく、河原の側に居住したのは、皮鞣《なめ》し工程において川の水と皮干場として河原・土手などが必要であったからでしょう。もちろん没落した人びとが河原の側の屠畜・皮革集団に入ってきたことはあるでしょう。また「皮革製造を世襲する人びとが……一般共同体から排除され、「葬送・放牧の地」たる河原の住民となっていた」とみるのも〔丹生谷二〇〇五〕、疑問です。皮革業者が社会から排除されて河原の住人になった場合もあるにしても、もともと仕事に適した河原の側に居住していた皮革業者が、差別が強まるなかで河原者と呼ばれるようになったと考えるのが、より自然ではないでしょうか。

いずれにしましても中世前期に「穢多」・細工・河原人（者）が史料に現れるのは、京都・奈良およびその周辺に限られています。京都・奈良に近い大阪府域でも「穢多」の初見は、中世後期の応永《おうえい》二七年（一四二〇）一月のことです［布引二〇〇九ａ］。幕府が置かれていた鎌倉およびその周辺でも、今のところ、史料的に確認できていないのは、東国の武家政権の性格ともかかわるのかもしれません。

もちろん、それ以外の地域にも皮革業者がいたことは確認できます。九州の肥後国では、建武五年（一三三八）一月の記録に「カハタ」とあり、皮多をさしているのではないかという意見があります［服部二〇一二］。関東の常陸《ひたち》国でも、康永《こうえい》四年（一三四五）の記録に「かわた」の記載がみられます［同前］。その他、中世前期の皮革業者にかかわる史料は、安芸《あき》国、紀伊国などでもみられます。しかし、史料上からは差別の様相はうかがえないとされています［同前］。そもそも関東・東北地方では、皮としては劣る馬が多く、皮として良質な牛が少なく、皮革業者がもともと少なかったであろうことも考慮しておく必要があるでしょう［有元二〇〇九］。

おそらく中世前期においては屠畜・皮革業者に対する、主としてケガレ観に基づく疎外・排除・差別は、古代の都であり、天皇・皇族・王朝貴族が住んでいた奈良・京都およびその周辺に限られる傾向にあったとみられます。部落差別の形成過程を考える場合、こうした地域性、そしてその地域性をもたらした事情をさらに詳しく解明していくことが大切です。

中世前期における「非人」とその生活

中世の二つ目の、主要な被差別集団は、「非人」の人びとです。前に述べましたように中世の被差別民全体を「非人」身分で括《くく》る意見もありますが、筆者は「穢多」（河原者）をそこに含めることには問題があると考えています。また「穢多」が「非人」集団から後に分化したというのも問題で、両者はそもそも発生史的に相違すると考えています。繰り返しになりますが、近世の皮多に系譜的関係の深い「穢多」の人びとは、主として屠畜・皮革業者に由来し、他の被差別集団のように病者・孤児・貧民などに由来するものではないと考えるからです。しかし、あとでふれます散所《さんじょ》（差別されていた散所のみ）については、「散所非人」という記載もあり、＊13「非人施行」も受けており、＊14広義の「非人」身分に含めることに異存はありません。ここで取り上げる「非人」は、狭義の「非人」で、主として「宿《しゅく》非人」とも称される人びとのことです。

「非人」という言葉は、元来、仏教用語で、鬼神など人間でないものを言いました。平安初期には罪人をさすようになり、鎌倉初期には出家者という意味でも使用される場合がありましたが、しだいに没落者という意味でしか使われなくなったと言います

＊13　『門葉記』貞治《じょうじ》三年（一三六三）五月八日条。
＊14　たとえば『公衡公記』別記「後深草院崩御記」嘉元《かげん》二年（一三〇四）八月二〇日付。

［脇田二〇〇二］。

京都には、平安時代初期には左右京職《きょうしき》のもとに東西悲田院《ひでんいん》が設けられていました。早くから葬送の機能をもち、河原にもかかわりをもっていました。寛平《かんぴょう》八年（八九六）には、京中の病者・孤児を収容して大蔵・宮内両省の古綿・畳などを給付することにしていました。一一世紀に入ると、国家の手で悲田院を維持するのが難しくなり、病者（特に「らい者」[*15]）・孤児自ら「乞食《こつじき》」をして生活せざるをえなくなっていきました［網野一九九四］。

「らい者」については、大乗仏典のなかでも重要経典とされる『法華経』の、鳩摩《くま》羅什《らじゅう》による漢訳では、「普賢菩薩勧発品《ふげんぼさつかんぱつぼん》第二八」において、『法華経』を受持する者を見て「過悪」を出《い》だせば（非難すれば）、現世に「白癩《びゃくらい》の病」を得んと説かれていて、「らい者」を『法華経』誹謗《ひぼう》の報いを受けた者と見なすようになって、やがて差別を助長することにつながりました。ただし、サンスクリット原典からの翻訳によれば、当該箇所は「このような極致の受持者である男性出家者たちに非難〔の言葉〕を聞かせるものたち、それらのものたちの身体は、実に現在において斑点が生じるであろう。」となっています［植木訳二〇〇八］。日本古代に伝来した『法華経』は、サンスクリット原典ではなく、漢訳仏典であったことに留意しておく必要があります。

やがて病者・孤児・貧民たちは、乞食をするため民間信仰の中心地であり、多くの

＊15　ハンセン病者と重症の皮膚病患者。ハンセン病は、微弱な菌による感染症で、特効薬が開発され、現在では完治する。しかし、長く続いてきた差別のためにいまだに社会の壁が厚く、国立ハンセン病療養所などに収容された元患者たちの社会復帰が困難な状況が続いていることを忘れてはいけないと思う。その差別と闘いの歴史についてはさしあたって［藤野編一九九六］を参照。

人びとが集まる清水寺坂下で、葬地鳥辺野《とりべの》の入り口にもあたるところにも集住するようになりました。そうした場所を宿《しゅく》と言います。保元《ほうげん》三年（一一五八）九月に中山忠《ただ》親《ちか》が亡母三周忌を営んだときには法要の場に「清水坂非人」が来て施米を要求しています。このころには、清水坂下にいた病者・孤児・貧民たちが「非人」と呼ばれ、集団化を遂げ、かつその集団を取り仕切る長（のちの長吏《ちょうり》）も存在していたと推測されます。彼らは、鎌倉初期においては清水寺に所属していました。なお、延久《えんきゅう》二年（一〇七〇）に祇園社《ぎおんしゃ》*16が三条から五条間の鴨川東岸の地の領有を認められたため、清水坂下は祇園社領南端に位置することとなります。そのため後に、清水坂下の「非人」と祇園社は密接な関係を有することとなりました［山本一九九五］。

「非人」の成り立ちからしまして、生活の基本は「乞食」でありました。日常的に行われる物乞いだけではなく、葬儀や法会《ほうえ》のときの施し物を受け取ることができました。また、葬儀に使われた道具類・供物《くもつ》も取得することができ、これらがしだいに彼らの権益となっていきました。その権益の範囲（テリトリー）を「乞庭《こつば》」と言いました。この集団の頭《かしら》である長吏は、清水坂宿を本宿として、しだいに畿内各地に形成されてきた宿を末宿として支配するようになります。清水坂下には、有力末宿の長吏が常駐し、「長吏の下座《しもざ》」と言われたところで合議し運営を行っていました。各宿には、長吏の下に「二﨟《にろう》」が置かれていて、配下の「非人」を支配していました。

*16　一〇世紀末以来、天台宗延暦寺に所属。現八坂神社。

「清水坂非人」のうちで祇園社に奉仕し、主として同社内の穢《けが》れの除去を行う人びとを犬神人《いぬじにん》と称しました。彼らは、同「非人」集団内部の武装勢力でもあって、地子滞納者の住宅を破壊したり、対立する宗派を攻撃するための武力としても用いられました〔田良島一九九五a〕。彼らは、孤児・貧民であるという理由だけでなく、鳥辺野という葬地の入り口近くに住み、掃除など、穢れにかかわる清めの仕事に従事していたことや「らい者」が穢れていると見なされたため、*17差別を受けていました。弓弦《ゆんづる》売りもしていたので、弦召《つるめそ》とも言われました。

次に中世前期の奈良の「北山非人」を簡単にみておきましょう。その初見は、承元三年（一二〇九）のもので、「北山宿非人」と記されています。京都に比べると、史料上は約半世紀ほど後のことになります。「奈良坂宿非人」とも称されました。場所は、奈良町北方の丘陵地のあたりで、奈良と京都を結ぶ般若寺越え京都街道付近にあったと推定されています。藤原定家『明月記』元仁《げんにん》二年（一二二五）三月一二日条に「南京下人」の言葉として「奈良北山濫僧《ろうそう》長吏法師」が、「其の病」（おそらく「らい病」）に罹《かか》らず「容儀優美法師」であったと伝えていることにより、逆に言えば「奈良北山濫僧長吏法師」は、「らい者」であるはずだという認識があったことを物語っています。服部によれば、奈良時代の聖武天皇の時代に北山に公的な救らい施設があり、「京奈良街道ぞいには、休憩所となる宗教施設付近に、半ば自然発生的に患者た

*17 『今昔物語』巻第二〇。

ちの小集落が成立していった」と推測されていますので、その発生はさらに古い時代にさかのぼれるかもしれません〔服部二〇一二〕。奈良でも、「非人」たちの生活の基本は、「朝出て夕帰る」物乞いでした。その他、興福寺・春日社の用務として道路の不浄物の取り片付け、犯罪者の逮捕、死体・死鹿《しろく》の処理などを行っていました。また、若狭《わかさ》・土佐・筑後などの国名を名乗り、田畑を所持して百姓役を負担し、家屋敷も持ち、それを子孫に相伝していました。その集団内部には、「らい者」と彼らを管理する「非らい者」とが存在していました。

この奈良坂宿も、興福寺に従属しながら京都の清水坂宿同様、しだいに各地の宿を末宿として配下に組み込み、支配するようになっていきました。鎌倉期に大和国内に確実に存在したと認められる宿は、奈良坂宿・額田部《ぬかたべ》宿・三輪宿など七宿とされ、そのほか一〇宿も大和国内に存在したであろうことが推定されていて、大和国・山城国のほか、和泉《いずみ》・近江《おうみ》・伊賀・丹波・紀伊にも散在していました〔奈良県立同和問題関係史料センター二〇〇一〕。

やがて京都の「清水坂宿非人」と奈良の「奈良坂宿非人」が対立して抗争を繰り広げるにいたったことはよく知られています。

寛元《かんげん》二年（一二四四）二月・三月の相論《そうろん》（訴訟して争うこと）の際、奈良坂が六波羅《ろくはら》探題《たんだい》に提出した「陳状」によって事件の内容が知られると同時に、両本宿が畿内近国

中世の「非人」の様子（「一遍上人絵伝」）。左側の輪が「非人」・乞食が供養を受けているところ（Image:TNM Image Archives）

に多くの末宿を系列下に置いて支配していたこと、「非人」支配は領主の土地支配とは別の論理に基づいていたこと、両本宿とも武闘勢力をもっていたこと、提訴権をもっていたこと、内部に自検断《じけんだん》という警察裁判権をもっていたことが判明しています［大山一九七六a、脇田二〇〇二］。

次に、京都・奈良および畿内近国以外では、狭義の「非人」の人びとの存在は、どうだったのか、検討しておきましょう。律宗《りっしゅう》の西大寺叡尊《えいそん》に学んだ忍性《にんしょう》は、北条時頼・重時らに請《しょう》じられて、文永《ぶんえい》四年（一二六七）鎌倉極楽寺の開山となりました。忍性は、極楽寺に悲田院・療病院を建立しました。さらに鎌倉にいる間に「浴室・病室・非人所」を設置しました。また、鎌倉周辺の悲田院に温室（「非人湯」）があったとみられますので、鎌倉およびその周辺に「らい者」を中心とする「非人」が居住していたとみられます。服部は、律令官制で、悲田院のみならず延命院・続命院・救急院などが置かれたとし、大宰府《だざいふ》にも続命院が建立されていたことを指摘し、かつ、各国の国衙《こくが》（国府）にも当然設置されていただろうと述べています。また、実際、弘安九年（一二八六）の関東式目《かんとうしきもく》に筑前国療病寺・極楽寺のことが記されていることを明らかにしています［服部二〇一二］。

以上のように、「非人」集団については、中世前期からあるいは古代末期から京都・奈良を中心に畿内近国をはじめ、幕府が置かれた鎌倉、そして各国の国衙とその周辺に、西国と東国とを問わず、かなり広範囲に存在していたであろうことが推測されます。これは、先にみた「穢多」が、中世前期では主として京都・奈良およびその周辺に限定される傾向があったのに比べて、かなりちがうところです。その主要な事情としては、今後さらなる検証を加えていかなければなりませんが、前述のように「穢多」（河原者）は皮革業を主たる生業としていましたから、皮革産業が盛んであった西日本に偏り、他方、「非人」は「らい者」および孤児・貧民が中心でありましたので、京都・奈良およびその周辺を中心としながらも、全国各地に広く存在することになったのであろう、と考えています。

中世前期における散所とその生活

次に三つめの主要な被差別民である散所《さんじょ》についてごく簡単に述べます。

散所は、元来、本所《ほんじょ》に対して正規でない、副次的な、あるいは散在するもの、という意味でした。たとえば、元の官庁に属しながら他に配属された者を散所人と呼びました。散所随身《ずいじん》などがそれです。したがって、散所全体が差別されていたわけではなく、中世前期散所のうち、庭の掃除などを担当した「庭払い」「庭掃《にわばき》」散所が差別された存在でした〔丹生谷一九九三、同二〇〇五、山本二〇〇四〕。京都では、康和《こうわ》五年（一一〇三）の記事に鳥羽殿・法勝寺《ほっしょうじ》・尊勝寺にそれぞれ「庭掃」の記載が見えます。[*18] 千秋万歳《せんずまんざい》[*19]にかかわった山科《やましな》の散所は、一二世紀末までさかのぼれる可能性が高いとされます〔丹生谷二〇〇五〕。これら寺社に多い掃除散所には、京中散在の乞食たちが組織されたのではないかと推測されています〔山路一九九五a〕。

千秋万歳（『三十二番職人歌合絵巻』）

掃除散所の職掌は、第一に、名称の通り権門《けんもん》寺社の掃除役[*20]です。第二に、新年を寿《ことほ》ぐ千秋万歳を演じることです。第三に、臨時の築地《ついじ》搗《つ》きや庭造りなどです。

*18 『為房卿記』同年八月一二日条。

*19 年初に祝福のために訪れ、祝言を述べたり、歌舞を演じる芸能。平安中期から室町期に盛んに行われた。

*20 穢れにかかわる清め役。

第三のことについては、中世後期の「穢多」も従事しており、後述します。

次に、奈良の状況についてみてみましょう。奈良では、史料上、掃除散所としては現れず「横行」（読みは不明）として出てきます。その初見は、文永二年（一二六五）のことで、「細工」とともに興福寺の命により「逆野辺」（般若寺坂の墓地）の掃除に従事していました。この横行が居住していた場所には、中世後期になると、声聞師《しょうもじ》と呼ばれる人びとが住んでいましたので、同一の階層であったと考えられます。散所は、後に声聞師とも呼ばれたので、大和の横行も、京都およびその周辺の散所と同様の存在であったと思われます。法隆寺周辺や永久寺周辺にも存在していました［奈良県立同和問題関係史料センター二〇〇二］。

なお、中世前期の掃除散所（横行）は、山城・大和・近江など畿内近国に極限される傾向にあり、管見のかぎりでは、その他の地域では服部が紹介した文治《ぶんち》三年（一一八七）八月付筑前国筥崎《はこざき》根本社領坪付帳（土地台帳）に「さんしょ」（散所）の記載があるのみです［服部二〇一二］。

中世前期において、前記「穢多」（清目・河原者）・「非人」・散所の三階層だけではなく、獄囚《ごくしゅう》・放免《ほうめん》*21・濫僧などの被差別民もいました。彼らもまた、広義の「非人」とみられていました。

こうした多様な被差別民を中世社会全体のなかで、どのような社会的位置づけをす

＊21　釈放された囚人で検非違使庁の最下級の職に就いていた人たち。ほうべんとも言う。

べきか、については、中世の被差別民全体を「非人」身分で括れるとし、「身分外身分」「体制外身分」ととらえる黒田〔一九七二〕、「非人」身分を「凡下・百姓の一つの特殊な形態」と規定する大山〔一九七六a、一九七六b〕、また、「中世の非人を「職人」身分の一つととらえる立場に立つ」網野〔一九九四、一九九八〕、黒田説を継承して広義の「非人」で総称できるとする丹生谷〔二〇〇五〕などの諸説がありますが、この点につきましては、被差別部落起源論ともかかわる重要な論点でありますので、中世後期の被差別民の実相も踏まえてあとで検討することにします。

中世社会の変貌

元弘《げんこう》三年・正慶《しょうきょう》二年（一三三三）五月、後醍醐天皇は、東国王権である鎌倉幕府を倒して天皇の主導権のもと、日本国を統一していわゆる「建武の新政」を行いましたが、間もなく天皇に従っていた足利尊氏《あしかがたかうじ》が敵対し、室町幕府が成立し、南北朝の動乱が数十年続きます。この動乱を経て日本社会は大きく変貌していきます。南北朝が合一した一三九二年以降も、室町幕府はなかなか安定化せず、ついに一四六七年、「応仁・文明の乱」[*22]が勃発して戦国時代へと入っていきます。

鎌倉時代に始まった二毛作は室町時代になると、しだいに関西から関東へ広がり、肥料も従来からの刈敷《かりしき》や草木灰のほかに人糞尿《じんぷんにょう》・厩肥《きゅうひ》が投入され、灌漑《かんがい》水利技術も進

*22　応仁元年（一四六七）～文明九年（一四七七）、細川勝元、山名持豊を領袖《りょうしゅう》として諸国の守護らが東西両軍に分かれて京都を中心舞台にして戦った大乱。京都の大半が文化財とともに焼失。室町幕府・天皇家・公家・寺社などの勢力が衰え、戦国の動乱をもたらすこととなった。

歩しました。商業もいっそう盛んになり、精錬技術も進歩を遂げ、鉱工業も発達しました。貨幣経済もいっそう、広く深く社会に浸透しました。こうした著しい経済の発展を基盤にして、村落では惣村《そうそん》、都市では惣町《そうちょう》と言われる民衆の自治組織が生まれてきました。やがて、土一揆《どいっき/つちいっき》や一向《いっこう》一揆[＊23]などが続発するようになります。「列島社会の文明史的・民族史的転換」[網野一九九七b]とも評価される、この大激動のなかで、中世前期でみた被差別民たちはどのように対応し、変容していったのでしょうか。

＊23　親鸞《しんらん》を開祖とする浄土真宗の信者たちが起こした一揆。地域の支配者と抗争したり、本願寺の指令で戦国大名や統一政権と戦ったりして、強大な力を発揮した。

中世後期における河原者（「穢多」・清目・細工）の仕事と生活

河原者《かわらのもの》（「穢多」・清目・細工ともいう）と称された人びとは、中世前期以来の生業であった皮革業を継承していました。そのことは、たとえば明応《めいおう》年間（一四九二〜一五〇一）に制作されたと推定されている『七十一番職人歌合』の「ゑた」の絵に、皮を地面に張って干しているところが描かれていることで明らかです。また、一五世紀の中ごろ成立した『壒嚢鈔《あいのうしょう》』に「河原ノ者」を「ヱツタ」とも言い、「穢多」と書くとし、「餌取躰《えとりてい》ノ膩《きたな》キ者也」とありますか

中世後期の「穢多」（『七十一番職人歌合』）

ら、屠畜も行っていたことがうかがえます。*24 造園の名手河原者又四郎が自分は「屠家」の出身であると言ったと記されていますので、*25 まちがいのないところでしょう。永禄《えいろく》九年（一五六六）一一月、猪《いのしし》皮をめぐって内蔵寮御厨子所《くらのりょうみずしどころ》に所属する嵯峨供御《くご》人《にん》と近衛《このえ》家に属する野口河原者とが相論になりましたが、その背景にはそれまで河原者が死牛馬や猪の皮革の生産と流通を独占していたことがあったとされます〔川嶋一九九五b〕。「穢多」の主要な生業は皮革業であって（屠畜業にも従事）、牛馬などの動物の皮を剝ぎ、鞣す皮革職人集団*26をさす呼称でもあったと考えられます。後に述べますように、戦国時代の関東・甲信地方などでは、このような集団は「かわた」「皮作」「革作」「皮屋」などと称されるようになります。

なお、「穢多」は、鎌倉時代の一三世紀後半に成立した『塵袋《ちりぶくろ》』では、「悪人」視されていたのが、前掲のように『壒囊鈔』では「賦キ者」として不浄視されていることが注目されます。室町中期の公卿《くぎょう》の万里小路《までのこうじ》時房の日記『建内記』でも、「川原者」を「不浄の者」として記述しています。*27 また、河原者又四郎の言葉として、先の史料に「某《それがし》、一心に屠家に生まるるを悲しむ」とありますように、きつい社会的差別があったことを示唆していることに留意しておかなければなりません。

文明一九年（一四八七）、正月の挨拶に近衛家を訪れた河原者が、箒《ほうき》・緒太《おぶと》*28を進上しており、これ以降、正月や八朔《はっさく》（陰暦八月一日）の挨拶として河原者や散所がこれ

*24 餌取は屠者のことをさしている。

*25 『鹿苑日録《ろくおんにちろく》』延徳《えんとく》元年（一四八九）六月五日条。

*26 そのなかには皮革業以外の仕事に従事した人びとも含まれていたと考えられる。

*27 正長《しょうちょう》元年（一四二八）六月一〇日条。

*28 裏の付いていない、鼻緒の太い、藺草《いぐさ》で編まれた草履。裏《うら》無《なし》・藺金剛《いこんごう》とも言う。

らを進上している記事が頻出するようですので、皮革業以外に箒や草履の製造にも従事していたことがわかります。箒は、掃《は》き清めるということから、「穢多」がキヨメの社会的性格をもっていたことと関係すると考えられ、草履は、中国で履《くつ》が長久を願う宮中行事に使われていた習慣が伝えられたものではないか、と仮説として提示されています［川嶋一九九五b］。また、草履が病気の治療や魔除けにかかわる呪術的なものとしてありましたので被差別民と関係が深いという意見も注目されます［辻本一九九五］。

中世後期、河原者が造園業で活躍していたことはよく知られています。特に八代将軍足利義政に寵愛《ちょうあい》された善阿弥《ぜんあみ》が有名ですが、彼は室町御所の庭園造りにかかわっており、また彼の子と孫の又四郎らが慈照寺銀閣の庭造りに活躍したのは疑いのないところとされています［脇田一九八八、同二〇〇二］。彼らは井戸掘りにも従事していました。井戸掘りが河原者専門の仕事になった背景には、陰陽道《おんみょうどう》では井戸に土公神《どぐじん》がいるとされ、「土公神タブー」への抵触、恐れがあったのではないかと考える」［服部二〇一二］という指摘があります。造園業につい

河原者が造った慈照寺銀閣の庭園

ても同じで、土公神は旧暦の一〇月から一二月の冬の間は、庭を遊行しているとされ、この期間の庭の手入れや庭木の移植は土公神のタブーに触れると考えられていて、「河原者」はそのタブーを回避できるという社会通念があったからではないかと考えられています［同前］。

問題は、河原者などの被差別民が、なぜタブーを回避できる能力（異能）を有しているとみられたのか、ということです。この点については、「「境界領域」（人間界の外にある大自然・大宇宙との境界、宗教・呪術にかかわる領域）とみ、そこに生産的文化的意味と同時に差別関係がかかわってくると考える」［藤沢二〇一三］という見解を踏まえながら考えていきたいと思っています。

河原者の生業としてこれらのほかに、犬追物《いぬおうもの》に使う犬の捕獲にあたったり［服部二〇一二］、農業（土地を開墾・買得などで所持）に従事したり、飛脚《ひきゃく》や馬医の仕事をしていたことが判明しています［川嶋一九九五b］。

役目の一つは、警務としての警固《けいご》です。嘉吉《かきつ》元年（一四四一）一一月、「嘉吉の乱」*29を起こして敗れた赤松満祐《みつすけ》の首を室町幕府侍所《さむらいどころ》随兵と河原者千人が「兵具」を身に付けて警固したと言います。文明一三年（一四八一）四月には、河原者数百人が、斬首されることになった罪人の守護にあたっています。この場合、「公家—検非違使《けびいし》—河原者」と「武家—侍所—河原者」の二系統による共同執行のありようがうかがわ

*29 播磨《はりま》の守護赤松満祐が六代将軍義教《よしのり》を殺し、満祐もまた幕府軍に討たれた事件。

れること、また、人数の多さからして河原者が個別権門の枠をこえて招集されていることの指摘が注目されます［丹生谷二〇〇五］。

もう一つは、刑の執行です。長享《ちょうきょう》二年（一四八八）までに河原者が罪人の首を刎《は》ねる役目を担っていました［川嶋一九九五a］。律令制下では、「市」において物部《もののべ》によって執行されていましたが、一一世紀ごろを境に「河原」で、もっぱら検非違使によって執行されるようになり、しだいにキヨメの社会的機能を担わされるようになってきた河原者（清目）に課されるようになります。この断罪儀式の変化は罪穢《ざいえ》・刑死人の死穢の考えから起こったものであろうと推定されています［丹生谷二〇〇五］。

また、先にふれた犬追物の際、犬の馬場における犬の管理と競技の進行、終了後の犬の処置の役目を担っていました［服部二〇一二］。

以上は、主として京都およびその周辺の事例です。次に奈良・大和国の事例をみてみましょう。奈良での「河原者」の呼称の早いものは、応永《おうえい》五年（一三九八）の興福寺官符衆徒《かんぷしゅうと》の評定記録でしょう［奈良県立同和問題関係史料センター二〇〇一］。前述の細工の別称です。だいぶん後世の天正《てんしょう》年中（一五七三〜九三）のものになりますが、死牛馬処理の範囲と権益を示す草場（詳しくは後述します）の譲渡・売渡証文が、「坂ノ穢多」につながると考えられる近世の東之坂部落に三通、残されていることから、[*30] 奈良でも河原者の主たる生業は、皮革業であったと考えられます。その他、中世前期か

＊30　奈良市同和地区史的調査委員会編『奈良の部落史』史料編。

ら従事していた草履造り[31]の他、京都と同じく造園業、農業（田畑の所持）、犬狩り、馬医などがあげられます〔奈良県立同和問題関係史料センター二〇〇二〕。

役目についてみますと、中世前期以来の断頭役を担っていたようです〔同前〕。

ちなみに、先にみた応永五年（一三九八）の興福寺官符衆徒の評定によって、興福寺周辺および大和国の声聞師《しょうもじ》（後述）・河原者・廟聖《びょうひじり》以下非人は、宿に随順することを命じられています。これは中世前期にはみられなかったもので、興福寺による大和一国の被差別民の組織化を進めようとしたものとされます。しかし、この方向は、必ずしも興福寺の思惑通りにはいかなかったようです。翌年、興福寺金堂供養に「三《さん》党《とう》」が「木曳」として徴用されましたが、この「三党」は、混迷を深めるなかで、興福寺が発見した、宿非人・横行・細工などを動員する際の新システムであると評価されています〔同前〕。

次に、京都・奈良地域以外の河原者（「穢多」・清目・細工）についてふれておきましょう。河内国では、叡福寺月行事日記の応永二七年（一四二〇）正月一六日条に「若衆方的張会《まとはりえ》」で「穢多」が皮的を張るとあって[32]、やはり皮革業に従事していたことがうかがえます。

近江国では永享一一年（一四三九）の長浜八幡宮塔供養奉加帳《ほうがちょう》に「さん《（散）》所物」「サカ《（坂）》ノ物」と並んで「カワラ《（河原）》ノ物」の記載があり、紀伊国では明応七年（一四九八）有田《ありだ》郡

＊31　大乗院などへ板上利《いたじょうり》（板草履のこと）を進上していた。

＊32　『大阪の部落史』第一巻〈史料編　考古　古代・中世　近世一〉。

の藤並庄にかかわる史料に「川原者給」の記載がみられ〔藤本二〇一二〕、天文一九年（一五五〇）の鞆淵《ともぶち》庄鞆淵八幡神社遷宮祭礼記録に「サカノモノ」とともに「カワラノモ（河原ノ者）（ノ欠）」の記述がみられます〔服部二〇一二〕。そのほかにも、若干、関係記録は残されていますが、ごくわずかです。

このように中世後期にいたっても、河原者（「穢多」・清目・細工）関係史料は、奈良・京都地域に集中していて、畿内の近国に少数ながら存在し、それ以外の地域では、ほとんど見いだされていないというのが現状です（今後の史料探索により出てくる可能性はあると思いますが）。ただし、鎌倉鶴岡《つるがおか》八幡宮の日誌『鶴岡事書日記』応永二年（一三九五）の箇所に「犬神人《いぬじにん》」とあり、これが関東で最も早い、中世「賤民」の史料とされていますが、彼ら犬神人は「牛馬の皮を担い、畿内の「河原者」の特徴もあわせもっていたのだ」と指摘されていますので〔藤沢二〇一三〕、名称は犬神人（京都では宿非人）でありましても、実態は河原者であったと考えられます。土佐の「坂ノ者」も皮革業に従事していたと考えられますから[*33]、同様のことが言えるでしょう。

もちろん中世前期より畿内近国以外の地域に皮革業者（カハタ・かわた）がいたことは、前述のとおりです。その場合、史料上からは差別の様相がうかがえないとされていることも紹介しました。近世の皮多・長吏《ちょうり》身分（近世部落）は、中世の河原者（「穢多」・清目）や皮革職人集団と関係が深いと考えられますので、中世後期において

*33 天正から慶長にかけての「長宗我部《ちょうそかべ》地検帳」に「坂ノ者皮給」とある。

王都及びその周辺地域とその他の地域との間で、またその他の地域のなかの東北地方や焼畑・狩猟地帯と米作地帯との間で、皮革業者（屠畜業者）の存在状況や不浄視・差別のありようがちがうであろうことに十分留意して考察していかなければならないでしょう。

中世後期における「非人」および散所（声聞師）の仕事と生活

次に、中世後期の「非人」の仕事と生活について簡単にまとめておきましょう。京都では、中世前期から有していた清水坂下宿非人の葬送に関する権利は、後期になって葬具取得権としてより顕著になってきます。東寺（真言宗）や仏光寺（浄土真宗）など寺院と宿非人の間で葬具取得に関する取り決めがなされています。ただし、大永《だいえい》五年（一五二五）に禅宗の大徳寺僧侶の間で取り決められた式目では、葬具や施し物の取得権は、千本蓮台寺の聖《ひじり》・輿《こし》をかつぐ力者《りきしゃ》・河原者に分割されていて宿非人は関与していませんでした。また、前期から田畑を耕し年貢を負担していた宿非人は、後期になると、京都近辺、相楽《さがら》郡、乙訓《おとくに》郡の宿においても農業への従事が認められるようになります。乙訓郡西岡宿の者は、一五世紀後半ごろ塩を売っていました。乞食を主要な収入源としていた前期の非人宿から大きく変貌を遂げていることがうかがえます［田良島一九九五b］。

奈良の宿非人は、どのように変容していったのでしょうか。中世後期になっても、北山宿による「らい者」の管理には大きな変化はなかったようですが、北山宿と五ケ所・十座（かつての横行。声聞師）との間では権益をめぐって対立が激しくなってきました。仕事としては、宿の者が死鹿《しろく》の片付けを行ったり、鹿の皮を干したりしていました。また、農地を所持したり、耕作する宿の者も存在していました［奈良県立同和問題関係史料センター二〇〇一］。

以下、中世後期の散所について述べます。京都では掃除散所は中世後期になると呪術的能力を強めて下級宗教者の職掌であった金口《こんく》（金鼓）打ちなどにも従事するようになり、声聞師《しょうもじ》（唱門師）と称されるようになります。京都以外の声聞師は、曲舞《くせまい》を自己の芸に取り込み、舞々《まいまい》とも呼ばれるようになります。彼らは、鎮火祭・地祭りの祈祷、築地《ついじ》搗《つ》きなどのキヨメの職能を担うとともに、陰陽師《おんみょうじ》の仕事と考えられる暦の配布も行いました［山路一九九五b］。

奈良では、中世前期では横行と呼ばれていましたが、中世後期の室町中期になりますと声聞師と称されるようになっていました。彼らは、興福寺や大乗院によって南北朝期にすでに五ケ所・十座に編成されていたようです。彼らの仕事は多様でした。京都へ荷物を運ぶ人夫役、築地工事・壁塗り、庭木・庭石の運搬、墓穴掘りなどです。さらに金口・久世《くせ》（曲）舞などの芸を演じたり、陰陽師の仕事をしたりしました。[*34]「応

＊34　『大乗院寺社雑事記』文明九年（一四七七）五月一三日条。

仁・文明の乱」の後、五ケ所の声聞師のうち所々に住居を構えて大乗院の徴用に応じない者も出てきました。かつての声聞師の住所であった京終《きょうはて》・貝塚には声聞師が住んでいないという事態になっていました［奈良県立同和問題関係史料センター二〇〇一］。

戦国時代のかわた（皮多・革多）

応仁元年（一四六七）に起こった「応仁・文明の乱」は、文明九年（一四七七）まで続き、京都は焼土と化し、室町幕府の権威は失墜して、時代は戦国大名が群雄割拠《ぐんゆうかっきょ》する戦国時代へと移り変わっていきます。すでにこの時代には、村々には惣村《そうそん》（自治村）、町々には惣町《そうちょう》（堺などの自治都市）が出現しており、庶民が大きな力を持つようになり、しだいに各地に土一揆が起こり、続いて一向一揆が続発しました。特に一向一揆は横のつながりが強く、しばしば戦国大名を戦慄《せんりつ》せしめました。世の中は下剋上《げこくじょう》の社会へと突入していきます。惣村・惣町の発展は、一方では民衆の自治を強めるとともに、*35 他方では村内には寄合や宮座に参加できる草分け《くさわ》百姓*36をはじめとする有力者層と参加できない弱小百姓・下人層との間に厳しい差別を生み出し、また、他国他荘からの「流れ者」などに対する排他性を強めたのです［横井一九七五］。

ところで、戦国時代に近畿地方などでは社会的差別を受けていた河原者（「穢多」・清目・細工）やすでにかわたと称されることもあった皮革業者は、どのような処遇を

＊35　村寄合の成立・村掟《むらおきて》の策定・村役人の選出等。

＊36　村落を最初に開発して居住したとされる百姓。

受けるようになっていったのでしょうか。比較的史料が多く残存している東海・関東・甲信地方を中心にみていきましょう。戦国大名たちは、領国経営や軍備のために刀鍛冶《かたなかじ》・番匠《ばんじょう》（大工）・石切《いしきり》・鞘師《さやし》・研師《とぎし》・矢作《やはぎ》・紺屋《こんや》（染色業者）などさまざまな職人を支配しました［笹本一九八八］。戦国大名にとっては、武具・馬具の材料として大量の皮革が不可欠でした。武具としては、たとえば板目革《いためがわ》*37は鎧《よろい》の札《さね》（細長い板状の物）や太刀の鍔《つば》などに用いられました。馬具としては、絆綱《はづな》（馬の轡《くつわ》に付けて引く綱）や障泥《あおり》*38などに使われました。そのため、戦国大名は、皮革を安定的に確保するために皮革業者を組織化して編成する必要がありました。これらの地方で、かわたに関する初見は、大永六年（一五二六）六月一二日に駿河《するが》国の今川氏親《うじちか》が大井新右衛門尉《しんうえもんのじょう》に対して、先年与えた駿河国府中のかわた彦八が抱える新屋敷を安堵《あんど》し、毎年、皮役などを申し付け、きちんと上納させるべきであると命じたものです。*39享禄《きょうろく》元年（一五二八）には、急用のときには彦八が国中を走り回って皮を調達すべきであると命じていますので、*40国がかわた組織の単位となっていたとみられます。

小田原の後北条氏は、天文七年（一五三八）三月に伊豆国長岡のかわた九郎右衛門に対して、国中のかわた二一名をあげて、上より出す皮をきっちり仕上げよと命じています。*41永禄八年（一五六五）三月には、国内の西郡・中郡・東郡の皮作中に対して、各郡内で皮剝《かわはぎ》でない者が皮を剝いだ場合は法に背くので見つけ次第取り上げ、とやか

*37　牛革を火で焙《あぶ》り、また膠《にかわ》を溶いた水に漬け木鎚《きづち》でたたいて固めたもの。

*38　四二頁の注10参照。

*39　『静岡県史』資料編七〈中世三〉九二〇号文書。

*40　同前、一〇二五号文書。

*41　『静岡県史料』第一輯。

く言う者があれば注進せよと指示していました。[*42] このことは、この時点ですでにかわたが皮剝ぎの仕事を独占していたことを示しており、郡単位の組織、市場圏が確立していたようであると指摘されています。甲斐《かい》の武田氏も、天正一九年（一五九一）一〇月および翌年一月の史料などにより万力筋・中郡筋などの筋を単位にかわたの組織ができていたとされます［笹本二〇〇四］。

かわたたちは、自ら組織を形成することで職場を確保し、技術を維持・継承することが可能でありましたので、戦国大名の領国形成に先立って独自の組織を作り上げていて、戦国大名は、彼らの組織の長を通じて支配しようとしていたとみられています。一方、かわたの人びとからすれば、戦国大名と結びつくことで職業の独占が可能となり、また、収入の安定化がもたらされたのです。かわたは、細工免《さいくめん》（鍛冶・鋳物《いも》師《じ》などの職人に課役の一部または全部が免除された給付田）を与えられていて、職人として位置づけられており、また実際、領主は彼らを「職人」として意識していました。番匠や鍛冶などとまったく同じ職人として支配されたのです。天正七年（一五七九）穴山信君《のぶきみ》が駿河のかわたに普請《ふしん》役と田役を免除しているから、水田耕作を営む者もいたことを示しています。ただし、かわたの中でも、大きな差があり、牛馬から皮を剝ぎ鞣《なめ》す技術者に対しては差別感が強く、鞣された革を加工する職人には差別意識が弱かったようです［同前］。また、繰り返し指摘してきましたように地域性も考慮し

＊42 『改訂新編相州古文書』第五巻。

なければなりません。「少なくとも信濃や甲斐においては、動物を殺すことに穢れ意識は弱く、それが猟師やかわたに対する意識とつながっているようである」〔同前〕という指摘は重要です。

では、他地域ではどうだったのでしょうか。中国地方を領有した毛利氏の領国についてみますと、一六世紀末ごろに作成された「八ヶ国御配置絵図」（「毛利家文庫」）には、「かわや」の記載とともに「かわや給」の記載が安芸《あき》国に五件、周防《すおう》国に三件みられます。毛利氏が、皮革の恒常的収取のために給分《きゅうぶん》を与え、編成をはかったものとされます。そのうち、周防国東山かわやは、天満宮に奉仕する下級神人《じにん》*43とみられ、同時に毛利氏への奉仕が強制されたものと考えられています。ここでは、頭による統制は行われず、個別的でゆるやかなものであったと言います〔藤本一九八三〕。土佐においても、天正から慶長にかけての「長宗我部《ちょうそかべ》地検帳」に「坂之者皮給」とあるのが注目されます。坂之者と称されていた皮革業者が長宗我部氏によって職人編成されていたものと推定されます。

ところで、河原者（「穢多」・清目・細工）関係史料が多く残っている近畿地方で、戦国大名によるかわた編成関係史料が見いだされていないのはどうしてでしょうか。その理由について藤沢靖介は次のように言います。「東日本などの頭支配とは違う仕方、端的にいえば商業ルートで、皮革が調達されたからではないだろうか。信長や秀

＊43　死牛馬処理にも従事していたと推測されている。

吉は、職人より商人（武野紹鴎《じょうおう》や今井宗久《そうきゅう》らを想起されたい）とその町（堺など）を掌中に収めようとした。すでに皮作りが広く進展し、その産品は、一部はこうした有力商人の手で、一部はすでにそうとう力をもっていた大坂渡辺村の皮商人の手で商われたのでないだろうか」［藤沢二〇一三］。傾聴に値する指摘だと思います。

さて、すでにみてきましたように中世前期から確認できる「穢多」（のち河原者ともいう。清目・細工）および中世末期の戦国時代のかわた（皮多・皮作・皮屋）を身分的にどのように位置づければよいのでしょうか。前に少しふれましたように、中世の「穢多」を含む被差別民を「非人」身分とし、かつ、「身分外身分」「体制外身分」ととらえたのは黒田俊雄であり［黒田一九七二］、「非人」身分を「凡下・百姓の一つの特殊な形態」と規定したのは大山喬平であり［大山一九七六a、一九七六b］、「中世の非人を「職人」身分の一つととらえる立場に立つ」のが網野善彦であり［網野一九九四、一九九八］、黒田説を継承して広義の「非人」で総称できるとするのが丹生谷哲一［丹生谷二〇〇五］でした。

ところで、黒田・大山の被差別身分制把握が静態的身分構造論であって、動態的分析が必要であるとの永原慶二の指摘［永原一九九二］を踏まえて、細川涼一は、①一次的非人（自然発生的な身分外身分としての非人）②二次的非人（①の非人が体制内身分に分化編成された宿非人）という二つの発展段階に分けて考えることを提唱しました。

さらに二次的非人である宿非人と河原者とは系統的には初めから異なるものがあったといえるのではないか、としました。宿非人がおおむね出世間の名前を名乗るのに対して河原者は俗人の名前を名乗っていることや、前者が職能をともなわない脱落者として史料に現れるのに対して後者はキヨメの職能をともなう形で王朝国家による支配の対象として史料に現れることに注目すべきであるとし、「非人の語が河原者＝えたをも含めた包括的な中世被差別民衆の身分呼称としての歴史用語概念たりうるのかは、近世「部落」史の歴史的前提は「非人」でよいのかという問題ともかかわって、まだ検討の余地を残しているといえるのである」と述べています〔細川一九九四〕。筆者も、前述のように河原者は、「職能をともなわない脱落者」から発生したのではなく、主として皮革・屠畜業者がケガレ観の強まりのなかで河原者として形成されてきたとみていますので、また宿非人と河原者は存在形態も大きく相違しますので、「非人」身分として把握するのは適切ではないと考えています。

筆者は、中世の河原者（「穢多」・清目・細工）・かわた（皮多・皮作・皮屋）は、諸種の文字史料及び絵画資料を見るかぎり、被差別身分としての「非人」とはちがって、被差別の職人身分として存在していたと理解する方が、当時の実態に近いのではないかと考えます。その理由は、第一に、前述のように戦国大名のもとで皮革業者であるかわた（皮多・皮作）が大工・鍛冶などとともに職人把握されていたとみられているからです。第二に、前にもふれたように、河原者は中世前期から一貫して皮革業（屠畜業）に従事しており、かつ『七十一番職人歌合』に「ゑた」として出ていて皮革職人として描かれているからです。[*44]

京都・奈良をはじめとして近畿地方を中心に、河原者に対してきつい差別があったことはすでにみてきたとおりです。ただし、筆者は、こうした差別は、「賤民」身分に対するような身分差別ではなく、職人としての皮革業者に対する、ケガレ観念に基づく職業差別的性格が強かったのではないかと考えています。

＊44　ただし、中世の職人は手工業者だけではなく下司《げし》・公文《くもん》・田所《たどころ》などの下級荘官・在庁官人などもさす言葉であって、芸能・家業の相伝《しょうでん》を共通原理にしており、博打打《ばくちうち》すら職人であったことに留意しておかなければならない。

第4章●近世社会と皮多／長吏身分（近世部落）の成立

豊臣政権・初期徳川政権の民衆支配とかわた／長吏

天正一三年（一五八五）四月、紀伊国太田城に籠っていた雑賀衆《さいかしゅう》は、秀吉軍による水攻めによりついに降伏しました。その後、秀吉は四国・九州を平定し、天正一八年（一五九〇）には後北条氏《ごほうじょう》を滅ぼし、伊達氏《だて》を投降させ、天下を統一しました。秀吉は、天正一〇年（一五八二）六月に明智光秀を破った直後、山城国を検地して以来、全国各地で検地を強行しました（太閤検地《たいこう》という）。この検地により地域による差はあったとしても、基本的には兵農分離と町在の分離（町人と百姓の分離）が進みました。太閤検地帳には、名請人《なうけにん》の肩書として「かわた」（全国的にみられます）「かわや」（伊勢地方で多くみられます）「かわら物」「細工」「長利」[*1]などが記載されています。

天正一六年（一五八八）七月には、一揆《いっき》防止のための武装解除と百姓の耕作強制を目的に刀狩令が発せられ、天正一九年（一五九一）には朝鮮侵略を視野に入れた身分令、その翌年、六十六カ国人払令《ひとはらいれい》が出され、百姓・町人の身分的区分が進みました。

＊1　「ちゃうり」「てうり」。長吏のこと。関東地方でみられる［藤沢二〇一三］。

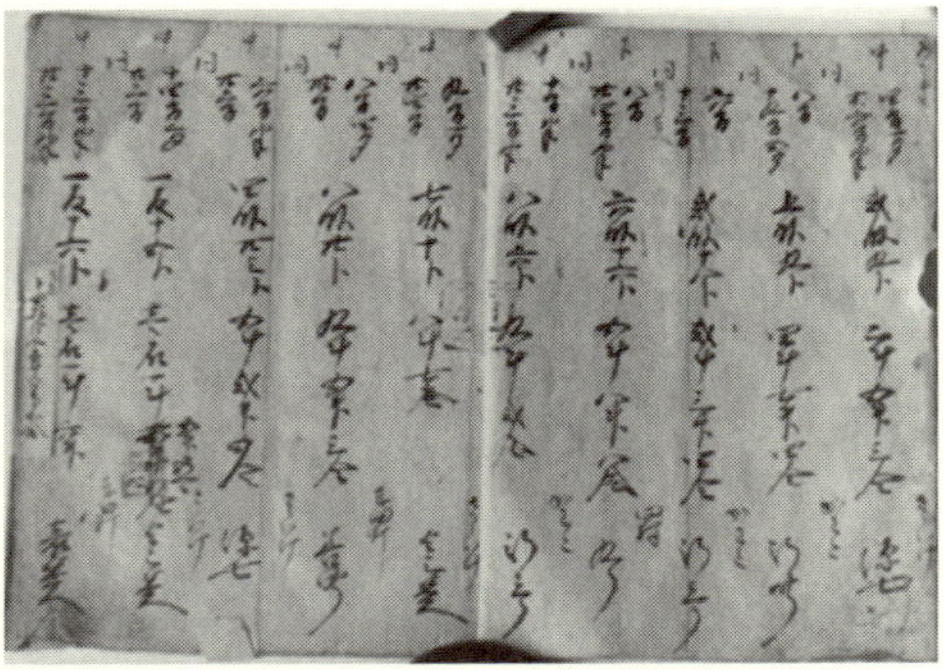

太閤検地帳にみられる「かわた」「かわた屋敷」の記載（「河内国丹北郡更池村検地帳」）

さらに戦国時代から織豊《しょくほう》時代にかけて各地で城下町の建設が行われ、それにともない商工業者が町に集められ、村に住む百姓（村に残った商工業者もいた）と区別されるようになっていきました。

　徳川政権のもとでも、幕府領・大名領・寺社領を問わず、ほぼ同様の民衆支配政策が採用されるとともに、キリシタンの禁圧を契機に宗門《しゅうもん》改《あらため》が行われるようになり、これがしだいに人《にん》別《べつ》改《あらため》の意味も有するようになり、町・村単位で宗門人別改帳（戸籍簿に相当する）が作成されるようになりました。皮多《かわた》／長吏《ちょうり》身分[＊2]の人びとやその他の被差別身分の人びとは、帳面の末尾に記載されたり、町人・百姓とは別の帳簿に記載されたりしました。こうして江戸前期（一七世紀初～末）までに、地域的なちがいや時間的偏差をともないながらも、百姓・町人・皮多／長吏などの被差別身分を含む近世身分制度が成立したのです。

　ところで、近世の百姓については、領主が彼らの住む地域を村として地域把握をし、村高を確定して年貢や百姓役を課すことによって百姓身分として把握したのであ

＊2　「穢多」身分のこと。西日本では、皮多、皮田、革田、東日本では長吏と称することが多かったので、このように表記する。

り、町人は同じく彼らの住む地域を町として地域把握をし、所持地＝屋敷地に対して地子《じし》を取り、一定の役を課すことにより町人身分として把握したのです［深谷一九九三］。筆者は、皮多／長吏（近世部落）についても、同様の支配原理がはたらき、主として特に生皮を扱った皮革職人が居住していた地域を皮多／長吏村[*3]として地域把握し、彼らに皮革の上納・掃除役・行刑《ぎょうけい》役などの役を課すことにより（すでに河原者が掃除役・行刑役を負っていた地域もありましたが）、そこの住民を被差別身分としての皮多／長吏身分として把握したのではないかと考えています。そのため、太閤検地時に河内国丹北郡更池《さらいけ》村内かわたのように一八石以上の持高を有する農民であっても［森一九七五］、皮多村（「かわた屋敷」）の住人として皮多身分とされるというようなことが生じたのでしょう。また、たとえば紀伊国那賀《なが》郡井坂皮田村のように、近世初頭の慶長《けいちょう》六年（一六〇一）の時点で一九四石余の村高を有する地区であっても、そこが一般村ではなく「皮田村」（皮多村）として地域把握されると、そこの住民はすべて百姓身分ではなく皮多身分として把握されるというようなことが起こったと考えられます[*4]。ちなみに同時期、同国同郡一八五カ村のうち村高一九四石以下の一般村は三四カ村もあり、中には五六石余の村もありました[*5]。

筆者は、このように豊臣時代から江戸時代前期までに皮多／長吏が被差別身分として位置づけられた点が、系譜的には河原者・かわたにかなりつながっているとして

＊3　近世部落。近世初頭は原則、本村の枝郷とされた。

＊4　慶長六年「井坂の内□□□検地帳」『打田町史』第一巻〈史料編Ⅰ〉。

＊5　慶長一八年「紀伊州検地目録写」『和歌山県史』近世史料二。

も、中世において、程度の差はあれ、差別された職人身分であると推測されるところの河原者・かわた[*6]と質的にちがうところであると考え、身分差別としての部落差別あるいはそうした差別を受ける地域（被差別部落）は、この時期に成立したとみるのです。ただし、このことは、まだ十分検証されていない研究状況なので、これはあくまで私の仮説であることに留意していただきたいと思います。

幕藩体制と身分制度

幕藩体制とは、簡単に言いますと総領主である徳川将軍が、個別領主である諸大名の一定の政治的・経済的自立性を認めつつも、その配下に組み入れる形をとって、幕府及び諸藩が全体として民衆を支配するための体制です。江戸中期、全国二六〇〇万石のうち、七〇〇万石が幕府領でした。最大の大名であった加賀前田家で一〇二万石でしたから、幕府の経済的支配力は卓越していました。将軍家は大小二六〇余の大名を改易《かいえき》（領地などの没収）したり、減封《げんぽう》したり、転封《てんぽう》（国替え）したりできましたから、政治的支配力も絶大でした。

幕府は、豊臣政権のキリスト教禁圧政策を継承し、信者（キリシタン）への苛酷な弾圧を行ってきましたが、寛永一四年（一六三七）から翌年にかけて起こった「天草・島原の乱」[*7]を契機に、いわゆる「鎖国」体制をとるにいたりました。しかし、これは

＊6　前述のように信濃・甲斐《かい》地方ではかわたに対するケガレ観は希薄であったと思われるし、東北地方の多くの地域でも同様であったのではないかと推測される。

＊7　九州肥前国の島原半島、肥後国天草諸島の住人二万人以上が蜂起し、五カ月にわたって幕府・諸藩の軍勢と戦った大規模な百姓一揆。キリスト教徒が多く、十数歳の天草四郎を擁して、原城に立て籠もったが、やがて食糧が枯渇し、総攻撃を受けて敗北し、寝返った絵師を除き全員が殺された。

完全に国を鎖《とざ》したのではなく、幕府の貿易独占を意味しており、実際には五つの窓が開いていました。通信の国（正式国交国）として朝鮮・琉球《りゅうきゅう》があり、通商の国（交易のみ）として中国（明→清）・オランダがありました。将軍の代替わりに朝鮮から通信使（初めのうちは刷還使《さつかんし》＊8）一行が前後一二回来日し、諸大名から歓待を受け、沿道の民衆に歓迎され、さまざまな交流が行われました。さらにアイヌの人びととの交易も行われていました。

ただし、私たちは、次のことを忘れてはなりません。慶長九年（一六〇四）、徳川家康の許可を得た薩摩《さつま》の島津氏が琉球王国を攻めて支配下に置き、住民を苦しめたこと、また、同じ年、家康が北海道南端部を領した松前氏に対アイヌ交易独占権を保証し、それを受けて松前藩が、アイヌ民族に同藩とのみ交易することを強要し、また場《ば》所請負制《しょうけおいせい》＊9を介してアイヌ民族を酷使したことです。アイヌの人びとは、寛文《かんぶん》九年（一六六九）には「シャクシャインの戦い」、寛政《かんせい》元年（一七八九）には「国後《くなしり》・目梨《めなし》の戦い」などの抵抗闘争を展開しましたが、いずれも松前藩によって鎮圧されました。

次に幕藩体制下の身分制度について述べます。前述のように幕府は、政治的・経済的に絶大な支配力を有していましたが、諸藩領や寺社領は、一定の政治的・経済的自立性を認められていましたので、それらの領地の風土・社会・歴史のちがいなどにより、支配の仕組みの根幹はほぼ共通していても、随分独自性がみられました。身分制

＊8　豊臣政権による二度にわたる朝鮮侵略により捕虜として日本に連行された朝鮮人を連れ帰るための使い。

＊9　商人が交易・漁業の権利を運上金《うんじょうきん》を上納して請け負う制度。

度においても同様です。

天皇―公家・武士―百姓・町人―被差別身分という区分と序列は、幕府領・藩領問わず共通していますが（もちろん、天皇・公家が居住していたのは京都のみ）、紀州の高野山領（二万一三〇〇石）などでは武士は存在していませんでした（武士の代わりに僧侶が民衆を支配していました）。特に被差別身分の名称・存在形態・成立時期に多様性がみられました。

たとえば「穢多《えた》」身分の人びとは、関東や信濃、肥前などでは長吏と称する場合が多かったし、西日本では皮多（皮田・革多・河田など）と称する場合が一般的でした。広島藩では革田が公称でした（その中に茶筅《ちゃせん》も含む）。薩摩藩では、天明四年（一七八四）まで「穢多」という呼称はなく「四衢《しく》」（死苦）と呼ばれていました。

東北地方の諸藩では、「穢多」身分の地区数も戸数・人口も少なく、越後《えちご》・信濃・伊予などでは、規模の小さい皮多村が多く、畿内近国などでは規模の大きい皮田村が相当数、存在していました。

伊勢の神戸《かんべ》藩には「非人」・非人番はいましたが、「穢多」はいませんでしたし、伊勢に存在した、武蔵国忍《おし》藩飛び地では、「穢多」はいたが「非人」はいませんでした［和田一九八二］。幕領の佐渡には「非人」はいましたが「穢多」はいませんでした。

加賀藩では、「藤内《とうない》」が存在し、皮多よりも家数・人口が上回っていました。加賀藩・京都・和泉《いずみ》地域などには物吉《ものよし》がいました。＊10 伊勢を含む東海地方には簓《ささら》（佐々羅）が、大和や三河地方などには万歳《まんざい》が存在していました。その他、山陽地方には茶筅、山陰地方には鉢屋《はちや》、長州藩には宮番《みやばん》、阿波《あわ》藩には掃除、薩摩藩などには慶賀《けいが／けんご》、高野山領には谷《たに》の者《もの》・山之堂《やまのどう》がいました。各地に猿曳《さるひき》（猿引・猿牽）がいましたし、江戸およびその周辺には乞胸《ごうむね》がいました。近畿地方には夙《しゅく》村が存在していました。これら多様な被差別民の詳細については後述します。

＊10　南九州の高鍋藩などでは青癩《せいらい》と称されていた。

皮多／長吏（近世部落）の成り立ち

最近の研究によりますと、皮多／長吏（近世部落）は、中世に存在していた「穢多」「河原者」「清目」「細工」「かわた」（いずれも皮革業・屠畜《とちく》業に従事していたと考えられます）の系譜を引いているところが多いとされています。大事なところなので詳しく説明します。たとえば京都の場合、天部《あまべ》村（皮多村）は、中世の四条河原の細工人、川崎皮多は、中世末の川崎の河原者、野口の皮多は、中世洛北の「野口河原者」に直結していると推定されていますし［辻一九七九、同一九八六］、山城国乙訓《おとくに》郡では、応永三年（一三九六）の検注帳《けんちゅうちょう》＊11記載の「清目屋敷」が近世の皮多村に地理的に重なっていることが指摘されています［田良島一九八五］。南内村の皮多は、永正一四年（一五一七）の史料に出ている帷子《かたびら》の辻《つじ》河原者とつながっているとされています［辻・山本一

＊11　中世、荘園公領制下の土地調査を検注と言い、その際作成された帳簿を検注帳と言う。徴税の基本台帳。

九九五〕。

奈良では、東之坂《ひがしのさか》（皮多村）は、中世以来興福寺と関係が深かった東之坂長吏で、『多聞院日記』永禄《えいろく》一〇年（一五六七）八月一六日条に出ている「坂ノ穢多」と結びついていると考えられます。

和泉国南郡嶋《しま》村（皮多村）は、同村内寺院東向いの地において一四世紀後半〜一五世紀前半のものと推定される土穴から牛馬などの、まとめて廃棄された骨が出土していることから、中世以来、屠畜業・皮革業に従事してきた人びととつながっているとみられます〔大阪の部落史委員会二〇〇九〕。河内国丹北郡更池村皮多も、太閤検地時の村の様子を描きだしているとみられる延宝四年（一六七六）の絵図（『大阪の部落史』第一巻付図）に屋敷地の側に「河田墓」とは別に「河田骨塚」が描かれていることから、少なくとも先祖の一部が中世末には死牛馬処理・皮革業に従事していたことが推測されます。摂津役人村と言われた渡辺村も、石山合戦[*12]（一五七〇〜八〇）に活躍した「木津ゑつ田が城」[*13]の「穢多」の人びとと系譜的関係を有していると考えられます。摂津国菟原《うばら》郡都賀村皮多も、文安《ぶんあん》四年（一四四七）の記録に出ている「きよめ村」とストレートにつながっているとみられています〔落合一九七一〕。播磨《はりま》国でも、伊和神社の河原者の居住地が後の近世皮多村になっていったと考えられています〔鈴木・山本一九七八〕。

＊12　当時、現大阪城のあたりにあった大坂本願寺に結集した浄土真宗の信者たちと織田信長との戦いで、一〇年間の戦いの末、本山が勅命講和に応じたが、事実上の敗北を喫した。

＊13　『信長公記』。

紀伊国でも、和歌山城下近接の岡嶋皮田村は、中世の「細工」とつながっていると考えられています［藤本二〇一一］、伊都郡平沼田《ひらんた》皮多の人びとは、猪・鹿などの獣類を捕獲し、それらの皮を剝ぎ鞣《なめ》した人びととの系譜を引いていると考えられています［前田一九九四］。

近世関東の鎌倉極楽寺《ごくらくじ》の長吏は、中世の犬神人《いぬじにん》（実態は河原者と同じ）の系譜を引いているとみられます［藤沢二〇一三］。関東の「穢多頭《がしら》」と称せられる弾左衛門《だんざえもん》自身も、戦国時代におけるかわた集団の頭の一人で、のちに徳川家に取り立てられてその地位を得たのではないかとみられています［中尾一九九二］。

以上のように、個々の事例をみましても、近世の皮多／長吏身分のかなりの部分が、少なくとも中世末期の「穢多」「河原者」「清目」「細工」「かわた」の人びとと系譜的につながっていることは確実でしょう。

さらに太閤検地帳の名請人肩書に「かわた」記載が全国的にみられることも[*14]、皮多の人びとが、その名称からしても中世における皮革業者（屠畜業者）と深い関係を有していたであろうことを示唆しています。

加えて、後述しますように近世の皮多／長吏が幕領・藩領・寺社領問わず、斃牛馬《へいぎゅうば》処理権を有し、西日本の場合は実際に解体処理もしていたことからも、皮革業（屠畜業）と深い関連のあったことをうかがわせます。皮革業・屠畜業は、他の専門的職種

＊14　関東には「ちゃうり」「てうり」（長吏）の肩書記載もある。

と同じように、高度な知識と技術を要する職業であって、近世初頭になっていきなりまったく専門外の人びとができる仕事ではないからです。

また、全国各地には、中世以来、神社と深い関係を有していて、祭礼の際、皮の的《まと》を上納したり、先払いの役[*15]を勤めたりしている事例が数多くみられます。皮多／長吏の成り立ちを考えるうえで重要なので、いくつか紹介しておきますと、和泉国泉郡南王子村は、古くは近くの聖《ひじり》神社の神人《じにん》であったと考えられ、毎年二月に行われる弓《きゅう》射《しゃ》の行事に牛皮の的を上納することになっていました。[*16] 伊勢国桑名の深谷地区も、多度神社の五月の祭りの折に革足袋《かわたび》を納め、騎手に渡されることになっていました［桑名市同和教育資料編集委員会一九九五］。前にふれた渡辺村も、座摩《ざま》神社の神人であったと推測されています［中尾二〇〇二］。大和国平群《へぐり》郡竜田村にある竜田新宮の一月一七日の皮的神事においても、同郡立野村枝郷下之庄《しものしょう》皮多から牛皮を献上することになっていたと言います［奈良県立同和問題関係史料センター二〇〇二］。

関東でも、明治維新期まで旧暦の八月一五日に行われた鎌倉鶴岡《つるがおか》八幡宮の放生会《ほうじょうえ》の際、祭礼の先頭を極楽寺長吏が歩いたと言います［藤沢二〇一三］。先払いの役を勤めたのでしょう。その長吏も、皮革業に従事していました［同前］。

神事の際に皮的、革足袋あるいは皮そのものを納めていたということは、もともと皮革業者（皮鞣し・革細工など）であったこと、先払いなどを勤めたということはキ

＊15　神輿《みこし》などが進む道筋で、その前方の通行人を追い払ったりケガレとされるものを取り除いたりする役。

＊16　『南王子村文書』第五巻。

ヨメの役割を果たしていたということを示していると考えられます。そもそも皮革業者（屠畜業者）が仕事として行っていた斃牛馬の処理（皮剝ぎ・解体）そのものが、すでにみてきたようなケガレ観の強まりのなかで、牛馬の死体が発すると考えられていたケガレを清める意味をもたされるようになり、しだいにキヨメの機能を担うことになったのではないかと、筆者は考えています。

なお、被差別部落の地区数・人口の分布をみますと、西日本では地区数・人口も多いのに対して東日本では地区数も少なく、人口も少ない傾向を示しています［寺木・野口二〇〇六］。その原因については、さらなる今後の研究をまたなければなりませんが、有元正雄は、西日本はおおむね牛の地帯で、皮質の優れた牛皮が豊富に存在し、皮の商品化と皮革業が発達し、かつかわた人口も増大したのに対して、東日本はおおむね馬の地帯で、皮質の劣る馬皮が多く、そのため皮の商品化と皮革産業があまり発展せず、人口増大も西日本ほどみられなかったことに深い関連があると推測しています［有元二〇〇九］。前述のように部落の成り立ちにおいて地域差はあっても、中世末までに職業差別を受けはじめていたところの皮革業者の集団との関係が相当、確認されることから、有元の研究は注目されなければならないし、その貴重な研究成果を踏まえて今後さらに実証的研究を進めていくことが求められています。

ところで、近江《おうみ》では、寺院と関係の深い皮多村が一〇地区余存在しているとされます。中世の寺院の隷属民ではないかと考えられていますが［滋賀県部落史研究会一九七四］、「このようにして形成された部落は、概して古く、その特徴としては、初期には、牛馬を処理することを職業としていないことである」［同前］と言います。さらなる検証が必要ですが、注目される指摘です。「信濃や土佐などでは、斃牛馬処理（皮革）ではなく、牢番《ろうばん》や警備・見回り、掃除などをもって社会的に認知され、また、自らもそこを集団の軸としていたものと解釈できるのである」［藤沢二〇一三］という意見もあります。越後高田藩では、皮多地区は村の出入り口や村裏、道路の分岐点や主要道・間道《かんどう》に沿う町村、山地と平地の結節点にあるという特徴を有し、同藩支配の鉢崎《はちざき》関所から信越境の関川関所まで、継立宿駅《つぎたてしゅくえき》ごとに存在していました。しかも、高田西村町（皮多町）などを除けば、天和《てんな》・貞享《じょうきょう》期（一六八一～八八）の戸数をみますと、そのほとんどが一～二戸という状況です。ここでも、死牛馬処理（皮革職人集団）を軸として編成したというよりは、番役などの役務《えきむ》を軸として編成したように考えられます［木下一九八三］。

被差別部落は、現在、全国に約六〇〇〇地区存在するとされています。その中には、近代以降形成されたと考えられる地区もありますが、それほどたくさんあるわけではありませんので、近世には少なくとも四〇〇〇～五〇〇〇地区は存在していたとみられます。ここにあげた事例は、全体の数からしますと、まだまだわずかです。

もっとちがう成り立ちをもつ皮多村／長吏村も判明するかもしれません。今後、各地でのさらなる研究によってその全体像が明らかにされることを期待したいと思います。

江戸時代の身分序列の真実

従来、江戸時代の身分序列について「士農工商・えた・ひにん」という図式が使われていました。しかし、現在ではその図式は問題があるとして、小学校・中学校の教科書でも「士農工商」の部分は「百姓・町人」と表記されるようになってきています。筆者も、前述のように「天皇─公家・武士─百姓・町人─被差別身分」と表記しました。「士農工商」の用語はもともと中国で紀元前から使用されてきたもので、元来、職業の別を示す言葉でした。「士」も武士ではなく役人をさす言葉でした。[*17] それを江戸時代に入って知識人らが身分の別をさす用語として使い、「士」を武士と置き換えたのです。

しかし、それは実際の身分呼称と序列とはちがっていたのです。この図式では、天皇・公家および漁師や杣人《そまびと》（林業従事者）などが洩《も》れてしまいます。「百姓」も中国から伝えられた用語で、元来、さまざまな庶民をさす言葉でした。日本の江戸時代にあっても、しだいに農民だけを意味する言葉として使用されるようにもなりますが、

＊17　たとえば管仲（前六四五年没）の著作とされる『管子・小国』に「士農工商四民、国之石民也」とあり、孔子の門弟の子夏の弟子と言われる穀梁赤の『穀梁伝』に「古《いにしえは》者四民、有士民、有商民、有農民、有工民」とある。

なお本来の意味合いで使われていて、農民だけではなく漁民・杣人も、場所によっては商人・職人をも含む言葉であったのです。つまり江戸時代の百姓とは、農村・漁村・山村という村に住んだ人びとをさす言葉でした。

町人は、広義において城下町など領主によって町とされたところに居住した人びとをさす言葉でした。ほとんどが職人・商人でした。

被差別民についても、前に少し紹介しましたように皮多／長吏・「非人」だけではなく、藤内・簓・茶筅・鉢屋・掃除・慶賀・猿曳・物吉などがいました（これら多様な被差別民の実態については後に述べます）。また、皮多／長吏がどこの地域でも「非人」より上位の身分であったわけでもありません。関西などでは、両者に上下関係がなかった場合が多かったのです。

さらには江戸時代には僧侶・神官・医者・学者なども存在していました。しかも、武士については将軍のもとに旗本・御家人がおり、大名のもとにも家中《かちゅう》・徒士《かち》・足軽《あしがる》がいました。農村の中にも、本百姓・水呑《みずのみ》・名子《なご》＊18の別があり、町人の中にも、たとえば江戸の場合、地主・家主・地借《じかり》（主として家屋を建てるために土地を借りた人）・店借《たながり》（家を借りて住んだ人）・奉公人の差がありました。このように江戸時代の身分制度はなかなか複雑でありまして、その全容解明は今後の研究課題です。

＊18　譜代《ふだい》・門屋《かどや》・家抱《けほう》・門前《もんぜん》なども称された、主家に隷属した下層の人びと。

江戸前期における領主の被差別民統制と差別政策

幕藩領主は、近世前期から被差別民統制をはかっています。関東の「穢多頭」と称され、後には関八州《かんはっしゅう》のほとんどと伊豆・駿河《するが》の一部の長吏・「非人」・猿飼《さるかい》を支配した弾左衛門は、一七世紀初期の慶長・元和年間には徳川氏によって皮作支配の「中核的地位」に据えられていたとされます［峯岸一九八三］。明暦《めいれき》三年（一六五七）一月の江戸大火に際して弾左衛門が非人頭の車善七に焼死人の取り片付けを命じ、それに応じて車善七が人足を出していたから、弾左衛門による非人頭支配が実現しつつあったことがわかります。[*19]

信濃松代藩では、慶長三年（一五九八）一一月に「かわや惣頭《そうがしら》」の孫六に箒《ほうき》・鼻皮（絆綱《はづな》）の上納を命じるとともに城内の掃除役と牢番役を課しました［万羽一九六〇］。

上方の「穢多頭」と言われた京都の下村彦惣（助）が、その地位に就いたのは、寛永元年（一六二四）とされています［中澤・小林一九六九］。紀州藩でも、近世初期に「掃除頭」（牢番頭）が設けられたのを契機に、集団の代表として領内の皮多村々住民を身分仲間として編成していったとされています［藤本二〇一二］。備前藩でも、文禄《ぶんろく》から慶長にかけて宇喜多氏によって岡山城下の町づくりが進められていたときに、赤坂郡矢原《やばら》村の皮多を呼び寄せて御野《みの》郡国守《くにもり》村に住まわせ、「国中穢多頭」に命じたと言われます［横山一九七〇］。

＊19　『御府内備考』巻之二十、浅草之八。

徳川氏もその他の大名も、多くの場合、皮多／長吏の頭を任命し、頭を通じて皮多／長吏身分や「非人」身分の人びとを組織化し統制していこうとしていたのです。

幕府は、明暦二年（一六五六）一二月に「盗賊人穿鑿《せんさく》条々」を出して関東村々の五人組をもって盗賊などを取り締まりましたが、その四条付則で特に「出家・山伏《やまぶし》・行人《ぎょうにん》・虚無僧《こむそう》・かねたたき・穢多・乞食・非人等」が盗賊の宿を仕《つかまつ》っているとして、その中で不確かな者については村々に置いてはいけないとしています。[*20] ここでは、出家以下を常々詮議《せんぎ》すべき者と見なしているものの、この法令によって「穢多」「非人」を「賤民《せんみん》」身分として位置づけようとしたものではないとされています［藤沢二〇一三］。

しかし、天領の河内国丹北郡更池村《さらいけ》（現大阪府松原市域）では、寛永二一年（一六四四）九月の家数・人数万改帳《よろずあらためちょう》において本村一二軒（うち一軒寺）の後に「更池村内河田」として三七軒（うち一軒無高）が記載され、末尾で家数四八軒の内訳として本村役家・寺の後に「穢多」三六軒と別記されています。[*21]

前にも少しふれましたが、幕府は、キリスト教禁圧と関連して、寛文四年（一六六四）一一月、全国の大名に対して宗門改役を設置し、毎年領内を調査することを命じたことが、全国的規模での宗門改制度の成立の契機となり、村や町ごとに作成がなされたため、身分的区別が明確にされていくことになりました。更池村では、その前の

＊20 『徳川禁令考』前集・第五。

＊21 『河内国更池村文書』第一巻。

近世初頭の京都の部落の様子（「高津本　洛中洛外図屏風」）

万治《まんじ》三年（一六六〇）の時点で、宗門改帳が、皮多は別帳となっていました。[*22] 元禄《げんろく》八年（一六九五）になると、更池村内の「河田」の屋敷地を竹垣で囲むこと、神事の時に注連縄《しめなわ》のなかに入らないで外から拝見することなどの請書《うけしょ》を提出させられています。[*23]

京都の天部《あまべ》村（皮多村）は、天正一五年（一五八七）、秀吉によるお土居の構築・寺町の造成の際、四条鴨川西岸から三条川東へ移転させられ、鴨川西岸の歓喜光寺跡地あたりにあった六条村もそのころ移転させられたとされます［辻・山本一九九五］。

摂津役人村と称された渡辺村も、近世初頭以来数回の移転を命じられ、現在地に落ち着いたのは元禄一四年（一七〇一）のことでした［寺木二〇一四］。

江戸初期に作成された「摂津国絵図」（西宮市立郷土資

近世前期の摂津渡辺村の景観（「新板大坂之図」）

＊22　同前。

＊23　同前第二巻。

料館蔵）や「慶長播磨国図」（天理大学附属天理図書館蔵）などの国絵図に「かわた」「皮多」「カワラ村」などと記されたということは、支配権力が百姓村とはちがう行政区域として把握しようとしていたことを示すものです。

和泉国絵図を分析した藤本は、「このように慶長国絵図の記載からは「村」である「かわた村」と集落としての「かわた村」の国家的把握、身分的登録を確かめることができる」と指摘しています［藤本一九九七］。

さらに幕府が定めた服忌令《ぶっきれい》が、差別意識につながるケガレ意識を強めたことが推測されます。幕府は、貞享《じょうきょう》元年（一六八四）に服忌令を制定・公布しました［林一九九八］。

それを貞享三年に改訂したものをみますと、家族・親族の死の忌日数が記され、その後に「穢之事」として「産穢」「血荒」「流産」「死穢」の日数が記載されています。さらに元禄元年（一六八八）一二月、江戸の寛永寺・増上寺などへの参詣に当たり、供奉《ぐぶ》の者の穢《けが》れによる物忌《ものいみ》の日数などについて令し、産穢・血穢、牛・馬・鶏・犬・羊などの死穢を記すとともに、「食穢之事」として牛馬は一五〇日、鹿・猪《いのしし》・猿などは七〇日、兎《うさぎ》・狸《たぬき》・鶏などは五日とされています。[*24] こうした規定が女性差別や葬送業者に対する差別に加えて、斃牛馬処理にかかわっていた皮多／長吏身分の人びとへの、ケガレ視に基づく差別を強めたものと考えられます。

＊24　『御触書寛保集成』。

また、この時期、五代将軍綱吉《つなよし》の政策の一つとして生類憐《しょうるいあわれ》みの令が出されています。貞享四年（一六八七）四月、病馬捨てを死罪に相当すると厳しく取り締まりました。捨牛馬禁令は犬の場合よりもはるかに重みをもつものでした。実際に元禄二年（一六八九）に備前国の博労《ばくろう》[*25]が摂津国で斃牛を捨てたことにより大坂町奉行の吟味を受け、獄門に処せられました。[*26]こうした政策により、斃牛馬を扱う皮多／長吏に対する統制が強化され、差別感が増幅されていきました〔横田一九八八〕。

豊臣政権や江戸幕府による被差別民取締令や差別法令は、この時期にはまだみえませんが、上記のようにさまざまな皮多把握・身分登録や差別政策などが展開されていた事実を見逃すべきではありません。

次に、この時期の諸藩の被差別民支配政策や差別法令をみてみましょう。長州藩では、慶長九年（一六〇四）三月、山口垣之内のかわたに「郷中夜廻役《ごうちゅうよまわりやく》」を命じ、正保《しょうほう》二年（一六四五）三月、周防《すおう》・長門《ながと》両国の長吏皮屋役を吉左衛門に命じています。[*27]長府藩《ちょうふはん》（長州藩の支藩。明治初年豊浦藩《とよらはん》）では、「穢多」の衣類は上下とも木綿に限り、帷子《かたびら》（夏に着る麻や木綿で作った単衣《ひとえ》）は麻布にし、それ以外は着用してはいけないという服装規制を加えました。[*28]阿波藩でも、元禄一二年（一六九九）、「穢多」の衣類は、百姓より粗末なものにせよと命じました。[*29]

宗門改帳の作成方法について、大垣藩では、元禄六年（一六九三）六月、「穢多・

＊25　家畜の病を治したり、売買・周旋する人。
＊26　『大阪の部落史』第一巻。
＊27　『山口県同和問題関係史料集（近世）』山口県教育委員会。
＊28　同前。
＊29　『徳島県部落史関係史料集』第三集。

非人」については例年の通り別帳とせよと命じ、[*30] 宇和島藩でも、元禄九年（一六九六）、「穢多」の宗門改帳を別帳仕立てにすることを指示しています。[*31]

江戸前期の皮多／長吏の多様な生業

江戸時代前期の皮多／長吏の生業としては、まず皮革業があげられますが、その前提をなす斃牛馬《へいぎゅうば》処理のことについて述べておきます。江戸時代においては、百姓たちが所有している牛馬が斃《たお》れると、その場所をテリトリーとしている皮多／長吏が無償で取得するという社会システムが存在していました。そのテリトリーのことを皮取場・皮場・職場・草場などと言います。それらのテリトリーは、近畿地方や関東地方では皮革関係業者（かわた・皮作・河原者・「穢多」・細工等）の間で中世以来の慣行[*32]として近世に持ち越され、幕藩領主の多くも、その慣行を保証していました。

そうした慣行が十分成立していなかったとみられる地域、たとえば筑前藩では、慶長七年（一六〇二）一月、「村々国中牛馬之倒物」を人びとが隠し取った場合は科料金を科すとし、死牛馬を必ず皮多に処理させることを企図し、草場権を保証したのです。[*33] 加賀藩でも、慶長一六年（一六一一）四月、加賀・能登の村々における斃牛馬の皮を剝ぐことを革屋二名に命じ、村人らが海川に流したり、土中に埋めたり、あるいは勝手に皮を剝いだりすることを禁じています。[*34] ただし、熊本藩では、寛永一一年

＊30 「座右秘鑑」巻之三『近世地方経済史料』第七巻。

＊31 「不鳴条」『続愛媛部落史資料』。

＊32 牛馬の死体は穢れ多いとされ、それを取得し解体処理することはキヨメとしての社会的機能をもっていた。

＊33 『筑前国革座記録』上巻。

＊34 「河北郡浅野村皮多所蔵文書」『加賀藩史料』第二編。

（一六三四）の時点においても、死牛処理については牛の持ち主が引き取ろうが、かわたに与えようが、勝手次第であるとしていました。[*35]

さて、その草場は、多くの場合、櫓銭《やぐらせん》（一種の興行税）・芝銭（商人などから徴収する場所代のようなもの）を取得する範囲と重なっており、また雪駄《せった》などの諸製品の稼ぎ場でもありました。信州の方では、一把稲《いちわいね》を貰い受けることのできる範囲でした〔斎藤二〇一二〕。それらを合わせて旦那場と言います。

西日本などの地域では、牛馬が斃れた場所に草場（地域によっては、その中にまた細分化された場があったが）の権利（株）を有する皮多が斃牛馬を取得し、皮多身分の人びとが解体処理しました。関東の方では、草場の権利が日にちによって細分化され、その草場内で、牛馬が斃れた日に権利を有している長吏が取得しました。ただし、関東では実際に解体処理したのは、その場を管轄している「非人」身分の人びとでした。得られた皮・爪・角・毛などすべて当該の長吏が取得しました〔大熊二〇一一〕。東北の三春《みはる》藩では、「穢多」身分の人が、「癩人《らいにん》」（ハンセン病者・皮膚病者）が剥いだ斃馬・病馬などの皮を独占的に買い上げていたと言います〔大内一九九二〕。

斃牛馬解体からは、単に皮だけではなく爪・角・毛・骨および肉も得られました。安芸《あき》国では、元禄一〇年（一六九七）以前の牛皮一枚の値段は、銀四〇〜五〇匁《もんめ》（ほぼ金一両、米一石に相当）、同じく馬皮一枚の値段は銀七〜八匁でした〔有元二〇〇九〕。

＊35　「井田衍義寛永以後郡中法令」『藩法集』七、熊本藩。

この時期、河内国石川郡新堂村内皮多村では、年平均死牛約八〇頭、死馬約一五頭得られたので、地域のちがいも考慮しなければならないにせよ、皮だけで相当の収入があったわけです［寺木二〇一四］。

地域性について言いますと、一八八二年（明治一五）の統計によると、概して東日本では牛より馬が多く（例外は伊豆・安房《あわ》・佐渡）、西日本は馬より牛が多かったことがわかります（例外は土佐・筑後・肥後・大隅・薩摩《さつま》・対馬《つしま》）。近世においても、多少の変化はみられるにしましても、その基本的傾向は変わっていなかったとみられます。そして、いずれの地域でも、馬皮より牛皮の方がかなり高値でした［有元二〇〇九］。これらの事実は、近世の皮革産業の分析においても、地域性を十分に踏まえて分析する必要性を示唆していると言えましょう。

ともあれ、こうして得られた皮を鞣したり、加工したりする皮革産業が地域差をともないながら皮多村／長吏村で発展をしていきます。近世の皮多村／長吏村では、皮革産業のみならず、雪駄《せった》*36細工・太鼓製作・農業・竹細工・砥石《といし》生産・灯心《とうしん》営業・医業・製薬業等々、実に多彩で活発な経済活動がみられましたが、その詳しい内容については後述します。

次に斃牛馬処理から得られた皮の鞣しの仕事から説明していきましょう。皮鞣しとは、獣畜から剝いだ生皮を物理的ないしは化学的に処理をして腐敗を防ぎ、柔軟性・

＊36　雪踏とも書く。表に竹皮を白く晒《さら》したものを割いて畳の目のように編んだものを使い、裏に牛馬皮などの革を張り付けた履物。

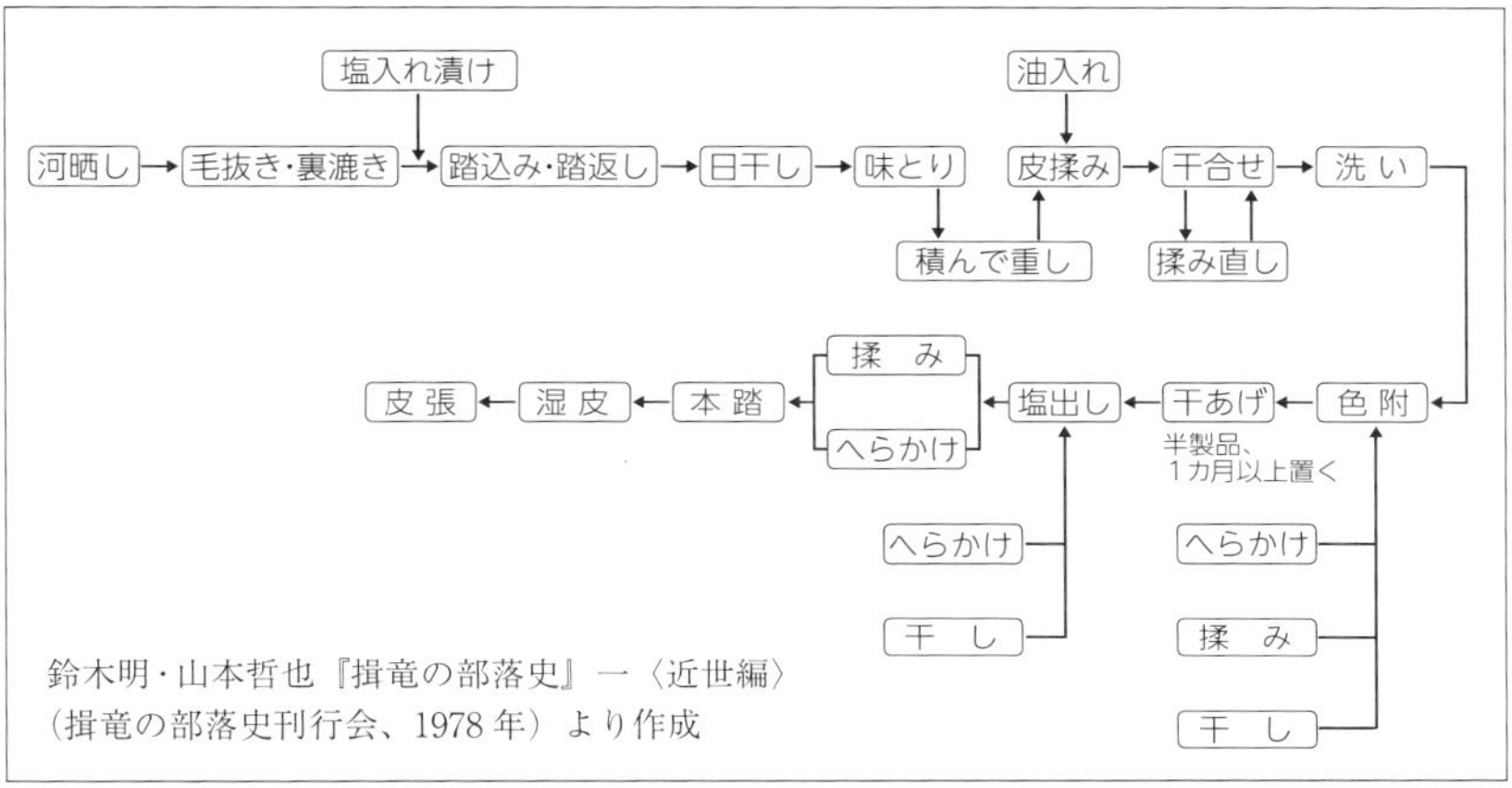

鈴木明・山本哲也『揖竜の部落史』一〈近世編〉
（揖竜の部落史刊行会、1978年）より作成

近世・西播地域の鞣し革製造工程

弾性などを付与して種々の用途に耐える革にすることを言います。江戸期における皮鞣しの工程を、皮革生産の先進地であった西播《せいばん》地方（現在の姫路市およびその周辺地域）のもので示しますと次の通りです［鈴木・山本一九七八］。

水揚《みずあ》げ（川などの水に漬けておいた生皮を引き揚げ、脱毛する）→皮すき（裏取り）→ぬた取り→塩入れ→踏み返し→日干し→味取り→油皮もみ→干し合わせ→皮洗い→色付け→干しあげ→塩出し→塩出しのしいらもみ→塩出しのこい合わせ→本踏み→湿皮→皮伸ばし（皮張り）

このような複雑な工程を経て仕上がった革は、甲冑《かっちゅう》・鞍《くら》などの製作に素材として用いられたほか、雪駄・革羽織・革足袋・漆皮《しっぴ》箱（漆で塗り固めた皮革で作られた箱）・小物入れ・胴乱《どうらん》（腰に下げる革袋）・火打ち袋などに用いられました。特に雪駄は全国各地の皮多村／長吏村でほぼ独占的に製造・販売され、多くの現金収入をもたらしました。詳しいことは、江戸後期のところで述べます。履物《はきもの》としては、ほかに綱貫靴《つなぬきぐつ》の製造・販売がありました。これは革靴の一種で雨・雪用の履物として用いられたり、農作業用の田沓《たぐつ》として使われたり、山仕事の履物として用いられました。

江戸前期から太鼓業も盛んでした。阿波《あわ》藩や伊予小松藩などの藩では皮多に時を告げる太鼓などの張り替えを課していましたし、京都では二条城の時太鼓の張り替えを天部《あまべ》村に、大坂では大坂城の太鼓の張り替えを渡辺村に課していました。大坂城の時太鼓に関する記録には、元和二年（一六一六）の製作にかかわって張大工左近将監《はりだいくさこんのしょうげん》八重行宗とならんで張干《はりほし》橋村又六作とありますし（橋村は天部村出身の太鼓屋）、万治二年（一六五九）の箇所には大工橋村利右衛門の名前が「皮張《かわはり》渡辺村」とともに記されています。元禄一四年（一七〇一）の修理では、渡辺村年寄三人の連署《れんしょ》がみられます［のび二〇〇七］。天部村の太鼓屋の保証期間は、寛文一二年（一六七二）のもので三カ年、元禄四年（一六九一）のもので五カ年でした。「自信をもった良心的な仕事ぶりがうかがえる」と評価されています［辻一九八九］。

次に農業についてみてみましょう。皮多／長吏身分の人びとが近世初頭から農地を所持して農業経営に勤《いそ》しんでいたことは、先にふれた太閤検地帳へのかわた（皮多）

／ちゃうり（長吏）という肩書を有する名請人《なうけにん》記載が関東から西日本にかけて数多くみられたことで明白です。近世初頭において相当の持高を有する皮多村が存在していました。河内国丹北郡更池村内皮多村では、太閤検地段階で隣村への出作分も含めて一三五石余所持していました。一八石余の所持者が二人、一〇石余が一人いました［森一九七五］。畿内では中農層に属する持高です。和泉国泉郡南王子村（皮多村）は、正徳三年（一七一三）の時点で村高一四三石余でした。[*37] 紀伊国那賀郡《なが》狩宿村《かりしゅく》（皮多村）は、慶長六年（一六〇一）の検地時点で三六九石余の村高を有し、[*38] 同国伊都郡岸上村（皮多村）は、慶長一八年（一六一三）「紀伊州検地目録写」によれば三九三石余も有していました。他の農村の村高と比べても遜色《そんしょく》のない所持高です。大和国平群郡《へぐり》安堵《あんど》村皮多の、太閤検地帳記載の屋敷数八を八戸と見なすと、平均持高は、八反弱・一〇石余になります［奈良県立同和問題関係史料センター二〇〇二］。ここでは皮多の多くが中農層に属していたことがうかがえます。九州の筑前国でも、近世初頭の慶長期における「革屋分」（皮多分）の「田畠高」をみると、早良郡《さわら》野芥村《のけ》で五九二石余、那珂郡《なか》堅粕村《かたかす》で三六〇石余、早良郡橋本村で一三四石余、鞍手郡《くらて》楠橋村《くすばし》で一〇〇石余、早良郡内野村で一〇〇石所持していました［松下一九八五］。

　もちろん、そうした地域でも、持高の少ない皮多村もありましたし、畿内近国や筑前国以外では、皮多の所持高は他の農村に比べて少ない場合も多くありました。しか

＊37　『奥田家文書』第一巻。

＊38　「狩宿村検地帳」『那賀町史』史料編。

も、藩によっては、江戸後期になると皮多／長吏の田畑所持を禁じたり、皮多／長吏への売却を差し止めたりしていました。たとえば加賀藩では、享和《きょうわ》元年（一八〇一）二月、皮多・藤内の所持する田畑を買い取らせ、以降、田畑所持を禁止しています し、*39 土佐藩では、文政元年（一八一八）二月、皮多身分の者へ田地を売ることを禁じています。*40

いずれにしても、多くの地域で近世初頭から皮多／長吏の人びとが農地を所持し、農業に積極的にかかわってきた（もちろん年貢も納めていた）ことは疑いのないところです。

江戸時代においては、皮多／長吏の人びとの生業として以上のほかに、筬《おさ》*41の製造・販売（関東中心）、灯心《とうしん》*42の販売（弾左衛門が販売権をほぼ独占していました）、砥石販売（関東）、医業、製薬業、林業、水産業などにも従事していましたが、江戸中後期にならないと史料的に十分裏付けられない場合が多いので、後述することにします。

江戸前期の皮多／長吏の役負担

江戸前期において史料的に確認できる役負担（役務《えきむ》）には、①皮革などの上納、②掃除役、③牢番・行刑《ぎょうけい》役、④警察役などがありました。

まず①の皮革などの上納について述べますと、松本藩では文禄三年（一五九四）、

*39 「上田源助品々留帳」『加賀藩史料』第一一編。

*40 「浦政筆」『高知の部落史』資料編、第一集。

*41 織機の付属具で、細い竹片を櫛《くし》形に列ねて長方形の枠に取り付けたもの。経糸《たていと》をその目に通して整え、緯糸《よこいと》を通すたびにこれを圧して、布の織り目を密にするために用いられた。最近は、鋼鉄や真鍮《しんちゅう》製の針金で作られている。

*42 行灯《あんどん》などの芯。灯油に浸して火を灯すのに用いる細い帯状のもの。藺《い》のなかごにある白い髄などを用いて作った。

「かわた」に従来通り皮一枚ずつの上納を命じていました〔塚田一九八六〕。福岡藩では、慶長七年（一六〇二）一月の「定」により、領内の皮多に馬革一〇〇枚、室皮二〇〇枚の上納を課しました〔松崎一九七六〕。長州藩、加賀藩でも同様でした。[*43]

絆綱《はづな》の上納もありました。絆綱は、鼻皮ともいい、馬の口にゆわえる革紐のことです。享保一〇年（一七二五）九月に弾左衛門が町奉行所に提出した「御役目相勤候覚」によりますと、幕府は弾左衛門に皮革とともに絆綱御用も命じていました。[*44] おそらく江戸前期から課していたのでしょう。松代藩《まつしろ》では、かわや惣頭《そうがしら》孫六に対して箒《ほうき》・鉄砲胴乱とともに鼻皮五間の進上を命じていました〔塚田一九八六〕。福岡藩も前掲慶長七年の「定」で、皮多に人別に絆綱を上納させるよう規定しました。信州上田藩も正保五年（一六四八）、向町の長吏仲間に絆綱の上納を課しました。[*45] 紀州藩でも、近世初頭の浅野時代（一六〇〇〜一九）から皮多が絆綱の上納を課せられていました〔藤本二〇一二〕。

太鼓の無償張り替えも一種の皮役でしょう。幕府は、弾左衛門に「御陣太鼓御用次第張替」を課していました。[*46] 阿波藩・小松藩でも、また京都・大坂でも、皮多に太鼓の張り替えを命じていたことは前述したとおりです。

②の掃除役については、たとえば京都の天部《あまべ》・六条・川崎・蓮台野《れんだいの》・北小路の五つの皮多村は、断罪役・牢屋敷の外番とともに二条城内の掃除（宝永五年〈一七〇八〉

*43 「御書付其外後規集」『山口県同和問題関係史料集（近世）』、「庁事通載」『加賀藩史料』第四編。

*44 「御由緒」『史籍雑纂』第三。

*45 「穢多・非人之例」『長野県史』第二巻（一）。

*46 「御由緒」『史籍雑纂』第三。

まで）や牢屋敷内外の掃除役を課せられていました［中澤・小林一九六九、辻・山本一九九五］。牢死者の片付け・二条城外堀の身投げの死体の取り片付けの役務も、穢れとみられた死体を取り片付けるのであるから、掃除役の一環と考えられたのでしょう。

紀州藩でも、近世初頭から皮多が和歌山城の掃除を課せられていました［藤本二〇一二］。岸和田藩でも、江戸前期に城中掃除役を賦課されていました。*47

③の牢番・行刑役については、幕府も諸藩も領内の皮多／長吏に課す場合が多くみられました。幕府は、弾左衛門支配下の長吏に断罪役を課していました。*48 諸藩をみても、上田藩（牢番）・阿波藩（火罪の準備・死罪の処刑）・飯山藩（断罪役・牢番）・岡山藩（磔刑《たっけい》にかかわる人夫役）・宇和島藩（磔《はりつけ》木・獄門《ごくもん》台の準備）・津山藩（斬首刑・敲《たた》きの刑の執行）・長州藩（牢番）・鳥取藩（処刑）など、多くの藩で皮多／長吏に牢番や行刑役を課していました［寺木一九八九］。紀州藩でも、牢番頭仲間（皮多）が牢番・行刑役を課せられていました。*49 同藩では、牢舎人の療治役も担っていました。

こうした行刑役などは、中世の河原者など被差別民が担っていましたが、近世の幕藩領主はそれを継承し、一般化したものと考えられます。行刑役や牢番は誰かが担わなければならなかった公務ではありましたが、罪や刑死人の死体がケガレと見なされていましたから、斃牛馬処理を行ったことと合わせて、皮多／長吏の人びとへの不浄視や反感がいっそう強められたものと推量されます。

*47 『和泉国かわた村支配文書——預り庄屋の記録』上巻、『大阪の部落史』第一巻。

*48 「御由緒」『史籍雑纂』第三。

*49 「御城・牢屋御用勤方控帳」『城下町牢番頭仲間の生活』清文堂。

最後に④警察役についてふれておきます。幕府は、弾左衛門に「御尋者御用《おたずねものごよう》」や施行《せぎょう》（貧しい人びとへ食べ物などを施し与えること）のときの警固を課していました。[*50] 紀州藩の牢番頭仲間も町廻りや犯人逮捕に従事していました。[*51] 皮多／長吏の人びとは、民衆の安心・安全維持のため危険を顧みず、プロの警察として職務を遂行していた史実も忘れてはならないでしょう。

＊50　「御由緒」『史籍雑纂』第三。

＊51　『城下町警察日記』清文堂。

第5章●近世の多様な被差別民衆

「非人」身分の成り立ちと役負担

皮多／長吏と並んで江戸時代の代表的な被差別身分として「非人」身分がありました。後で述べる大坂の悲田院垣外《ひでんいんかいと》（天王寺垣外とも称されました。「非人」身分集団）、堺の北十万《きたじゅうまん》や京都の悲田院などを除くと、近世の「非人」の人びとは、多くの場合、中世の「非人」の人びととは系譜的につながらず、戦乱や生活苦で都市へ流入してきた人びとを中心として編成・身分化されたと考えられます。

江戸では、四ケ所《しかしょ》と呼ばれ、浅草の車善七、品川の松右衛門、深川の善三郎、代々木の久兵衛の四人の非人頭《がしら》のもとに統括されていました。木下川《きねがわ》の久兵衛と名乗る非人頭が一時的に現れたりして必ずしも四カ所でない時期もあったようです。また、近世初頭から四ケ所の非人頭がそろっていたわけでもありません。最も古いのが車善七です。天保一〇年（一八三九）に車千代松が提出した書上《かきあげ》によりますと、先祖は三《み》河《かわ》国渥美《あつみ》村出身で、慶長一三年（一六〇八）、町奉行から非人頭に任命されたとされています。品川の松右衛門が、嘉永《かえい》七年（一八五四）に差し出した願書によりますと、寛文年間（一六六一～七三）に町奉行から非人頭に取り立てられて「野非人《のひにん》＊1制道」を命じられたと記されています。四人の非人頭が史料上、出そろうのは享保六年（一七二一）のこととされます。こうしてしだいに「非人」の組織化が進み、非人頭→非人小頭→非人小屋頭→非人手下《てか》という序列が形成されました［以上、中尾一九九二］。

なお、弾左衛門の車善七支配は、慶安《けいあん》五年（一六五二）ごろから強まりましたが、善七側は抵抗を続け、享保四年（一七一九）七月、町奉行に訴状を提出、翌年二月、今度は逆に弾左衛門も善七を訴え、その翌年の享保六年（一七二一）一一月、弾左衛門が勝訴して、弾左衛門による車善七支配、つまり配下の「非人」支配が公認されたのです。

大坂でも「非人」身分の人びとの居住地は四カ所に分かれて存在していましたので、四ケ所と呼ばれました。その集落・集団を垣外《かいと》とも称しました。悲田院垣外は、四天王寺悲田院との関係で中世に遡《さかのぼ》れるようですが、近世の「非人村」としての成立は文禄《ぶんろく》三年（一五九四）とされます。鳶田《とびた》垣外は、慶長一四年（一六〇九）、道頓堀《どうとんぼり》垣外は元和八年（一六二二）、天満《てんま》垣外は寛永三年（一六二六）にそれぞれ成立したと伝えられています［塚田二〇〇二］。

堺にも四ケ所「非人」が形成されました。そのうち北十万については、延徳《えんとく》二年

＊1　村々や町々に流入してくる貧民などを言う。

（一四九〇）に創建された浄土宗寺院に悲田院が設けられ、貧窮民や「らい者」たちが寺院内に抱えられ、近世にいたり四ケ所の一つとして制度化されたものと推定されています［山本二〇〇二］。

京都では、上京《かみぎょう》小川の安居院《あぐい》のそばに中世以来の上悲田院（「非人」の集住地）があり、正保二年（一六四五）安居院悲田院は泉涌《せんにゅう》寺内の現在地に移転しましたが、そのとき「非人」の人びとは洛外の岡崎村内に無税地を与えられて移住し、悲田寺あるいは悲田院村と称したと言われます［山本一九九五］。なお、関西の場合、紀州藩などを除いて皮多頭あるいは皮多年寄／肝煎《きもいり》が非人頭や「非人」を支配していたわけではありません。

次に、「非人」身分の人びとの役負担（役務《えきむ》）についてみますと、江戸ではまず第一に、「野非人制道」です。これは江戸に流入してくる窮民を捕え（「刈り込み」）、郷里に身寄りがあれば帰し、身寄りがない場合は非人手下《てか》（「抱え非人」）にすることでした。第二に、川流不浄物取揚げです。清掃事業です。第三に、溜《ため》（主として重病の囚人を預かる施設）の運営です。第四に、牢屋《ろうや》人足です（車善七のみに課せられました）。第五に、捕《と》り方人足です（これも善七のみ）。その他、入《い》れ墨《ずみ》仕置《しおき》・引廻《ひきまわし》人足などがありました［中尾一九九二］。

大坂では、大坂町奉行のもとで、四ケ所の「非人」が野非人の取り締まり、犯罪人・盗賊人の捕縛《ほばく》、刑場使役、牢屋敷番などの役を負っていました。その他、他国・遠国御用《おんごくごよう》や風聞《ふうぶん》探索の役目もありました［塚田二〇〇一、松永二〇〇七］。

京都の悲田院村も捕者役《とりもの》（犯人逮捕）、見廻り役、囚人護送、罪人の市中引廻の棒持、牢内での拷問《ごうもん》、敲払《たたきはらい》などの役を負っていました［山本一九九五］。「非人」身分の人びとは、一般に得意場《とくいば》（縄張り）のなかで祝儀《しゅうぎ》・不祝儀《ぶしゅうぎ》があった場合、その家々へ行って施し物を受け取ることができました。また、江戸・大坂のように紙屑拾いなども行う地域もありました。

その他の被差別民衆

その他の被差別民衆については、特に地域性が顕著です。そうしたなかで、非人番（番非人）は比較的広範囲に存在していました。「非人」身分として位置づけられていた地域もあれば、独自の身分として存在していたとみられる地域もあったとされます。紀州藩では、貞享三年（一六八六）には存在していました。和泉《いずみ》国では貞享四年（一六八七）、河内国ではその翌年、摂津国では享保六年（一七二一）に史料に出てきます。その本来の任務は野非人制道であったとされます。つまり野非人を村や町から追い払う役目です。大阪府北部に位置する箕面《みのお》市域の村々の場合、一二一カ村のうち、史料上、一九カ村でその存在が確認されます。紀州藩松坂領東岸江組の場合、明治四年（一八七一）の時点で組内一七カ村すべてに非人番が設置されていました（一人の非人番が二〜四カ村兼帯することもありました）。その職務について言いますと、紀州藩松坂領の場合、野非人制道（行き倒れ人の死骸取り片づけも含む）、博打《ばくち》・盗賊などの取り締まりと逮捕、盗難防止・火の用心の巡回、不正米の取り締まり、犯人護送の警備、往還の警備、野犬狩りなどでした。箕面市域においても、松坂領においても、非人番は村々から非人番給《ひにんばんきゅう》を与えられ、住居も提供されていました。つまり、村抱えでした。非人番の人びとが百姓・町人より、一等、低く見られていたことは、松坂領では町人宅などに入るときには履物《はきもの》を脱がされていたことからもうかがえます［寺木二〇一四］。

加賀藩・京都・奈良・信濃善光寺などにハンセン病者や皮膚病者たちおよびその子孫の集団がいました。加賀藩では瘍癩《かったい》と称され、物吉《ものよし》とも呼ばれました。ハンセン病者を引き取って世話する者であったとされます。武家・町家の吉事に鳥目《ちょうもく》（銭）を受け取りました。竹の子草履・足駄《あしだ》（高下駄）の鼻緒を作っていました［高澤一九八三］。京都では中世の「清水坂非人」集団が分化し解体していく過程で、清水坂の長棟堂に居住していた「らい者」の人びとが構成する村として物吉村が成立したと言われます。物吉という呼称は、年末年始や慶事の折に洛中洛外や近郊農村の家々を縁起が良いという意味で「ものよし」と言って寿《ことほ》ぎながら門付をしたことに由来するとされます。勧進《かんじん》のほかに草鞋《わらじ》作りや小規模な畑仕事にも従事していました。奈良では北山《きたやま》十八間戸《じゅうはちけんど》および西山光明院に「らい者」が居住していました。前者は、中世奈良坂の「非人」集団の一部に系譜的つながりを有し、奈良の北半分を勧進場とし、後者は、奈良の南半分を勧進場にしていました。信濃善光寺の「道近坊」の「らい者」も、中世善光寺「非人集団」の一部に由来すると考えられています。彼らは、七月と一二月に入市税を商人から徴収する権利を有し、寺内および町内での物乞い、行路病者の介抱、行き倒れ人の死体処理、近辺の田畑の見回りをしていたと言います［鈴木一九九六］。その他、和泉地域の物吉の人びとは、田畑を所持し、百姓としての定着に努力しましたが、差別の壁は厚かったと言います［下村一九九五］。

「藤内《とうない》」は、加賀藩やその支藩の富山藩に存在していました。牢番役、盗賊などの取り締まり、大庄屋の摘発、「非人」の支配を勤めました。生業としては葬送業（火葬）、医療、灯心製造、草履製作などがありました。また、武家や町人宅での祝儀のあるときは、鳥目を貰い受けることができました。富山藩でみますと、安永三年（一七七四）で、「皮太《かわた》」（皮多）六五人に対して「藤内」は七六二人でした［高澤一九八三、田中編一九八六］。「藤内」の人びとの方が圧倒的に多かったのです。

伊勢を含む東海地方には簓《ささら》（佐々羅）が存在していました。この呼称は、田楽《でんがく》や歌《うた》祭文《ざいもん》などの時に用いた楽器のささらという名称に由来しています。この楽器を用いて説経節《せっきょうぶし》などを歌うことを業とした芸能民を簓と呼んだのでしょう。江戸期、簓は、近江《おうみ》大津の三井寺《みいでら》別院近松寺《こんしょうじ》の支配を受けていました。また、近松寺に属していた関《せき》蟬丸《せみまる》神社には音曲芸能の祖とされた蟬丸が祭られていましたので、例年、この神社の祭礼には各地の簓身分の人びとが参集し、灯明料《とうみょうりょう》を納めていました。紀州藩田丸《たまる》領（伊勢国南部）の場合、簓の役務として田丸城内の掃除、牢屋番、寺社の法会・祭事などの際の警備などがありました［和田一九八二］。

近畿地方には夙《しゅく》村が存在していました。中世の宿非人の系譜を引いているとみられます。江戸期においては、農業に従事し、なかには酒造業を営む者もありました。身分上は「平人並」とされていましたが、一般社会からは「夙筋之者」として「下がり者」と見なされ、交際や結婚において差別を受けました。*2

中国地方には茶筅《ちゃせん》が存在していました。山陰地方では鉢屋《はちや》と称されました。京都の極楽院空也堂（光勝寺）の信徒で、茶道で使う茶筅を売り歩いていた鉢叩《はちたた》きを源流としているとされます。紀州藩田辺領では「鉢坊」と称されました。その生業は、芸能、竹細工、団扇《うちわ》や草履の製造、農業で、葬送業にも従事しました［藤井二〇一三］。

万歳・鳥追

＊2 「寺社規定其外諸事留」石井良助編『近世関東の被差別部落』明石書店、一九七八。

猿曳

そのほかに、大和・三河地方には万歳、長州藩には宮番《みやばん》、阿波《あわ》藩には掃除、薩摩《さつま》藩などには慶賀《けいが／けんご》、高野山領には谷《たに》の者《もの》・山之堂《やまのどう》、また各地に猿曳《さるひき》（猿引・猿牽）、隠亡《おんぼう》*3・三昧聖《さんまいひじり》*4、願人《がんにん》*5、鳥追《とりおい》などの被差別民がいました。

江戸およびその周辺にいた乞胸《ごうむね》は、身分は町人に属しながら、綾取《あやと》り、猿若《さるわか》、江戸万歳《えどまんざい》、操《あやつ》り、浄瑠《じょうる》璃《り》などの芸を演ずる家業については乞胸頭仁太夫を通じて非人頭の車善七の支配を受けました。この家業をやめれば「賤民《せんみん》」扱いされませんでした［中尾一九九六］。

以上のように、江戸時代には多様な被差別民が全国各地で多彩な活動を展開しており、またそれぞれ社会的役割を果たしてきたのでした。

*3　煙亡《おんぼう》とも。火葬や埋葬に従事した人びと。

*4　隠亡と同じく葬送に従事した人びと。近世の畿内周辺では、行基《ぎょうき》信仰を精神的支えとし、東大寺竜松院の支配を受ける者が多かったと言われている。

*5　願人坊主のこと。願人坊とも。もともとは代参のように神仏への願掛けの代理を務めていたが、しだいに門付・大道芸に従事するようになった。

第6章●近世社会の展開と被差別民衆

江戸中期の社会の動向と幕藩領主の被差別民統制・差別政策

江戸中期になると商業的農業の発展やその他の商工業の発達によって幕藩体制の経済基盤が侵食され、[*1]矛盾が顕在化しはじめました。幕藩領主は、百姓一揆《いっき》などの民衆の反抗を抑えて体制を立て直すための一環として、被差別民の統制を強めました。

幕府は、元禄《げんろく》五年（一六九二）一一月、辻番所で「穢多《えた》」の娘に遊女をさせていた辻番人を死罪に処しました。[*2]このような極刑に処したのは、皮多／長吏身分と町人などの他の身分との交わりを厳禁して、身分支配を強化しようとしたためとみられます。江戸前期から弾左衛門と車善七の間で支配をめぐっての確執が続いていましたが、享保《きょうほう》四年（一七一九）から数年にわたって激しい争論が展開され、ついに弾左衛門の非人頭《がしら》に対する支配権が確定されました。[*3]幕府は、この争論後、「非人」が平人に混じらないようにするため「非人」の髻《もとどり》（髪を頭の上に集めて束ねたところ）を切らせてざんぎりにしたとされます。[*4]この差別的措置は、町奉行大岡忠相《ただすけ》らによって推

＊1　戦国時代から江戸時代初期にかけて新田開発が目覚ましかったが、このころになると当時の技術では開発が困難となり、頭打ちになってきたことも領主財政を悪化させた。

＊2　「御仕置裁許帳」『近世法制史料叢書』第一。

＊3　『鈴木家文書』第一・三巻。

＊4　『嬉遊笑覧』。

進されたと言われます。*5 享保五年（一七二〇）八月には「穢多」身分の納めた米は「穢《けが》れたる物」であるとして金納を命じました。*6 ただし、この措置は二年後に撤回されました。

幕府は、各地を徘徊《はいかい》して不届きな行為をする浪人者の対応に困った村々の要請を踏まえて、明和《めいわ》六年（一七六九）六月、関八州《かんはっしゅう》と伊豆・甲斐《かい》両国の村々に不届き者の浪人の召し捕りを当該地の「穢多」「非人」に当たらせ、勘定奉行《かんじょうぶぎょう》（公事方《くじかた》）へ注進するように命じました。*7 明和六年令の対象地域外の領主からの問い合わせや要望があったので、安永《あんえい》元年（一七七二）九月、その適用を認め、安永三年一〇月には明和六年令の内容を幕府領・大名領・寺社領を問わず全国法令として出したのです。*8

安永七年（一七七八）一〇月、幕府は初めて、全国の皮多／長吏・「非人」等の被差別民を対象とした風俗取締令を発布しました。被差別民が、悪事をはたらく場合はもちろん、百姓・町人に法外のはたらきをしたり、百姓・町人躰《てい》に扮《ふん》する者があれば、幕府領では代官より手代・足軽を出して召し捕らえ、勘定奉行に報告させ、大

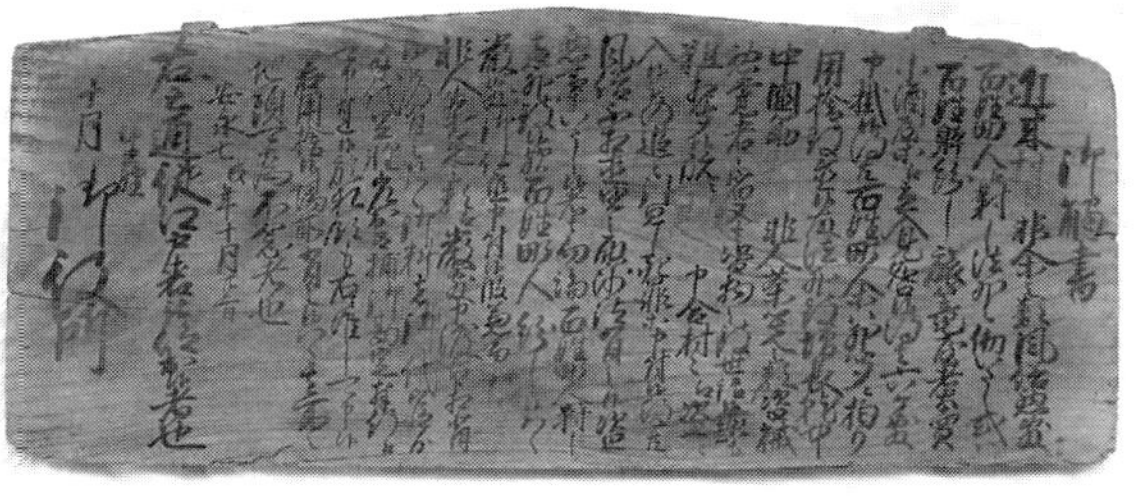

幕府の「賤民」取締令（安永７年生野代官所御触書）

*5 「仮寝の夢」上『随筆百花苑』第七巻。
*6 『徳川禁令考』前集第四。
*7 『徳川禁令考』前集第五。
*8 『牧民金鑑』下巻。

名領などの私領もそれに準じよと触れたのです。[*9] この触れはそうとう徹底して通知されたようで、多くの地域で写しなどが残されています〔寺木二〇〇〇〕。

なお、従来、安永三年令・安永七年令の幕令は、①幕府勘定奉行（公事方）が被差別民の全国的統制機関として位置づけられたこと、②全国の被差別民を警察機関の末端に位置づけたことを意味すると理解されてきて〔後藤一九七三、朝尾一九八〇〕、筆者もそのように解してきましたが〔寺木一九八八〕、藤沢は、①については幕末まで一貫して弾左衛門を支配した部署は町奉行であり、諸藩でも被差別民を支配したのは郡奉行ではなく町奉行が一般的であったとし、②についても江戸時代には「警察的な業務はいくつかの部署で、身分別に、それぞれの論理で担われた」として、批判をしています〔藤沢二〇一三〕。重要な指摘として受けとめ、さらに検証して事実を明確にしていくことが求められていると言えましょう。

次に、この時期における諸藩の被差別民に対する動きをみてみましょう。土佐藩は、安永九年（一七八〇）一二月、領内村々の「穢多」の風儀が悪く、百姓などに紛れているのは不埒《ふらち》であるとして、取り締まっています。[*10] 薩摩《さつま》藩では天明四年（一七八四）七月、慶賀《けいが／けんご》・「穢多」と百姓が縁組をした場合、双方に科銀を課すこと、「死《し》苦《く》」は今後「穢多」と唱えることを触れました。[*11] 同年九月、長州藩は、平人と交わった「穢多」を遠島に処しています。[*12] 阿波《あわ》藩でも、寛政二年（一七九〇）二月、倹約令

*9 『徳川禁令考』前集第五。

*10 「山内家記録」『高知の部落史』資料編・第一集。

*11 「島津家列朝制度」巻之三〇『藩法集』八鹿児島藩。

*12 「長州藩御仕置帳抜萃」『日本庶民生活史料集成』第二五巻。

を出した際、領内の「穢多」「掃除」「非人」に対して不相応の衣類は着てはならないと命じました。[*13] 加賀藩でも、同一二年（一八〇〇）一一月、藤内に対して平人と交わること、医療に携わることを禁じています。[*14]

以上のように、諸藩は先にみた幕令の影響を受けつつ、被差別民衆の風俗規制を強化するとともに被差別民衆と百姓・町人との交流に規制を加えたのでした。

*13　「倹約向申達写」『阿波藩民政資料』上巻。

*14　「御郡典」第三『藩法集』六続金沢藩。

江戸中期の皮多／長吏の生業

まず皮革業からみていきますと、各地の皮多／長吏村で江戸前期に引き続き、皮革産業が発展していきました。皮革の需要は多かったようで、江戸前期から中期の享保年間にいたるまで、オランダ船および中国船（台湾船も含む）などを介して大量の鹿皮・牛皮が輸入されました。たとえば承応《じょうおう》二年（一六五三）、鹿皮七万三五九二枚、牛皮二万四一四五枚でした。享保一〇年（一七二五）以降は鹿・牛皮ともに減少し、特に牛皮は数枚から数百枚にとどまりました。ただし文化一一年（一八一四）については、赤牛・黒牛皮約一万五〇〇〇枚に達していました［阿南二〇〇〇］。これらの輸入牛皮は、皮多以外の皮商人にも渡されましたが、皮多にも渡されていたことが明らかにされています［阿南二〇〇三］。なお、一八世紀末以降、対馬《つしま》藩を通して年間一万〜一万五〇〇〇枚もの牛皮が輸入されていました［塚田一九九六］。

摂津渡辺村（皮多村）の皮商人が江戸前期からこれらの輸入皮を仕入れていたことは知られていますが、享保期以降、皮革類の輸入が大幅減少したのち、渡辺村皮商人は国内産の皮を求めて九州の豊前《ぶぜん》・筑前にまで出向いていました。江戸後期のことになりますが、天保年間で九州・中国地方・畿内周辺から年間一〇万枚の牛馬皮が渡辺村に集荷されたと言います［同前］。おそらく江戸中期には渡辺村が西日本の皮革生産・流通のセンターになっていたと思われます。

一八世紀前半、紀州から和泉《いずみ》国南王子村への、また南王子村から渡辺村への奉公が増えています。渡辺村への奉公の多くが皮革関連業であって、技術を習得して奉公を終えて帰村して皮扱いを行いました。ただ、渡辺村は皮鞣《なめ》しを行う地勢的条件に欠けていましたので、姫路藩領高木村へ賃鞣しに出していました。その高木村は、江戸中期に鎧《よろい》製作に使う小札《こざね》に代表される、分厚くて堅い皮の鞣し技術を革新して、民用に必要な薄くて柔らかく張力のある「越革《こしかわ》」の鞣し技術に到達したと言われます。それでも、江戸後期の化政期（一八〇四〜三〇）になるまでは、皮革専業の村として播《はり》磨《ま》各地の皮多村労働力を吸収して大量の原皮を処理できる段階にまでは進んでいなかったとされます［臼井二〇〇九a］。

江戸の弾左衛門の囲内《かこいのうち》（支配地）にも、皮類は関東からだけではなく関西の方からも移入されていたようです。囲内には、寛政一二年（一八〇〇）には二三二軒が居住していましたが、そのほとんどは雪駄《せった》屋や革屋であったとみられています。時代はだいぶん下って一八七四年（明治七）の囲内の物産をみますと、製造皮革一二万二〇〇〇枚、太鼓一万一九〇〇面、雪駄二万三二〇〇足があげられています［中尾一九九六］。これらの数字は江戸後期の状況に近似していると考えられますが、皮革生産や太鼓・雪駄の製造には相当の専門的技術とその蓄積が必要とされていたことから、江戸後期に急激に発展を遂げたというよりは、おそらくすでに江戸中期にはこの囲内が東日本における皮革生産・皮革関連業・流通のセンターとして存在していたと考えてよいのではないでしょうか。

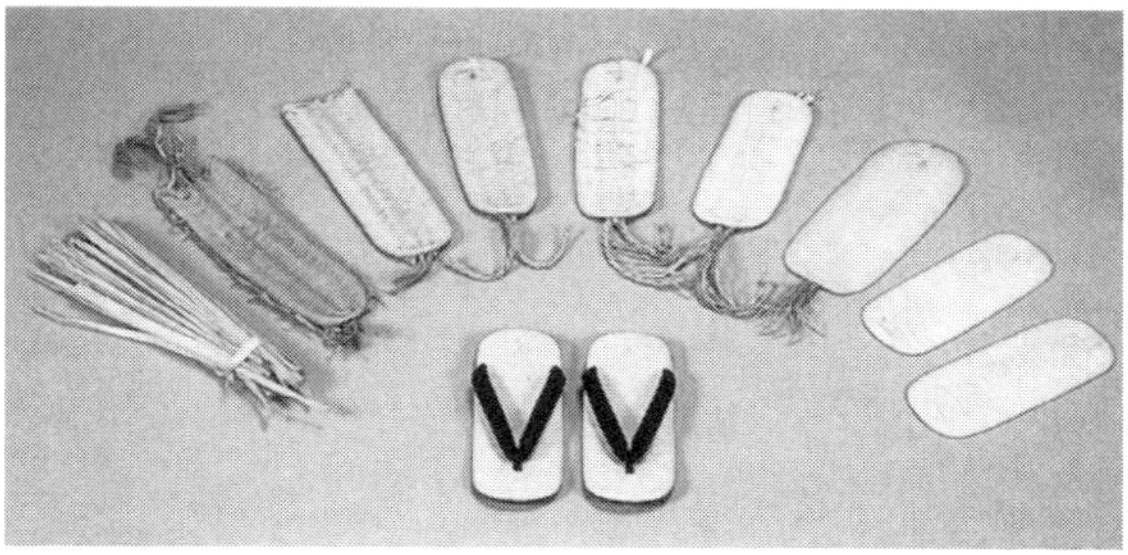
雪駄

次に雪駄（雪踏）の製造・販売について。雪駄とは、竹皮で表《おもて》を作り、その裏に牛馬（のちには牛皮）の皮革を用いた履物《はきもの》です。もともと「せきだ」が「せつた」と訛《なま》って「雪駄」と表記されるようになったと推定されています［畑中一九九八］。江戸では貞享《じょうきょう》のころ（一六八四〜八八）までに「地雪駄」は「穢多雪駄」と言われるほど、もっぱら長吏の人びとの手になるものであったようです。そのころまでは馬革を使っ

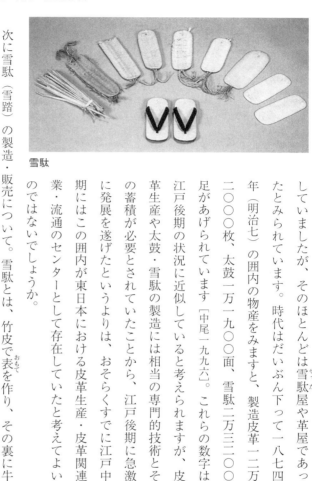

ていたと記されています。元禄初めごろ（一七世紀末）より上雪駄が流行し、元文年間（一七三六～四一）には小児用雪駄も作られるようになったと言います。[*15]

摂津渡辺村では、元文三年（一七三八）七月の時点で、雪駄・金剛《こんごう》（草履）・綱貫《つなぬき》（和靴）の細工に従事していた人びとが四〇〇人ほどいたと言います。渡辺村は、七月一四日と一二月晦日の二日間のみ日本橋など九つの公儀橋のたもとで、これらの履物を販売することが許されていました。[*16] 和泉国南王子村（皮多村）でも、享保一三年（一七二八）には旦那場内の特定の村々を得意として草履や雪駄直しに出かけていました［のび一九九五］。紀州藩岡嶋皮多村でも、元禄一三年（一七〇〇）には雪駄直し仲間を形成していました。[*17]

雪駄産業は皮多／長吏身分固有の特権的・独占産業ではなかったとされますが［畑中一九九五］、この雪駄の製造・販売と雪駄直しが皮多／長吏の人びとにかなりの現金収入をもたらしたことは確実です。その実態につきましては、江戸後期のところで述べます。

太鼓作りも、引き続き盛んでした。京都天部《あまべ》村では、鞍馬村の上・下在地の祭り太鼓、東本願寺の時太鼓の製作・張り替えも行っていました。元禄四年（一六九一）の大太鼓一柄銀一一五匁《もんめ》（約一両）、宝永～宝暦期（一七〇四～六三）の皮の張り替え銀八〇～一二〇匁を得ていました［辻一九八九］。摂津渡辺村でも、天明三年（一七八三）

＊15　『我衣』。

＊16　「大坂役人村訴口上書」二『摂津役人村文書』。

＊17　『城下町牢番頭仲間の生活』。

太鼓屋金兵衛が同国島下《しましも》郡内瀬村の寺太鼓を張り替えて三〇年間の保証書を出しています。[*18] 江戸中期になりますと、京・大坂の太鼓屋だけでなく、在地の太鼓屋も活躍しはじめます（もちろん、在地でも早くから太鼓業に従事していたところもありましたが）。たとえば近江《おうみ》国野洲《やす》郡照覚寺の太鼓胴の墨書銘をみますと、元禄六年（一六九三）までは京都天部村の橋村理右衛門の名が書かれていますが、享保四年（一七一九）以降、地元の野洲郡・蒲生《がもう》郡内の太鼓屋の名前が記されています［古川二〇〇三］。大坂周辺でも、明和七年（一七七〇）河内国若江郡西郡《にしごおり》村の重次郎が上島村の道場の太鼓片皮を張り替え、一三年間の保証書を出しています。[*19]

次に農業について述べます。江戸中期になりますと、たとえば大坂周辺地域では皮多の人びとの他村への出作り[*20]が増えていきます。和泉国南王子村では、正徳三年（一七一三）の村高は一四三石余でしたが、安永二年（一七七三）近隣五カ村で二六三石余の出作りを行っていました。実に村高の二倍近くに及びました［寺木一九八六］。

大和国では、享保九年（一七二四）時点の村況をまとめた大和郡山《やまとこおりやま》藩『郷鑑《ごうかがみ》』によりますと式下《しきげ》郡藩領村々の百姓率は、梅戸村（皮多村、村高二八四石余）九七・三％、但馬《たじま》村内皮多八六・四％（本村七〇・七％）、下永村内皮多七四・二％（本村八九・三％）でした。領内村々全体の平均百姓率が六七・四％でしたから、皮多村はいずれも平均比率を上回っており、特に梅戸村の百姓率は、最高率であったことが注目され

＊18　『大阪の部落史』第二巻〈史料編　近世二〉。

＊19　同前。

＊20　他村の田地を獲得して耕作すること。

ます［奈良県立同和問題関係史料センター二〇〇二］。

もちろん近畿地方のなかでも、百姓率が低い地区もありましたし、同じ紀州藩領の地区においても百姓数が多くかつ、牛馬の所持数も多い地区もあれば少ない地区もあってさまざまでした。*21

福岡藩領内皮多村々では、慶長期に比べて元禄期には村高を若干、増加させているものの、一人当たりの平均所持高は、辻村九斗九升六合、金平村一石一斗六升三合、堀口村三斗二升一合となり、非皮多村のそれがほとんど一石以上であるのに比して一般的に零細的であるとされています［松下一九八五］。

関東でも、江戸前期から中期にかけて一定の土地の集積が認められるものの、その零細性は否めません［部落問題研究所編一九八三］。

なお、和泉国南王子村が惣ノ池・今池の用水権を所持していましたように［盛田他一九七九］、一定の耕地を所持していた皮多村／長吏村は、用水権や入会権《いりあい》*22も保持していたことにも留意しておかなければなりません。

このように皮多村／長吏村の農業経営のあり方は、東日本は西日本に比べて零細的であったようでありますし、同じ西日本でも、近畿地方と北九州地方とでは差があり、また同じ地域の中でもかなりの差がみられました。農業に限らず生業全体においても地域的特徴を押さえることが大切でしょう。また、同じ皮多村／長吏村の中での

*21　元禄一〇年（一六九七）一二月「穢多仲間法式につき申渡覚」『城下町牢番頭仲間の生活』。

*22　一定地域の住民が共同で用益する一定の山林・原野・沼沢を利用する権利。肥料や牛馬の飼料とされた刈敷《かりしき》や秣《まぐさ》、土木建築や農具用の用材、屋根葺《ふ》き用の萱《かや》、燃料用の柴や薪《まき》、茸《きのこ》などの食材などを採取することができた。

階層の分化も見極めていく必要があります。[*23]

弾左衛門は、早くから灯心営業をしていたようです。宝永二年（一七〇五）、幕府は灯心仕法を定め、常陸《ひたち》国と下総《しもうさ》国の一六カ村のみに藺草《いぐさ》の植え付けを許し、その出荷先を弾左衛門のみと決めました。正徳三年（一七一三）の弾左衛門側の主張では、年間藺草七〇〇〇束では少ないので九〇〇〇束（一〇束一両とすると九〇〇両となる）程度がよいとしていて、相当量の灯心製造に従事していたことがうかがえます［井上一九九四］。

武蔵《むさし》国・上野《こうずけ》国・下野《しもつけ》国などでは、戦国時代から「長吏」の人びとが砥石《といし》の販売にかかわっており、江戸時代に入っても、長吏身分の人びとが砥石の販売権は自分たちの固有の権利だと考え、販売に従事していました。また、砥石の生産にもかかわっていたのではないかと推定されています［斎藤一九九四］。

江戸中期までに皮多／長吏の人びとは、医業・製薬業・水産業などにも従事していましたが、江戸後期にならないと詳しいことがわかりませんので、後で述べることにします。

江戸中期の被差別民をめぐる社会の状況

先に幕藩領主の差別政策についてふれましたが、そうした一連の政策の推進により

＊23　この場合、農業経営だけではなく雪駄細工などの農業以外の仕事からの収入も含めて分析しなければならないので、かなり骨の折れる作業をともなう。

百姓・町人たちは前代から引き継がれたケガレ観や身分観念に基づく差別意識をいっそう強く身に付けるようになったと考えられます。元禄八年（一六九五）、河内国更《さら》池《いけ》村内皮多の人びとは、屋敷地を竹垣で囲むこと、布忍《ぬのせ》郷氏神牛頭《ごず》天王参詣の際、注《し》連縄《めなわ》の外側から拝見することなどの請書《うけしょ》を取られていることは前にふれました。参詣の規制については、「郷中よりお断り申し」て領主（幕府）が認めたものです。つまり、周辺民衆の要請により領主が条文化したわけです。

享保二〇年（一七三五）に完成した『奈良坊目拙解《ならぼうもくせつかい》』（村井古道著）によりますと、奈良町内の皮多と隣り合わせに住むことを「累世《るいせい》ノ病」とみ、同じ空気を吸うことさえ忌み嫌うとし、皮多は「人外畜身」であると記されています。「夙《しゅく》ノ者」は、「下《げ》賤《せん》」であり、「男女の縁を結ばず」とし、「穢多は相火を忌む」けれども、「夙者火を忌まず」と、両者のちがいも指摘しています。[*24]

安永元年（一七七二）九月、和泉国南王子村の娘たち六人が連れだって中村稲荷に夜参りに出かけたところ、五、六人の百姓の男たちに「理不尽に引き込め」られ、逃げ切れなかった二人の女性は暴行を加えられました。抗議に向かった皮多の人びとに「穢多五人、六人は打ち殺し候ても何方《いずかた》よりもたたりはこれなき儀」とうそぶき、茶《ちゃ》碗《わん》や障子を投げつける始末でした。村人は「不埒忍《ふらち》び難し」と書き残しました。[*25]

次に学者・知識人の被差別民に対する言説の一端をみてみましょう。すでに寛文六

*24　奈良市史編集審議会編・発行『奈良曝・奈良坊目拙解』奈良坂町の項。

*25　『奥田家文書』第四巻。

年（一六六六）の山鹿素行《やまがそこう》（一六二二〜八五）『山鹿語類』には、「穢多」が牛馬の身を切り取り、鹿・狸《たぬき》の肉と一緒にして「人を偽ること甚だ多し」とし、彼らの「衣類紋処《もんどころ》にも、そのしるしを定むべきなり」と書かれていました。[*26] 享保一二年（一七二七）ごろ成立した荻生徂徠《おぎゅうそらい》（一六六六〜一七二八）『政談』には、「遊女・河原者の類」を「賤《いや》しき者」とするのは和漢・古今ともに同じで、「元来、その種姓各（格）別なる者故、賤しき者にして」と記され、「穢多の類に火を一つにせぬと言ふことは神国の風俗、是非なし」とありますし（『政談』巻之一）、海保青陵《かいほせいりょう》（一七五五〜一八一七）の『善中談』になると、「穢多」は「夷狄《いてき》の種」でその「夷狄」は「禽獣《きんじゅう》同前（然）」であって、「穢多の心に善悪無」しと断じ、名前は仮名の字三字ぐらいにしてオランダ人のような名前にして、目印に入墨で「額上へ真一文字をふとく入れるべし」と、強烈な差別意識を吐露しています。

江戸中期における皮多／長吏と宗教

皮多／長吏の人びとと最も深い関係を有していたのは、仏教諸派のなかでは浄土真宗でした。一九六七年調査によりますと、被差別部落の人びとが檀家となっている寺院の九一％を占めていました。[*27] 一九二一年三月の内務省社会局調査では、部落の人びとの宗派別戸数でみると、浄土真宗が八二％、日蓮宗が四％、その他が一四％でし

＊26　『山鹿語類』巻六　君道六　民政下。

＊27　同和教育振興会『同和地区における宗教事情の調査報告書』。

た。[*28] 概して愛知県以西は、元岡山藩領域が真言宗・日蓮宗であるのを除けば、ほとんど東西両本願寺の門徒であるのに対して（三重県北部に真宗高田派の檀家がある）、三河以東は日蓮宗・臨済宗・曹洞宗・時宗・新義真言宗が多く真宗門徒はきわめて僅少です［三好一九四三］。近代に入ってから関係寺院の宗旨変更が頻繁に行われた形跡はありませんので、こうした宗派的分布の状況は近世以来のものと考えられます。

皮多／長吏の人びとと真宗の強いつながりは、決して幕藩領主の宗教統制の結果ではなく、自発的な信仰に基づくものであることが明らかにされています［山本一九八二］。実際、部落寺院の開基が中世後期に遡れる事例が近畿を中心に相当数確認されています［寺木一九九六］。このことは、皮多／長吏の主要な源流とみられる河原者・皮革業者などが早くから自主的に真宗を受け入れていたことを示唆していて、大きな意味をもっています。今後、その経緯や実態の具体的解明が待たれるところです。

ところで、本願寺派（西本願寺派）についてみますと、部落寺院を「穢寺《えじ》」として厳しい差別を加え、原則として本照寺・金福寺・万宣寺・福専寺・教徳寺の末寺としました。西本願寺は、寛文六年（一六六六）年正月、摂津国能勢郡の皮多寺院に太子七高祖絵像を下付するにあたり、他の寺院の場合よりも五割増しの冥加金《みょうがきん》を取っていました。[*29] それ以降、五割増徴収の仕方が続きました。江戸中後期になりますと、皮多寺院のみを集録した「穢寺帳」が作成されました。大谷派（東本願寺派）におきまし

＊28 『日本庶民生活史料集成』第二五巻。

＊29 『大阪の部落史』第一巻。

差別戒名が刻まれた墓石

ても、文化六年（一八〇九）七月、「僧分人別帳」で「穢村之分」が作成されています。*30

東日本を中心とした各地で、皮多／長吏の人びとに対して与えられた差別戒名を刻んだ墓標が数多く確認されています。江戸中期の宝暦期（一七五一～六四）ごろから作られ、江戸後期にかけて増えていきます。差別戒名には、革門・革尼・革男・革女・畜門・畜男・畜女・屠《と》女・旃陀羅尼《せんだらに》*31などの字を入れたものや、略字を使ったものがありました［小林一九八七］。こうした差別戒名・法名（真宗の場合）を付けた寺院が所属する仏教宗派は、少なくとも一五教団に及んでいます［松根一九九〇］。しかも、差別戒名に関する手引書が何種類も作成・販売されていたのです。その手引書の一つ、『貞観政要格式目』（偽書）は応永八～一七年（一四〇一～一〇）の間に成立したと推定されていますので［牧二〇一四］、中世後期には存在していたのです。江戸期に入って『無縁慈悲集』『小僧訓』等、手引書が数種類も作られていました。

日本の各仏教教団・寺院・僧侶たちは、俗世で厳しい差別を受けていた皮多／長吏の人びとに、宗教面でも苛烈な差別を加えていたのでした。

*30　『京都の部落史』5〈史料近世二〉。

*31　旃陀羅はインド・カースト制度の最下層の一グループの名称であった。

神社との関係について言及しますと、前にもふれたましたように祭礼の際に皮の的を上納したり、先払いの役を勤めたりする皮多／長吏村が各地に存在していました。ただし、神輿《みこし／しんよ》などを担ぐことが認められていない場合が多くありました。東日本の方では、長吏と白山《はくさん》信仰*32の結びつきは強く、地区内に白山神社が存在しているケースが少なくありません〔本田一九八九、前田二〇一三〕。

また、四国の土佐国や伊予国宇和郡などの皮多村では、宿神《しゅくじん》信仰*33と関係が深いとされています〔水本一九九六〕。近畿地方などでは、江戸期においては皮多村に真宗の寺はあっても神社がない場合が一般的でした。

*32　石川県と岐阜県にまたがって鎮座する白山《しらやま》比咩《ひめ》神社に対する山岳信仰。中世には白山修験が隆盛し、北陸から広がり、全国各地に白山神社が生まれた。

*33　門付け芸の担い手が交通できるとされる神への信仰。宿神は、「障礙《しょうげ》」（祟《たた》ること）と「守護」の二つの性格をもつとされる。

第7章●近世社会の動揺・崩壊と被差別民衆

江戸後期の社会の動向と被差別民衆

強固な支配体制であった幕藩体制も、江戸中期ごろから商業的農業・商工業のいっそうの発展により、その経済的基盤を侵食され、動揺しはじめていました。享保《きょうほう》の改革や寛政《かんせい》の改革などが行われましたが、結局は失敗に帰しました。江戸後期になると、農村における富裕層と貧困層の両極分解が加速度的に進行し、各地に問屋制家内工業が出現し、先進地においてはマニュファクチャ（工場制手工業）が生まれてきました。幕藩体制の矛盾が深刻化し、危機に瀕《ひん》するようになっていきます。百姓一揆《いっき》も増加しはじめ、天保《てんぽう》の大飢饉《だいききん》（一八三三～三九年）とともに一揆件数は急増します。幕藩領主は、こうした危機的状況を打開すべく、商業資本を利用したり、藩による物産の専売化を行ったりする一方、民衆抑圧政策の一環として身分差別の強化策を展開しました。

幕府は、享和《きょうわ》二年（一八〇二）四月、「穢多《えた》」「非人」は、行政上の諸種の書面を別紙とすること、彼らの欠落《かけおち》は永尋《ながたずね》[*1]とすることなどを定めた条令を発しました。[*2]

諸藩についてみますと、伊予大洲《おおず》藩では寛政一〇年（一七九八）八月、「穢多」が近来、「分限不相応」な振る舞いをしているが、これは「不埒《ふらち》の至り」であるとして、今後は「以前の通り」、五寸四方の毛皮を前へ下げて歩くこと、居宅戸口には毛皮を下げておくことなどを命じました。[*3] 紀州藩では、天保一三年（一八四二）三月に、領内の「穢多」「非人」に対して、武士や百姓・町人と出会ったときには片側に寄るべきこと、「物貰《もら》い」に出た時には、雨落ち（軒の雨だれの落ちる所）より内には入らないこと、酒屋・煮売屋《にうりや》表で酒・肴《さかな》を飲食してはならないこと、買い物のときも店の敷居内には入ってはいけないことなど、差別的規制を加えました。[*4] その他、丹波篠山《ささやま》藩・赤穂《あこう》藩・岡山藩・豊後杵築《ぶんごきつき》藩など、多くの藩で差別法令を出していました。

民衆は、こうした領主側の差別政策の影響もあって、強烈な差別意識を表出するようになってきます。たとえば享和三年（一八〇三）九月、和泉《いずみ》国嶋《しま》村（皮多村）の二人が雇われて浜の網引きを行っていた時に些細《ささい》なことで言いがかりをつけられ、挙《あげ》句《く》、脇浜衆多数に「穢多共二、三疋《びき》打ち殺せ」と言われて打ち倒され、そのうえ「松の木へつり上ケ下タよりつき殺《し》ス」とまで言われました。[*5] 文久《ぶんきゅう》二年（一八六二）二月には、播磨《はりま》国美嚢《みなき》郡の蓮花寺《れんげじ》で芝居興行があり、見物客の中の皮多村の人びとと百姓たちとの間で小競り合いが起こりました。それがもとで会場内は大混乱となり、皮多

＊1　期限を限らず見つけ出すまで捜索を続けること。

＊2　『徳川時代警察沿革誌』上巻。

＊3　高市光男編著『愛媛部落史資料――近世～明治初年』。

＊4　『松阪の部落史』第一巻〈史料編 前近代〉、『田辺同和史』第三巻〈史料編〉。

＊5　『和泉国かわた村支配文書』上巻。

四人が殺害されるという事件が起こりました。群衆を扇動したとみられる指導的人物たちは、「えたども七人殺して我等一人故《ゆえ》、皮多村のもの一人も残らず叩《たた》き殺せ」と叫んでいたと言います［安達一九八一］。

江戸後期の皮多／長吏の人びとの生業とその変化

先にふれましたように摂津渡辺村は天保期において九州・中国地方・畿内周辺から年間一〇万枚の牛馬皮を集荷していましたし、一八七四年（明治七）旧江戸の囲内《かこいのうち》（弾左衛門支配地）で製造皮革一二万二〇〇〇枚を扱っていました。紀州藩では、慶応元年（一八六五）、日高・海士《あま》・有田《ありだ》・名草四郡で、皮多の蠟皮《ろうがわ》*6商人が二一六人も存在していました。皮多の博労《ばくろう》も七七人いました。*7

食肉生産についてみますと、幕府は、慶長一七年（一六一二）八月に屠牛《とぎゅう》の禁止令を出していましたが、*8近世後期になると屠牛がかなり行われるようになり、河内国中部や和泉国では、食肉生産圏が形成されていたとされています［臼井二〇〇九b］。実際に食肉販売代金の領収書や請求書が残されています。*9

西日本では、江戸中期から牛馬骨交易が行われていました。薩摩《さつま》地域はシラス台地（火山灰・軽石の地層）が広がっていて、酸性土壌で作物が育ちにくい土質でした。この台地に獣骨肥料（骨粉）を施すことで、菜種の栽培が可能となりました。薩摩の海

*6　原皮の裏に脂肪がついている状態の皮と考えられる。
*7　『城下町牢番頭仲間の生活』。
*8　『大日本史料』一二編十。
*9　『和泉国かわた村支配文書』上巻。

運商人たちは、江戸中期以降、各地から牛馬骨・鯨骨を買い集めて藩内の農民に供給していました。天保一四年（一八四三）、藩は天保の改革の一環として専売化しました。広く筑前藩、長州藩、紀州藩からも買い受けています。大坂、近江八幡《おうみはちまん》からも送っていたと言います［布引一九八〇、ミュージアム知覧二〇〇九］。こうした牛馬骨は、ほとんど皮多村の人びとから買い取られたものです。

裏に牛皮を用いた雪駄《せった》の製造・販売も盛んに行われていました。前述のように一八七四年（明治七）の囲内の物産に雪駄二万三二〇〇足があげられています。紀州藩領の岡嶋《おかじま》皮多村でも、明治二年（一八六九）一二月のものと推定される史料によれば、家数七〇〇軒余のうち五〇〇軒余が雪駄細工人でした。[*10] 和泉国南王子村では、天明期（一七八一～八八）には、雪駄製造に従事していたのは、わずか二軒だけでしたが、天保一四年（一八四三）になると関係業者は一六軒に増え（うち所持地を持たない無高が六軒）、大坂市中の履物《はきもの》問屋と銀三八〇貫余（約五九〇〇両）の取り引きをしていました［森一九八五］。無高六軒も、七〇～二五〇両の売り上げがありました。

太鼓の製造について言えば、先にふれた一八七四年（明治七）の囲内の物産額のうち、太鼓は一万一九〇〇面とあります。江戸後期においても多くの太鼓を作っていたことがわかります。

次に農業についてみてみると、皮多／長吏の人びとは、江戸後期においても耕地の

＊10 『城下町牢番頭仲間の生活』。

獲得と集積あるいは経営規模の拡大に努力していました。たとえば関東の武蔵《むさし》国横見郡和名《わな》村内長吏村では、享保六年（一七三一）の時点で他の百姓から獲得した田畑含めて七反余を所持していましたが、万延《まんえん》元年（一八六一）には屋敷地一町歩余を除いても約二町四反に拡大していました〔峯岸一九八三〕。和泉国南王子村では、すでに安永二年（一七七三）隣村五カ村にわたって二六三石余を出作していましたが、天保四年（一八三三）になると隣村七カ村五〇一石余も出作していました〔森一九七二〕。出作高が村高一四三石余の三・五倍に達していました。河内国丹北郡更池《さらいけ》村内皮多村では、文久二年（一八六二）、近村数カ村にわたって約二五七石を出作していました〔山口一九七二〕。さらに同村内皮多村の人びとは近村三カ村において小作もしていました。小作高はおよそ六〇石でした。[*11]

皮多村のなかには、漁業に従事していたところもありました。たとえば伊予大洲藩では文化元年（一八〇四）、川魚を取る「穢多漁師」がいました。[*12]

全国各地の皮多／長吏村の中には、医薬業に携わる人びとがかなりいました。江戸中期、武蔵国榛沢《はんざわ》郡新戒《しんがい》村に「医道巧者」の「穢多」がいて、百姓たちが彼の「身分引き上げ」を願い出たことが知られています（結局は、かなわなかったのですが）。その他、近江、摂津、大和、安芸《あき》、長門《ながと》などで皮多医師の存在が確認されています。売薬についても、武蔵、相模《さがみ》、大和などの諸地域で認められます。武蔵国和名村内長吏

＊11　『河内国更池村文書』第二巻。

＊12　「御触状写・大竹村」『愛媛部落史資料』。

甚右衛門家では、寛政八年（一七九六）ごろから秘伝薬「神通散」（梅毒の薬と推定されています）の販売が急増し、年間四〇～五〇両の収益があったとされます［斎藤一九九四、同二〇〇三］。

近世日本の人口は、一六〇〇年より一七二〇年まで順調に増え続け、一七二一～九二年は減少傾向となり、一七九二年以降は、一時的減少期を例外としてふたたび増加傾向に転じています［鬼頭一九八三］。ところが、皮多／長吏の人びとの人口は、東北（仙台藩）から九州南部（薩摩藩）にいたるまで、中国地方の津和野藩などを除けば、どの地域でもほぼ増加傾向にありました。ただし、皮多村の増加率は、地域によってちがいがありました。「非人」の場合は、皮多とは逆に、たとえば和泉の堺や摂津の平野郷では減少傾向をたどりました。

皮多の特徴的な人口増加は、流入による社会増ではなく、出産による自然増によってもたらされたとみられています。また、それを可能にしたのは、前述のような皮多／長吏村の多様・多彩な経済構造と積極的な経済活動、相互扶助的生活態度などの事情であったと考えられます［寺木二〇〇〇］。

被差別民衆の闘いと解放思想の展開

皮多／長吏の人びとの闘いには、百姓一揆への参加、生活擁護闘争、村方騒動、差別反対闘争などがありました。皮多／長吏や「非人」身分の人びとは、役務《えきむ》として警察の業務を課せられるところがあったため、百姓一揆などが起こるとその取り締まりのために動員されました。そのため、一揆や打ちこわしを起こした百姓や町人から憎悪の目で見られることになり、いっそう強い差別意識をもたれるようにもなりました。しかし、そうした困難な状況に置かれていた被差別民衆も、しだいに百姓一揆や打ちこわしに参加するようになっていきます。文政六年（一八二三）五月から六月にかけて紀州北部一帯で二八〇カ村、七万人余の百姓が参加した紀北一揆には、五〇〇人ほどの皮多の人びとが鎮圧の先兵として動員される一方、一揆に参加した皮多の人びとも少なくなかったのです。天保八年（一八三七）二月に大坂で起こった「大塩平八郎の乱」には、摂津国般若寺村《はんにゃじ》・荒生村《なぎ》・吹田村《すいた》および河内国向野村《むかいの》の皮多の人びとが参加していました。

生活擁護闘争についてみますと、和泉国南王子村の人びとは、享保六年（一七二一）三月、隣村王子村に対して用水配分率をめぐって法廷闘争を展開し、その後も闘いを続けています［寺木一九九〇］。天保一四年（一八四三）二月から八月にかけて武蔵国で鼻緒《はなお》騒動が起こりました。差別的言動に端を発したものでありますが、直後、越生《おごせ》今市村《いまいち》が越生の市での鼻緒販売を禁止しましたので、二三カ村の長吏村が立ち上がったものです［和気一九八四］。嘉永三年（一八五〇）には、摂津・河内・和泉三国一七

渋染一揆の際、一揆勢が結集した河原

の皮多村の人びとが、連携し合って雪駄表《おもて》の材料である竹皮の値下げ闘争を行い、要求を勝ち取っています。

村方騒動とは、皮多／長吏村で階層分化が進み、その対立を基底にした皮多村内の構成員間の闘いで、信州上田藩内、丹波国氷上《ひかみ》郡北和田村内、伊予宇和島藩内などの皮多村で起こっていました。

差別政策反対闘争としては、天保一一年（一八四〇）、丹波篠山藩が皮多の人びとに対して浅黄無紋《あさぎむもん》の着衣を強制したのに対して藩内皮多村の人びとが結束して起こした反対闘争や、文化二年（一八〇五）、豊後杵築藩が皮多の人びとの博労商売を禁止し、衣類の上着に水色の襟《えり》を付けることを命じたことに対して起こした逃散《ちょうさん》闘争などがありますが、なかでも有名なのが安政三年（一八五六）に岡山藩で起こった渋染《しぶぞめ》一揆です。前年暮れに岡山藩が皮多の衣類については無紋の渋染（柿渋で染めた色）か藍染《あいぞめ》に限ると命じたのに対して藩内皮多村の人びとが結束して総勢一五〇〇～二〇〇〇人余りで強訴《ごうそ》を行ったのです。指導者一二名が入牢《にゅうろう》（うち六名が獄死）という大きな犠牲を出しましたが、差別法令の凍結という成果を勝ち取ったのです［柴田一九七一］。

解放思想についてみますと、豊後日出《ひじ》藩家老で儒学者・理学者であった帆足万里《ほあしばんり》（一七七八〜一八五二）は、『東潜夫論《とうせんぷろん》』のなかで、すべての「穢多」を集めて伊勢神宮でお祓《はら》いをして「平人」とし、「蝦夷地《えぞち》」（北海道）に送って、「耕種」「牧業」に当たらせるべきだと説きました。その主張の中には、皮多に対する偏見もみられ、ロシアの南下に対する北方の防備に当たらせるという軍事的意図も秘められていたようですが、皮多の人びとを「平人」にして農業と牧畜の仕事を与えようとしていたことは注目に値します。また、加賀藩藩士の千秋藤篤《せんしゅうふじあつ》（一八一五〜六四）は、幕末に『治穢多議《えたをおさむるのぎ》』[*13]を著し、そのなかで人間はすべて平等であり、「穢多」身分のようなものは西洋にもなく、彼らを「民籍」（平人）に編入して田地と家屋を与えて耕作と養蚕に励むようにすればよいと述べています。武士としての治安対策的な色彩が色濃く残っており、「直にして勇なる者」「義なる者」の抜擢《ばってき》解放論という問題を宿してはいるものの、彼もまた、「民籍」編入に当たって土地と家屋を与えて仕事と生活を保障すべきだとしていたのです。

＊13　千秋はこの著で、「穢多」身分の人びとの集落を「部落」と表記している。

幕末・維新期の社会変動と被差別民衆――「解放令」前夜

嘉永《かえい》六年（一八五三）、アメリカ艦隊が浦賀に来航し、翌年、幕府が開国して諸外国とも通交を開始しますと、政治・経済・社会は大混乱に陥り、幕藩体制が危機に瀕

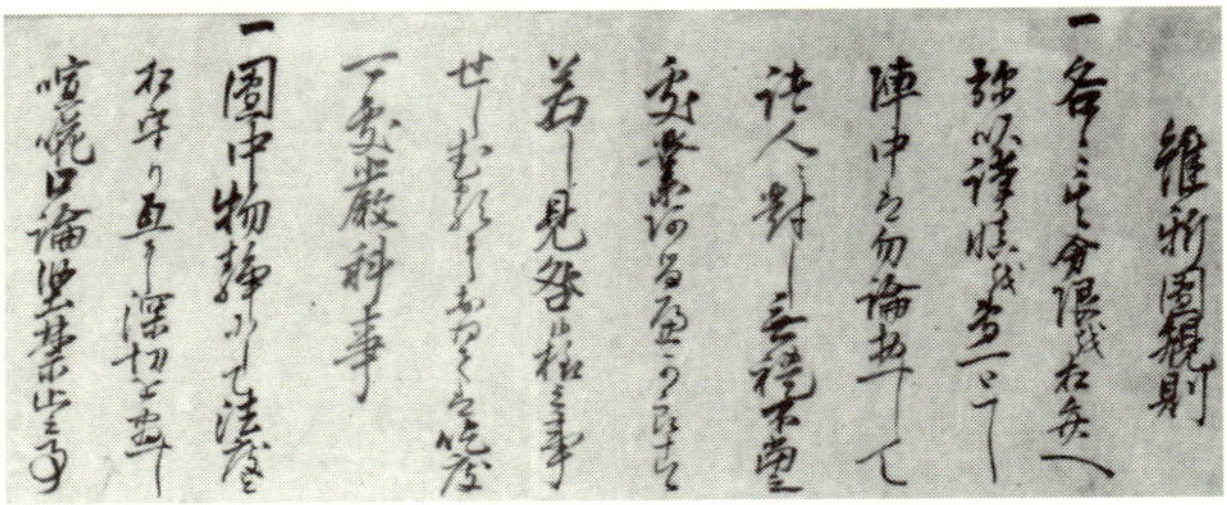

維新団規則

し討幕の動きが一気に強まっていきます。

長州藩の吉田稔麿《としまろ》は、皮多の人びとを抜擢して兵卒に取り立てて利用すべきであると藩政府に建策し、文久《ぶんきゅう》三年（一八六三）七月、この策が採用され、彼は「屠《と》勇取立《ゆうとりたて》方《がた》」に任命されました。ただし、彼は、翌年六月、京都池田屋において新撰組と戦って死亡しました。やがて長州藩は、対幕府戦争のため武士・百姓・町人を問わない諸隊を編成しました。皮多の人びとのみからなる維新団・一新組が組織され、また「茶筅《ちゃせん》」身分の人からなる「山《やま》代《しろ》茶筅中」も結成されました。慶応《けいおう》二年（一八六六）六月、第二次幕長《ばくちょう》戦争が始まると芸州口《げいしゅうぐち》に投入されました。ライフルで武装した維新団は、幕府方の井伊氏・榊原氏の旧式軍隊を打ち破る活躍をしました［布引二〇〇九b］。

やがて幕府が倒壊し、明治新政府が樹立されます。明治四年（一八七一）三月には死牛馬勝手処置令が出されて、皮多／長吏身分の重要な柱をなしていた草場権が否定されました。「解放令」は、間近に迫っていました。

近現代編

黒川みどり

第8章●近代における部落問題とは何か

はじめに――社会を問う

開国を機に幕藩体制は崩壊に向かい、一八六七年（慶応《けいおう》三）には大政奉還《たいせいほうかん》が行われ、翌六八年、「五箇条の誓文《せいもん》」が出されて明治新政府が樹立されました。こうして日本も、「万国公法」[*1]と称される西洋中心の国際社会のなかに組み込まれていくことになりますが、それらを構成している欧米諸国は、日本に先んじて、封建的身分制度を解体し、自由・平等の理念を掲げていました。

日本の明治維新の改革も、そうした近代の理念を一面で受け入れつつ遂行され、一八七一年（明治四）に出された「解放令」も、そのような趨勢《すうせい》のなかにあるものでした。「解放令」は、「穢多《えた》」「非人」などの呼称を廃止し、身分・職業ともに「平民同様」とすることを宣言しました。すなわち、身分に基づく一切の境界を廃止することであり、それがその布告のとおりに実現していれば、今日、部落問題は存在していないことになります。身分制度が廃止され、「穢多」「非人」などの境界が消去されたに

＊1　ヘンリー・ホイートン（Henry Wheaton）"Elements of International Law"（一八三六年）が、中国で宣教師ウイリアム・マーチン（William Martin）によって漢語訳されたときの表題。

もかかわらず、何故に今日にいたるまで、そのことに因る差別が存在してきたのでしょうか。現存する部落問題を前に、私たちはそれを問うていかねばなりません。

部落問題は封建的身分制度の残存物であるということを言っただけでは、その答えにはなりえません。「解放令」が発布されてから一四〇年以上が経過し、その間に近代化も進み、社会は大きく変化を遂げてきました。それにもかかわらず、部落問題――むろんそのありようも大きく変化していますが――が存在しつづけてきた理由を、封建遺制のみに求めるのではなく、さらに近代社会のなかで存在しつづけるための理由づけが与えられ、境界の補強、ないしはひき直しが行われてきたと見るべきではないでしょうか。

女性差別の存在理由も、かつては封建的性格をもった「家」制度によって説明がされてきました。しかし、近年の研究は、そればかりではなく、むしろ近代に適合的な「近代家族」というあり方が男女の役割分業をつくりだし、それが今日にいたる女性差別を支えてきた側面があることを明らかにしてきました。[*2] 同様に部落差別についても、現実に近代社会が部落差別を存続させてきたことを正面から見据える必要があるはずです。

そのような問題意識に立ちつつ、以下に、明治維新から現代までの部落問題のありようを追いながら、部落問題を存続させ、あるいはそのありようを変化させてきた要

＊2　小山静子『良妻賢母という規範』（勁草書房、一九九一年）、上野千鶴子『近代家族の成立と終焉』（岩波書店、一九九四年）、牟田和恵『戦略としての家族』（新曜社、一九九六年）等。

因をさぐっていきたいと思います。そうすることが、今日の部落問題を解決する糧《かて》となると考えるからにほかなりません。明治政府が廃止したはずの部落差別を存続させてきたのは、近代以後の社会であり、その社会の構成員です。部落問題は、差別を利用してきた国家権力とともに、社会の側を問われなければならないのです。

部落／被差別部落／同和地区

いわゆる被差別部落をさす呼称にはさまざまあり、行政用語では「同和地区」が用いられます。周知のように、同和地区というのは、部落問題の解決は国の責務であることを認めた一九六五年の同和対策審議会答申[*3]に基づき、同和対策事業を実施するにあたってその対象地区としたところです。追って述べることになりますが、その際に地区指定を受けなかったところは、同和地区としてカウントされなくなりました。地区指定という方法で同和対策事業を行ってこなかった都道府県もあり、そうしたところでは同和地区はゼロということになっていますし〔藤野二〇〇二〕、あるいはそれぞれの被差別部落のなかには地区指定を受けることを拒んだところもあり、地区指定を境に地区数が半減してしまった県もあります。しかしながら、同和地区にカウントされなかったところも、「解放令」以後なお差別を受けてきた地域であることには変わりがなく、本稿ではそれらを含めて被差別部落、ないしは略して部落と称し[*4]、考察の

＊3　本書第17章参照。

＊4　本稿でいうところの被差別部落を「同和地区」と称しているものもある。奥田均・村井茂編著『同和行政がきちんとわかるQ&A』（解放出版社、二〇〇八年）等。

対象とします。被差別部落は、一九三五年（昭和一〇）に行われた中央融和事業協会（第14章参照）の調査によれば、全国で、地区数五三六一地区、人口九九万九六八七人、総人口比は一・四四％でした。この数字が、本稿の対象範囲とほぼ重なるものとなります。

周知のように、元来、「部落」は集落を意味する言葉であり、そこに部落問題とのかかわりはありませんでした。ところが、この点ものちに述べますように、日露戦後に、今日いうところの被差別部落が「地域」（集落）として〝発見〟され、その地域を通常の「部落」と区別して、「特殊部落」などの差別的な呼称がつくりだされていきました。その後、適切な呼称がないまま、細民部落、要改善地区、地方改善部落、被圧迫部落などが乱立しますが、とりわけ戦後、未解放部落、被差別部落といった呼称が定着していくなかで[*5]、前後の文脈でそれらを意味することが明らかな場合には、省略して部落という言葉も使われ、部落問題、部落解放、と称されてきたのです。しばしば人権研修の場などで受講者から、「部落」というのは差別語かという質問が発せられることもありますので、あえて述べましたが、被差別部落、未解放部落、部落、いずれも解放の観点から広く用いられてきている呼称です。同時に、差別語であるか否かの判断には、その呼称がどういう文脈《コンテキスト》のなかで用いられているかが重要です。

＊5　未解放部落・被差別部落という呼称の起源については、角岡伸彦『はじめての部落問題』（文春新書、二〇〇五年）を参照。それらの呼称が用いられた背景は［黒川二〇一六］で述べた。

「身分」に代わる境界

以下に述べていきますように、部落差別は、結婚・就職をはじめ、さまざまな場面で生じてきました。なかでも、いまなお執拗《しつよう》に存在するのは結婚差別です。

やや結論を先取りして見通しを述べるならば、「解放令」以前に存在していた身分という境界は、おおむね生まれてきた当人の努力によっては変えることのできないものでした。[*6] それゆえ、差別の対象となる境界の外に生まれ落ちたものにとっては、その境界に基づくかぎり自己を安泰に置くことができます。したがって、部落差別を欲する側は、身分に代わる境界を探し求めていたのであり、それが被差別部落の人びとは「異種」「人種（民族）がちがう」というものでした。その認識がまったくの誤りであることが指摘されて久しいのですが、自治体が定期的に行ってきた部落問題をめぐる意識調査では、一〇年ほど前までほぼ決まって被差別部落の起源について問う項目があり、地域差はあるものの、そこで、平均しておよそ一〇％前後の人びとが「人種（民族）が集まってできた」という選択肢を選んでいました。その数字は今なおそう大きく変わるものではないと思われます。加えて、そこに掲げられている「貧しい人たちが集まってできた」「ある職業の人たちが集まってできた」といったダミーで設けられた選択肢も、一定数の人びとが選んでおり、それらが、被差別部落が長年にわたり固定した集団をかたちづくってきたと考えられていることを意味するとすれ

＊6　福沢諭吉の有名な言葉「門閥制度は親の敵《かたき》で御座《ござ》る」（『福翁自伝』一八九九年）は、そのことを意味している。

ば、「民族がちがう」とする認識ともそう隔たりがないことになりましょう。[*7] そうであれば、自らとは生得的に異なる異質な集団と見なす意識は、今なおかなりの程度存在していることを直視せねばならないと思われます。

また、そのような人種や民族のちがいを言いたてる起源論がまちがいであることを知っている人びとも、被差別部落出身者との結婚を忌避《きひ》する際にしばしば発する理由が、「血筋がちがう」「一族の血が穢《けが》れる」「家柄がちがう」などのやはり当人の努力では変えることのできないものです。被差別部落と部落外の通婚は、そうした境界を揺るがすものであり、それゆえに、生得的な境界を維持しようとする人びとは、結婚において最も頑《かたく》なに被差別部落を排除しようとしてきたのだと考えられます。

島崎藤村の著した小説『破戒』（一九〇六年）の主人公瀬川丑松《せがわうしまつ》が苦悩せねばならなかったのは、作品のなかで「身の素性《すじょう》」と表現されている生得的な境界であり、それが近代における部落問題に通底しているものでした。そうして、それを核にしながら、差別のためのさまざまな理由づけがなされてきたのであり、そのようにして補強された境界のありようも含めて考察していきたいと考えています。そうした差別の構造は、皮膚色のちがいによるいわゆる人種差別や民族差別をはじめ、差別問題の多くに共通する要素をもっていると思われ、それらも視野に入れながら論じることができればと思っています。

＊7　二〇〇四年度の静岡県『人権問題に関する県民意識調査結果報告書』によれば、「同和地区は、どのような理由でできたと思いますか」という問に対して、「人種（民族）が違う人たちが集まってできた」という選択肢を選んだ者が一七・三％、一九九九年度調査では二〇・三％であった。

近代における部落問題の始まり——「解放令」

明治四年（一八七一）八月二八日（旧暦）、明治政府は、「穢多非人等ノ称被廃《はいせられ》候《そうろう》条自今《じょうじこん》身分職業共平民同様タルヘキ事」という法令を太政官《だじょうかん》＊8布告として出しました。すなわち「穢多」「非人」などの賤民《せんみん》身分を廃止し、これ以後、身分職業ともに平民と同様にするとしました。これを、のちに「解放令」と呼ぶようになり、近年では「賤民廃止令」「賤称廃止令」といった呼称も市民権を得ています［上杉一九九〇］。

ここで重要なことは、明治政府は、一切の線引きを廃止し、完全な平等を宣言したということです。しばしば「解放令」は日本近代史研究者にも十分に理解されず、「解放令」によって「穢多」「非人」等が「新平民」にされたと叙述されることがありますが、それは誤りです。のちに述べるように、「新平民」は差別する社会の構成員がつくりだした差別語です。「穢多」「非人」などと称されてきた人びとは、「解放令」によって「平民」になったのです。

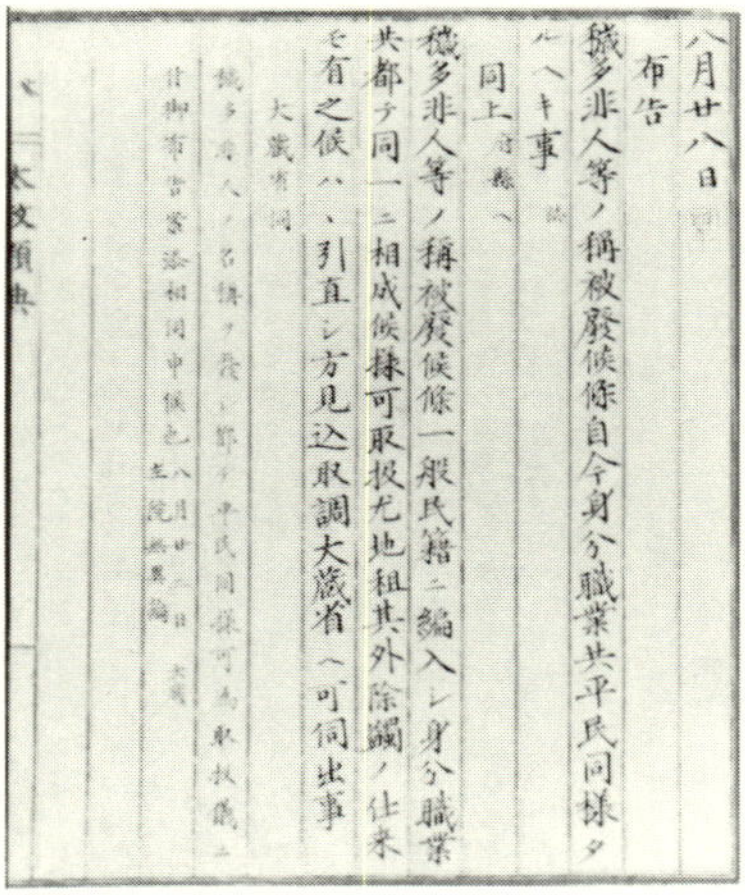
八月廿八日
布告
穢多非人等ノ称被廃候條自今身分職業共平民同様タルヘキ事
同上府県ヘ
穢多非人等ノ称被廃候條一般民籍ニ編入シ身分職業共都テ同一ニ相成候様可取扱尤地租其外除蠲ノ仕来モ有之候ハヽ引直シ方見込取調大蔵省ヘ可伺出事
大蔵省同
太政類典

「解放令」（『太政類典』）

＊8　明治初年の政府の最高機関。

解放されたのは、「穢多」と「非人」だけではなく、「等」が付されているように、ほかにも対象となる賤民が存在していました。藩により賤民身分の配置の仕方や呼称も多様であり、簓《ささら》、北陸地方に多くみられる藤内《とうない》、中国地方の茶筅《ちゃせん》、鉢屋《はちや》などがありました。[*9] しかしながら、今日の被差別部落につながっているのは、主に「穢多」身分の系譜を引く人びとです。あたかも「穢多」と「非人」の双方の系譜を引く地域が合わさって現在の部落問題をかたちづくっているかのごとくに理解されることがありますが、「非人」身分は、「解放令」以後解体していった場合が多いということを改めて述べておきたいと思います。[*10]

「解放令」は一片の布告に過ぎず、被差別部落の人びとに生活保障をしたり兵役・納税の義務などを免除することなく、自由競争社会に放り出すものであったとして、「解放令」に対して否定的な評価を下す見解があります。しかしながら、生活保障などの特権を与えれば、それは身分に由来する線引きを残す、ないしは新たに境界をつくることを意味します。「解放令」の意図は、一切の線引きを廃止するということにあったのであり、まずはそのことの意味を評価するべきではないでしょうか。

公議所における議論

賤民身分の解放をめぐる議論は、このとき突如として起こってきたものではなく、

＊9　本書第5章参照。

＊10　明治政府は、「解放令」発布後の一八七一年一二月に統一的基準を定めて捕亡《ほぼう》を設け、その下でも旧非人身分が採用されたが、一八七五年、捕亡採用に当たっての全国一律の施行方法が示されて、旧非人身分はそれから排除され、「解体」に向かっていった（大日方純夫『近代日本の警察と地域社会』筑摩書房、二〇〇〇年）。

すでに幕末から、諸方面で意見が出されていました。また、「穢多」身分に位置づけられていた人びとのなかからも、身分解放を求める動きが起こってきており、それらにも促されながら、明治新政府成立からまもなく、公議所《こうぎしょ》*11を中心に賤民制度廃止の議論が行われてきたのでした。

福知山藩（現京都府）議員の中野斎《いつき》は、これまで「穢多」身分の人びとの居住地は、街道の距離を測る計算から除外されてきたこと、そして一定の距離に応じて農民たちに負わされていた助郷役《すけごうやく》からも除かれていたことを指摘し、今後距離計算の単位を統一するにあたって、それらの不都合を改めるべきことを主張しました（里数改定の議）。それがきっかけとなり、全国統一的な近代的制度をつくりだしていくにあたり、「穢多」身分を別扱いすることの不具合が明らかになってきたのでした。

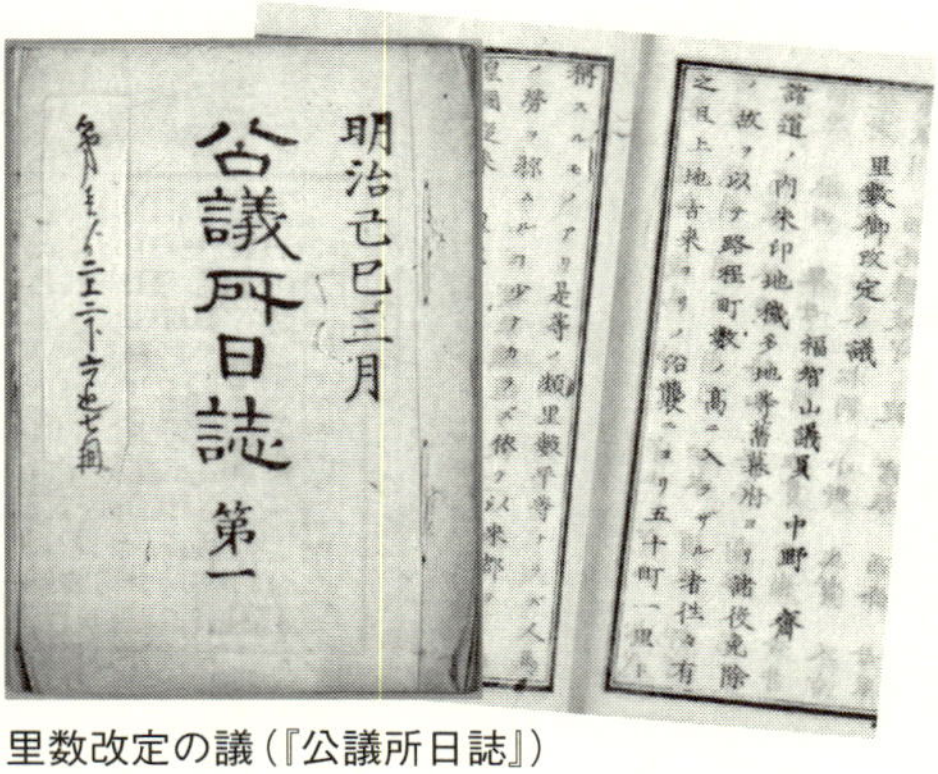

里数改定の議（『公議所日誌』）

これを発端に賤民制度廃止の是非にまで議論が及び、松本藩（現長野県）議員内山総助は、「穢多」「非人」の家を照らす太陽や月、草木、水などもなんら分け隔てはないのだという意見

*11　議案提出権をもつ議事機関。

を述べたり、のちに福沢諭吉らとともに明六社《めいろくしゃ》＊12の一員となり啓蒙思想家として活躍する加藤弘之は、「穢多」なども同じ人類にちがいなく、人として取り扱わないのは天理に背《そむ》くことであるとする見解を表明しました。これらは人は生まれながらにして基本的人権を与えられており、いかなる権力によってもこれを制限したり束縛したりすることはできないとする天賦《てんぷ》人権論＊13の考え方に拠っていました。

民部・大蔵官僚による推進

公議所が廃止されて議論がいったん終息した後、政府は、「四民平等《しみんびょうどう》」の考えに則《のっと》った戸籍編製案と、戸籍の記載の仕方とかかわる賤民身分廃止布告の草案を作成します。その中心となったのが渋沢栄一で、渋沢は、明治維新から数年間、民部省・大蔵省の役人を務め、そののち実業界で活躍したことで知られています。

渋沢ら新たな戸籍法の作成に従事した人たちは、これまでの封建的な上下関係の考え方を否定して、天皇の下にみなが平等であるという「四民平等」の原則を戸籍においても貫こうとしました。この草案は、渋沢個人にとどまらず、彼がいた民部省改正掛《かかり》のメンバーたちにも共有されていましたが、日の目を見ずに葬り去られ、実際に成立した一八七一年の戸籍法では、賤民は戸籍には個々には載せられず、「穢多」何人というように人数のみが記載されることになっていました（現実には、戸籍法成立

＊12　一八七三年、アメリカから帰国した森有礼《ありのり》が発起人となり、福沢諭吉・西村茂樹・西周《あまね》・津田真道《まみち》、そして加藤ら洋学者が集って結成された民衆啓蒙のための結社。

＊13　松本三之介「天賦人権論と天の観念——思想史的整理のためのひとつの試み」（家永三郎教授東京教育大学退官記念論集刊行委員会編『近代日本の国家と思想』三省堂、一九七九年）等を参照。

直後に発布された「解放令」によって賤民が廃止されたため、このような記載の方法はとられませんでした）。

ちなみに、一八七二年に編製された近代最初の壬申《じんしん》戸籍は、一部に「穢多」「新平民」などの賤称を記載したものがあるため、現在閲覧が禁止されています。*14 そのことから、壬申戸籍には必ずそうした賤称が記載されているものと思われがちですが、そのような記載はその部分を担当した戸籍作成者の認識の誤りによるものであって、あくまで政府は身分の線引きを廃し、「平民」として同等に掌握し記載することを意図していたのでした。

その後、賤民身分の廃止をめぐる議論は、大蔵省の中でふたたび取り上げられ、大蔵省がそれを直接に推進することになりました。大蔵省は、明治四年（一八七一）八月二二日（旧暦）に原案を仕上げ、きわめて短期間で発布にまでこぎ着けました。大蔵省が早急に取り組んだのは、賤民身分の人びとの居住地はおおむね「除地《よけち／じょち》」として税を免除されており、転売の対象となりえなかったため、一八七三年に着手されることとなる地租改正を目前に控えて、そうした例外をなくして統一的な税制を確立することが必要だったからでした。地租改正とは、年貢収入を安定させ政府の財政的基礎を固めるため、農民が保有していた土地の所有権を認め地価を定めて、それに対し一律の割合で地租を金納させるという改革でした。身分制度を残しておくことは、こ

*14 詳しくは、二宮周平『新版 戸籍と人権』（解放出版社、二〇〇六年）等を参照。

のように近代的な改革推進の妨げになることが少なくなかったのです。ただし、たんに地租改正遂行という功利的な目的のために「解放令」が発布されたのではなく、四民平等のもとで人民が自主自由を実現することこそが国家的独立を保持しうると考えられており、そのための近代国家建設の一環として租税改正を進めていったことが、ひいては「解放令」を生んだというのは、丹羽邦男が強調している点です*15［丹羽一九九五］。

こうした開明官僚たちによって「解放令」発布にいたったにもかかわらず、「解放」の実態は容易には進みませんでした。その要因を、以下にさぐっていきたいと思います。

＊15　「解放令」発布にいたった経緯については、上杉聰「明治維新と賤民廃止令」（黒川みどり編著『部落史研究からの発信』第二巻〈近代編〉解放出版社、二〇〇九年）を参照。

第9章●つくりだされる差別の徴表

「旧習」の維持

　被差別部落の人びとは、「解放令」によって、身分からの解放とともに、それと表裏一体の固定された職業をも失い、経済的困窮がいっそう深刻になっていきました。「解放令」後、被差別部落の人びとは「百姓」では生計を立てるのが難しく、「乞食非人同様」の者もみられるといった報告が散見されます。

　そのようななかで被差別部落の人びとは、これまで従事してきた履物《はきもの》製造、斃牛馬《へいぎゅうば》処理、皮革業などをやめる取り決めを部落ぐるみで行ったり、自ら就学を願い出て「開化」の民の仲間入りをしようとするなど、周りの人びとから〝同じ〟に見なされるためさまざまな努力をしました。しかしながら、民衆が被差別部落の人びととの交際をしないという取り決めを行ったり、また、風呂屋では被差別部落住民が入浴に来ると、ほかの客がいなくなってしまうために、風呂屋の店主から入浴を断られたり、部落外の子どもと同じ学校に通学することを拒否されて部落だけの子どもたちが通う学校に行かなければならなかったり、あるいは神社の氏子から排除されたりするなど、差別は被差別部落の日常をとりまいていました。

そうした状況下で、すでに、被差別部落と部落外の人びととの間に「紛糾」も起きていました。それに役人が介入するとほぼ決まって、被差別部落の人びとはまだ「平民同様」になって日も浅いのだから排除されるのもやむをえない、「平民同様」になったからといっておごり高ぶってはいけない、などといって、差別を受けた側を譲歩させました。

前章で明らかにしましたとおり、政府は、「一君万民《いっくんばんみん》」理念を鼓吹し、明治政府の「開明性」を内外に誇示するための一環として「解放令」発布に踏み切ったのでしたが、いざ民衆の強烈な差別意識に直面すると、支配秩序を安定させるために、圧倒的多数派であるそれら部落外の人びとの意向を追認しました。社会の秩序を維持することの方が、「解放令」のたてまえを貫くことよりも当時の権力にとって緊要だったからにほかなりません。民衆が差別を持続していくことに対して、このような権力の後押しがあったことは、その後も社会に差別が存続していった一因と考えられます。

そしてそのような民衆の差別意識は、ときとして、「解放令」反対一揆《いっき》*1となって噴

*1　〔上杉一九九〇〕をはじめ、上杉聰・石瀧豊美『筑前竹槍一揆論』（海鳴社、一九八八年）、茂木陽一「新政反対一揆の構造」（部落問題研究所編刊『近代日本の社会史的分析』一九八九年）、今西一『近代日本の差別と村落』（雄山閣出版、一九九三年）等の研究があり、それらの論点については上杉前掲「明治維新と賤民廃止令」を参照。

出しました。学制[*2]・徴兵令[*3]・地租改正[*4]といった明治政府の政策への反対と合わせて「解放令」取消が求められることもあり、それら一連の一揆をまとめて新政反対一揆と呼んでいます。新政反対一揆は、民衆に新たな負担を強いることとなった明治政府の近代化政策への抵抗にちがいないのですが、その「旧習」復帰への願望は、一方でこのように差別の維持という要求をも内包しており、民衆意識を肯定的にばかりとらえきることができない、錯綜《さくそう》した複雑な側面を示しています。

しかしこの段階ではまだ、近世までの身分に代わる、被差別部落の人びとを社会の側が排除するための新たな徴表はできあがっていませんでした。もっぱら、かつて「穢多《えた》」身分であったことと、近世から持ち越されたケガレ意識のみをよりどころに差別がなされていました。したがって「解放令」によって「賤称《せんしょう》」も廃止され、身分による境界も取り払われて被差別部落の集団をさす正式の呼称がなくなったあと、それでも差別を維持しようとする人びとは、「旧穢多」「元穢多」「新平民」などといった呼称を執拗《しつよう》につくりだして差別をしました。それらはいずれも「穢多」から「平民」へという身分を軸にしたものであり、それ以外に差別をする徴表は見いだされていなかったことを示しています。この点は、のちに「特種(殊)部落」という呼称がつくられることとの比較においても重要です。

＊2　一八七二年、日本近代学校制度の基礎となった法令で、実学主義と国民皆学の理念を掲げた。しかし、学校設立費用などが民衆の負担としてのしかかった。

＊3　一八七二年の徴兵の詔《みことのり》・徴兵告諭と翌七三年の徴兵令によって、国民すべてが兵役の義務を負うとの原則が示され、満二〇歳男子の徴集・選抜が行われた。

＊4　明治政府が安定した収入を確保するために行った土地・租税制度改革。一八七三年の地租改正条例により、農民の土地の所有権が確定され、地価の三％を地租として貨幣で納入することとなった。高額の地租負担に喘《あえ》ぐ農民が各地で地租改正反対一揆に立ち上がり、七七年に二・五％に引き下げられた。

「開化」の理念による差別の否定

明治初年、特に一八七三年から七五年にかけて高潮に達した文明開化のもとでは、部落差別は遅れた古い慣習＝「旧習」として否定的にとらえる考え方も存在しました。今日みられる「解放令」の評価のなかには、被差別部落の人びとが身分とともに生活の糧を喪失したにもかかわらず、明治政府は何の措置をも講じなかったことを指摘し、「解放令」はたんに一片の布告に過ぎなかったとするものもあります。しかし、身分の線引きを完全に消去することを貫徹するうえにおいては、特別の措置を講じることがかえってその妨げになる側面をもっており、「解放令」は線引きの消去の徹底を第一義においていたのです。[＊5]そして、以下にみますように、「開化」の理念に支えられたその「平等」を実現しようとの意図は、一定の効力を発揮しました。

この時期には、文明開化を人びとに広めるための、「開化」を題名に冠したいわゆる開化本が数多く出版されています。そのなかの一つである西村兼文《かねふみ》『開化の本《もと》』（一八七三年）では、「穢多」を「異類」や穢《けが》れた存在とすることは「陋見《ろうけん》」であり、文明開化の第一に大事なことは、貧しく賤《いや》しいとされてきた者を富ませ、卑しいとされてきた者を貴くすることであると言い切っています。横河秋濤《よこがわしゅうとう》『開化乃入口』（一八七三年）もまた、「穢多」も「人類に相違もなし」と述べ、むしろ無理にそれを隔てようとする人こそ「天理人道」に背いており、「穢多」と呼ばれても仕方がないと

＊5　中学校社会の歴史の教科書においても、「生活改善の施策も受けられず、これまでもっていた職業上の権利を失いました」（日本文教出版）、「政府による公的な経済援助などがなかったこともあり、この差別問題は、いまも同和問題として残され、……」（清水書院）といったような評価がなされている。

まで言い放っています。

たしかに、それらの「開化先生」たちに対しては、手のひらを返したように「旧習」を否定し、何の疑いもはさまずに西洋の文物にとびつくその姿勢を福沢諭吉が批判しており（『学問のすゝめ』第十五編）[*6]、部落差別についても、どの程度自己を問いながら克服しようとしていたかという問題は残されています。しかし、文明開化の風潮のなかで、差別は「文明化」に逆行するものであるとして負の刻印を与えられ、それを否定することに高い価値づけが与えられていたことの意味は大きいといえるのではないでしょうか。

自由民権運動と部落問題

このように明治初年は、「解放令」のたてまえが、文明開化のもとで導入された天賦人権思想などによって支えられながら一定の効力を発揮しており、また他方で、民衆の「旧習」復帰願望も根強く存在し、その両者が交錯・拮抗《きっこう》している状態にありました。

ところが一八八〇年代になると、文明開化も退潮して後者が前者を凌駕《りょうが》し、入湯や小学校入学の拒否などにみられる日常の暮らしにおける排斥や[*7]、結婚からの排除も常態化していきました。「家」制度が確立するのは一八九八年の明治民法成立において

＊6　以下の通り。「東西の人民、風俗を別にし、情意を殊《こと》にし、数千百年の久しき、各々《おのおの》その国土に行われたる習慣は、仮令《たと》い利害の明らかなるものと雖《いえ》ども、頓《とみ》にこれを彼に取りてこれに移すべからず。（中略）然《しか》るに近日世上の有様を見るに、苟《いやしく》も中人《ちゅうじん》以上の改革者流、或《ある》いは開化先生と称する輩《やから》は、口を開けば西洋文明の美を称し、一人これを唱うれば万人これに和し、凡《およ》そ智識道徳の教えより治国、経済、衣食住の細事に至るまでも、悉皆《しっかい》西洋の風を慕うてこれに倣《なら》わんとせざるものなし。或いは未《いま》だ西洋の事情につき、その一斑《いっぱん》をも知らざる者にても、只管《ひたすら》旧物を廃棄してただ新をこれ求むるものの如し。何ぞそれ事物を信ずるの軽々《けいけい》にして、またこれを疑うの疎忽《そこつ》なるや。（後略）」（岩波文庫〈改版〉、二〇〇八年）

ですが、伝統的な「家」観念は、祖先崇拝や「いえ」永続への願い、そして血統・家柄への依拠といった形をとって民衆に受け継がれており、そのようななかにあって被差別部落が「家系」から排除されるのが〝あたりまえ〟であったことは想像にかたくありません。

そうした状況のもとで、「開化」の理念のよりどころになりえていたものの一つは、自由民権運動を支える思想でした。自由民権運動と部落解放運動とのつながりを示す事例は数多くはありませんが、[*8] 一八八一年に福岡・熊本・大分の被差別部落有志が九州改進党に呼応して立ちあがり結成された復権同盟や、現在の東京八王子の被差別部落出身で自由党員として多摩の自由民権運動を担った山上卓樹《やまがみたくじゅ》などが知られています〔町田市立自由民権資料館二〇〇六〕。ほかにも、日本自由党との提携を謳《うた》い、「第一平等ヲ主義トシ自由ヲ拡張セント欲ス」との主張を掲げて一八八三年に高知県小高坂《こだかさ》村有志によって結成された平等会などの動きもありました。

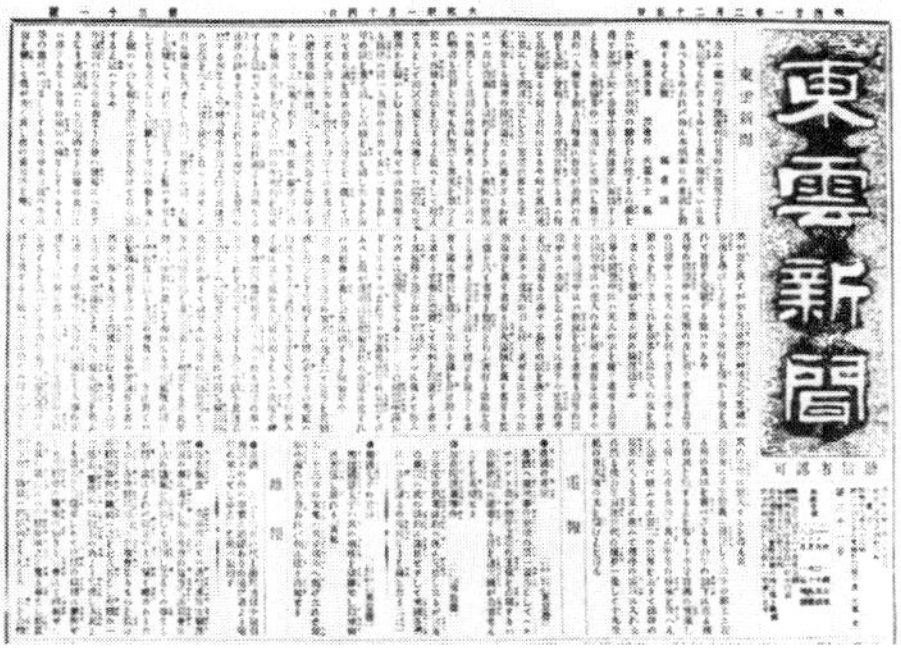
東雲新聞

『東雲新聞』に掲載された「新民世界」

部落問題に対する最も透徹した視点を示したものとして、中江兆民《なかえちょうみん》の「新民世界」が知られてい

＊7　それらの実態を明らかにした研究は、吉田栄治郎「地域社会と部落」（前掲『部落史研究からの発信』第二巻）を参照。

＊8　石居人也「自由民権運動と部落」（同前）を参照。

ます。大同団結運動[*9]に参加し、一八八七年に保安条例によって東京を追われた兆民は、大阪府西成郡渡辺村に居住して、翌年、自らが主筆を務める『東雲新聞《しののめ》』に、「新民世界」と題する文章を掲載しました。兆民は、自らを「渡辺村　大円居士《こじ》」と称して被差別部落民の立場に置き、その地点から、「平民」主義者が「貴族主義」を攻撃しつつも差別を行うことの欺瞞《ぎまん》性を喝破《かっぱ》しました。そうして、「旧時の民」とは異なり、最底辺に生きる「新民」こそが、そうした「平民主義」に代わって変革の担い手たりうるとしたのでした。被差別部落民であることに自負を見いだすという発想は、「エタである事を誇り得る時が来たのだ」と謳った、のちの水平社宣言にみられる思想の先駆をなすものでした。[*10]

浮かび上がる貧困／不潔・病気の温床という徴

以下に、一八八〇年代以後、変化していった部落問題のありようをみていきたいと思います。

今日、私たちの暮らしに欠くことのできないものとなっている新聞は、一八八〇年代後半に急速に発行部数を伸ばし、それが被差別部落に対する社会のイメージをつくりだす機能をもちました。それらの多くは被差別部落の人びとを「新平民」と称し、「野卑なる風習」や「頑固」であることをあげて、あたかも特異な性質をもって

＊9　一八八六年、国会開設を前に、星亨《とおる》らが呼びかけ、後藤象二郎《しょうじろう》らが中心となって自由民権勢力の結集をはかった。八九年、後藤の入閣により分裂した。

＊10　白石正明「中江兆民と『東雲』時代」（『部落解放研究』第一二号、一九七八年一二月）等を参照。

いるかのように描いたり、あるいは、爆弾を製造していた疑いがあると報道して恐怖心を煽《あお》ったりして、差別意識を増幅させせました。

さらに、それに拍車をかけたのが、一八八一年から、薩摩《さつま》藩出身の大蔵卿《きょう》（卿は長官の意）松方正義《まつかたまさよし》により展開された松方デフレと呼ばれる全国を襲った深刻な不況のもとで、被差別部落が「貧者の巣窟《そうくつ》」などと称され、貧民の多い地域の一つとして浮かび上がってきたことでした。

被差別部落が問題をかかえた地域として社会の注目を浴びるようになったもう一つのきっかけは、当時たちまち死にいたる急性伝染病として恐れられていたコレラの流行でした〔鹿野一九八八b、杉山二〇〇四〕。コレラの発生が被差別部落に特段多くみられたわけではありませんが、〝不潔な場所〟として被差別部落に警戒の目が注がれ、また、たまたま被差別部落で患者が発生すると、当時の新聞などは、あたかもそこがコレラ発生の温床であるかのように書きたてて差別心を煽りました。[*11] コレラが流行した一八八六年、『朝野《ちょうや》新聞』[*12]は、「コレラの猖獗《しょうけつ》を逞《たくま》しうするに当り、其《その》根本は重に不潔人民の群衆せる所にあるを以て、旧穢多等の居住する町村は向後最も清潔にすべき方法をたてざるべからず」と記しており、こうした報道をつうじて、コレラの発生場所がほとんど被差別部落であるかのような印象が、人びとの間にゆるぎないものとなっていきました。

＊11　コレラ流行と都市部落のかかわりについて論じた研究に、安保則夫『ミナト神戸　コレラ・ペスト・スラム――社会的差別形成史の研究』（学芸出版社、一九八九年）、小林丈広『近代日本と公衆衛生』（雄山閣出版、二〇〇一年）、等がある。

＊12　一八七二年に創刊された『公文通誌』を七四年に改題。成《なる》島柳北《しまりゅうほく》が社長となり、末広鉄腸《すえひろてっちょう》が主筆を務めて、自由民権運動の立場からの主張を展開。

フランスの研究者ジュリア・クセルゴンによれば、フランスの一九世紀の衛生学者は、「怠惰、痴呆化、悪意、盗みなどの悪徳が好んで住みつくのは、不潔な村や農家である。清潔さの欠如は肉体の純潔にとって害があるばかりでなく、心の純潔にとっても有害である」［クセルゴン一九九二］と説いたといいます。同様の状況が一九世紀終わりの日本社会においてもすでに存在しており、不潔であることが「悪徳」という性癖を連想させ、それが差別意識を支えていったと考えられます。

警察を中心とする国家の主導によって「衛生」という観念が広まり、しだいにその徹底がはかられていったことも、経済的困窮によりそれに対応できない地域がとり残され、不潔な空間としてあぶり出されていく結果をもたらしました。一八七六年、内務省に衛生局が誕生したことは、まさに、江戸時代までの〝養生〟の時代からの転換を示すものでした［阿部二〇〇二］。こうして被差別部落は、貧困でありまたそれゆえに不潔で、病気発生の源であると見なされることにより、これまでの身分に由来する線引きに加えて、近代社会のなかで差別を持続させていくための新たな徴表を与えられていったのでした。

「異種」という眼差し

ただしそれらは、必ずしも被差別部落に固有のものではなく、下層社会一般に注がれる視線と重なり合うものでした。貧民窟の探訪記などと銘打って登場する都市スラムなどのルポルタージュは、「文明」という視点で、スラムを自分たちの暮らす空間とは隔たった「暗黒」の世界と見なしました。[*13] そこにはしばしば被差別部落も含まれており、「われわれ」とは別世界の空間として興味本位の目が向けられ、蔑《さげす》まれたのです。東京・横浜や大阪などの都市では、被差別部落を核に、人の流入によってそれが拡大してスラムがつくられていたり、両者が地続きであったりする場合が多く、必ずしも両者の境界は明確ではありませんでした。しかしながら一般に下層社会の場合には、経済的貧困から脱してその空間を離れれば、差別的な視線から逃れることは可能ですが、被差別部落には、「生まれ」によって決定づけられた徴表がついてまわりました。

近代国民国家の成立期には、ナショナルな意識が高揚し、日本―日本人の境界への関心が高まりました。そのような状況のもと、一八八四年一二月に人類学会（八六年東京人類学会と改称）が成立し、そこに集った人びとはアイヌや琉球《りゅうきゅう》の人びとに目を向け、それらとともに、地理的には日本の内部にありながら容易には「内部化」されずにある被差別部落にも目を注いでいきました。[*14] 人類学会の機関誌『東京人類学会報告』には、箕作元八《みつくりげんぱち》「穢多ノ風俗」（第六号、一八八六年七月）を嚆矢《こうし》として、藤井乾《けん》助《すけ》の「穢多は他国人なる可《べ》し」（第一〇号、一八八六年一二月）、金子徴《あきら》「エッタハ越《エツ》

＊13　成田龍一『近代都市空間の文化経験』（岩波書店、二〇〇三年）を参照。

＊14　当該時期の人類学者たちのありようについては、[坂野二〇〇五] に詳しい。

人ニシテ元兵ノ奴隷トナリタルモノナル事及ビ其他ノ事ドモ」などが掲載されており、人類学会のなかで被差別部落起源論は重要な関心事の一つをなしていました。人類学者たちの起源論のよりどころは、神話や歴史書に基づく不確定な近世以前からの〝学説〟と、もう一つは容貌などの外観上の特徴であり、そこにはあえて「普通日本人」との差異を見いだそうとする態度がありありとみてとれます。彼らにとって被差別部落の人びとは、これまで自らの視界には入らなかった「他者」であり、人類学者たちは、かねてから存在していた朝鮮人起源説を継承し、そのうえに「異種」であることを際だたせる徴表を重ね、被差別部落という集団の「他者」性を強調していきました。

それらよりややあとに、人類学による学知に基づきながら、「科学的」な装いを纏《まと》って被差別部落起源論に接近したのが鳥居龍蔵《とりいりゅうぞう》*15でした。鳥居が行った被差別部落調査は、現在明らかにしうるかぎりで、一八九七年と九八年の徳島県と兵庫県の二件あり、それを報道した新聞によると、その調査をつうじて鳥居は、被差別部落の人びとは骨の形やひげのはえ方、目の形などから、マレー諸島、ポリネシヤン島の原住民である「マレヨポリネシヤン」種族に似ており「蒙古《もうこ》人種」ではない、と結論づけました。*16 彼の主観的意図は、自らも「決して普通人に見ざるが如き特別なる形式を具《そな》えたるものには之無《これなく》候《そうろう》」と述べているように、「穢多」も「普通日本人」であること

＊15　鳥居の評伝に、中薗英助『鳥居龍蔵伝――アジアを走破した人類学者』（岩波書店、一九九五年）がある。

＊16　この二つの調査については、『鳥居龍蔵全集』全一三巻＋別巻（朝日新聞社、一九七五～七七年）には記載がない。

を主張しようとするものにちがいありませんでした。しかし、鳥居の兵庫県での調査については、『日出新聞』（一八九八年二月）が鳥居のそうした日本人種論の前提を付記することなく「マレー諸島、ポリネシヤン島の土人「マレヨポリネシヤン」種族に比するに尤《もっと》も酷似し絶えて蒙古《もうこ》人種の形式あらずと云《い》う」と報じており、その読者の多くが被差別部落民を「普通日本人」ではないものと受けとめたであろうことは推測にかたくありません。加えて鳥居の学説それ自体、「普通日本人」であるにしてもなぜ「蒙古人種」との混交が否定されるのか、人種の序列階梯《かいてい》で「蒙古人種」よりも下位に位置づけられる「マレー系」とされることはどんな意味をもつのか、等々考察すべき点は多々あります。しかも、「理学的」と称される骨の計測といった数値の裏付けをともなった方法によって、被差別部落民が「普通日本人」とは異なる「人種」という位置づけを与えられていったことは重要です。ちなみにこのような言説のなかで、被差別部落の集団は「種族」という言葉で語られました。

そうした「人種」による起源の再定義は、福沢諭吉門下として知られる高橋義雄『日本人種改良論』（一八八四年）にみられる「遺伝ト習養トハ互ニ因果ヲ相為《あいな》スモノナリ」（傍点―原文）という見解や、柳瀬勁介《やなせけいすけ》著（権藤震二補）『社会外の社会穢多非人』（大学館、一九〇一年）で、差別をする側・される側双方について指摘した「習慣ハ第二ノ天性」といった主張が登場するなかで、新たに「修養」や「習慣」という改変可能な要素が見いだされて修正が加えられていきました。しかし、他方で、遺伝とは一線を画しているはずの「習慣」それ自体も改変困難なものとして、「人種」の境界に準ずる機能をも果たしていくこととなったのでした。

こうして社会の側は、被差別部落を排除し、それ以外の人びとが安泰を得るための、封建的身分制度の代替として十分な機能をもった「人種」という標識を獲得していきました［黒川二〇一六］。一八九八年には明治民法が公布され、「家」制度がしだいに民衆レベルにも定着していきました。そうして「異種」であり、穢《けが》れた存在と見なされる被差別部落の人びとは、結婚をつうじてますます「家系」から排除されていきました。

第10章●〝発見〟される被差別部落

行政村からの排除

一八八八年（明治二一）、市制町村制が公布され、それに基づいて翌年から、江戸時代以来の村を合併して、より大規模の町村がつくりだされていきました。その際にも被差別部落は、先にみたような社会の認識を背景に、しばしば排除の対象となりました。[*1]

合併に際して三重県が一八八七年に出した、「町村合併標準」の内訓に基づく事前取り調べの記録が残されています。それによれば、一町村は三〇〇戸以上を標準としますが、それより小規模でも一町村として独立がありうる例外の一つに、「旧穢多《えた》村ニシテ他ノ町村ト平和ノ合併ヲナシ得サルモノ」がありました。つまり被差別部落であるために、他の町村が忌避《きひ》し平穏に合併ができない場合は、無理にしなくてもいいというのです。翌一八八八年五月の「現在町村ノ実況」を調査することを指示した訓令でも、同様でした。

＊1　鈴木良「天皇制確立期の部落問題——町村合併について」（『部落問題研究』第八三輯、一九八五年一〇月）、和田恵治「明治前期町村合併運動の一視点——大和国葛城郡岩崎村「町村分合」問題をめぐって」（『部落解放研究』第一一一号、一九九六年八月）、吉田栄治郎「明治初年の被差別部落分村の一事例」（奈良県立同和問題関係史料センター『研究紀要』第一一号、二〇〇五年三月）、黒川みどり「〝都市部落〟への視線——三重県飯南郡鈴止村の場合」（小林丈広編著『都市下層の社会史』解放出版社、二〇〇三年）等を参照。

県がそのような基準を示すこと自体、部落外の人びとが持っている差別意識のたんなる追認をこえて、積極的に被差別部落の排除を促すことにもなったと考えられます。県当局にとっては、あえて「解放令」の原則を徹底させようとするよりも、トラブルを避ける方が得策と判断されたのでしょう。飯南郡《いいなん》（現松阪市）と安濃郡《あのう》（現津市）にできた二つの村は、いずれも被差別部落のみからなる村で、そうした県の対応の結果でした。

こうしてつくられた被差別部落からなる飯南郡の村は、一九〇九年（明治四二）の村の記録によれば、財政が破綻《はたん》に瀕《ひん》しており、尋常小学校に通う全児童を収容できる校舎ももてず、しかも各クラスに一人の正教員を充《あ》てることすらできない状態に陥っていったことが明らかです。貧窮者が多いため、住民は戸数割（独立の生計を営む者に賦課《ふか》した市町村の特別税）を納めるのが精一杯で、これ以上に税を課されることには耐えられなくなっていました。このような状態にあったにもかかわらず、その村は独立村として放置され、ようやく松阪町に合併されたのは、一九二〇年（大正九）のことでした。

このようにして、被差別部落は、前章で述べたように学区はもとより、行政村からもしばしば排除されていきました［黒川二〇〇三］。

結婚を阻む「家」の壁

一八九八年（明治三一）、民法が制定されて「家」制度が定着し[*2]、「家」意識が民衆のあいだにも浸透していきました。そうした「家」意識の広がりを背景とする結婚にかかわる差別が、一九〇二年、広島で婚姻取消訴訟事件として明るみに出ました。この事件は、広島に住むある夫婦が不仲となり、広島地方裁判所に女性が婚姻取消請求を行ったことに始まります。離婚を求めるに際し妻は、夫が結婚前に、実家は血統正しく明治維新前に苗字帯刀《みょうじたいとう》を許されていた古くからの豪農であると言っていたがそれは嘘《うそ》で、実は夫は被差別部落の出身であることを知ります。そして夫もそのことを認めたことから妻はそれを婚姻取消の理由にし、広島地裁もそれを認める判決を下しました。夫の控訴に対して、広島控訴院も次のような理由により、控訴を棄却しました。

そもそも「旧穢多」は、古くから「卑賤《ひせん》の一種族」とされており、「解放令」は出されたが、因襲久しきにより今日にいたるまで「旧穢多」と婚姻を交えるのを嫌忌《けんき》するのは「普通の状態」で、被控訴人（女性）もまた控訴人（男性）が「旧穢多」の家に生まれたことをよく知っていたら、控訴人と結婚しなかったにちがいないというのです。したがって、控訴人がその事実を告げなかったばかりでなく、実家は維新前より苗字帯刀を許されてきた血統正しい旧家豪農であると称することは、詐欺《さぎ》であるこ

＊2　直系の男子である家長が家族構成員の財産や居住・婚姻などを統括・支配し、この「家」が天皇制国家を末端から支えた。また、天皇を頂点とする家族国家観の支柱ともなった。松本三之介「家族国家観の構造と特質」（『講座家族』第八巻、弘文堂、一九七四年）、石田雄「「家」および家庭の政治的機能」（福島正夫編『家族——政策と法』第一巻、東京大学出版会、一九七五年）等を参照。

とを免れないとするものでした（『法律新聞』一九〇三年三月一六日）。

「解放令」発布から三十余年が経ったにもかかわらず、部落差別をするのが「普通の状態」であるとし、それを追認するこのような判断が裁判所によって下されていたのです。そしてまたそこには、血統、あるいは由緒の正しさを誇りとする「家」意識が前提としてあり、それらを基準に、自分の「家」の格を維持しようとする、当時の人びとの意識も垣間見られます。また、被差別部落出身であるその男性も、社会に共有されていた家格の序列のなかに、自らを価値づけようとしていたことがみてとれます。

産業社会のもとで個人が競争にさらされていくなかで、それとはちがった基準による、生まれながらの「家」というランクづけが意味をもったのは、学歴や仕事のうえでの競争で必ずしも優位になりえなくとも、「家格」で他を見かえすことのできた人びとにとって、それが自己のアイデンティティを保つ重要なよりどころとなりえたからだと考えられます。〝貴〟を体現する天皇家を頂点に、その「家」の序列の末端に置かれたのが被差別部落であり、その序列化のなかでも被差別部落と部落外のあいだの連続性は断ち切られていたといえましょう。

ちなみに明治政府は、一八八四年に華族令を制定し、これまでの公卿《くぎょう》（公家）・諸《しょ》侯《こう》（大名）に、明治維新に功労のあった者を加えて公・侯・伯・子・男の爵位《しゃくい》を与え、華族の範囲を拡大しました。このように、政府は、四民平等に逆行する新たな特権身分をつくりだしていきました。

大倉桃郎『琵琶歌』

大倉桃郎《とうろう》『琵琶歌《びわうた》』は、日露戦争が終わった一九〇五年（明治三八）に刊行された、部落問題をテーマにした小説です。[*3] 主人公荒井三蔵《さんぞう》の妹里野《さとの》は、恋愛の末、被差別部落外の武田貞次《さだじ》と結婚しますが、舅《しゅうと》が里野に性的関係を迫っていたことが姑《しゅうとめ》の知るところとなり、姑はそのような行為に走る夫への怒りを、里野が部落出身であることに転嫁させて解決をはかろうとし、「此家《ここ》は人間の住居《すまい》だから畜生なぞは置く事は出来ないのだから」と里野を罵《ののし》ります。それゆえ里野は貞次と別れて、兄三蔵のもとに帰らねばなりませんでした。

このような姑の惨《むご》い仕打ちに対して、貞次も親の前にはまったく無力で抵抗する術《すべ》を知らず、里野は貞次を想って精神の病に陥り、三蔵も日露戦争で軍人として戦功を立てることしか差別者を見返す途《みち》はありませんでした。三蔵に残されたのは、

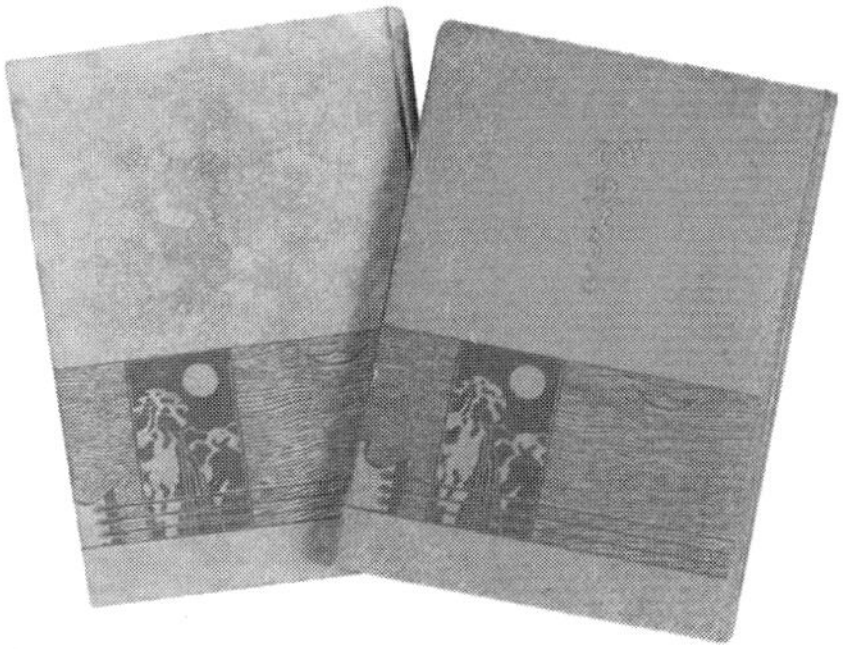

『琵琶歌』（1905年刊）

＊3　『琵琶歌』に論及した研究はほとんどないが、戦前の部落問題を主体にした文学作品について論じたものに、梅沢利彦・平野栄久・山岸崇『文学の中の被差別部落』戦前篇（明石書店、一九八〇年）、渡部直己『日本近代文学と〈差別〉』（太田出版、一九九四年）、等がある。

戦功によって「帝国臣民」になるという「同化」の途でした。

「人間」ではない「畜生」として婚家から追い出されるという筋書きの背後に、被差別部落の人びとに対する、執拗《しつよう》な穢《けが》れ観・賤視《せんし》観がみてとれます。ただし姑は、自分の夫が里野に性的関係を迫ったことを知るまでは里野を「嫁」として受け入れていたわけですから、そのような感情は里野個人に付随しているものではなく、ひとたび好ましからざることが生じたときに、被差別部落出身という里野の「出自」ゆえに、にわかに頭をもたげるものであったと考えられます。それは、その執拗さとは裏腹に内実がきわめてあいまいであるからこそ、「畜生」という言葉が選びとられ、そこに負の感情のすべてが押し込められたのではないでしょうか。*4

立ちはだかる「身の素性」――『破戒』から

『琵琶歌』とほぼ同じ時期に世に問われ、多くの人びとに読み継がれてきた、同じく部落問題をテーマにした作品の一つに、一九〇六年に自費出版された島崎藤村の小説『破戒』があります。*5『破戒』の主人公瀬川丑松《せがわうしまつ》は、信州の被差別部落に生まれ、そのことを隠して師範学校を出て尋常小学校の教師となりました。やがて、丑松の同僚の間で、丑松が部落出身ではないかとの噂《うわさ》が立ちはじめ、師範学校時代からの友人である土屋銀之助《ぎんのすけ》は、丑松の出自を知らずに、丑松をかばおうとその噂を否定し、次

＊4　それ以前に、部落問題を主題とし、差別から逃れるために北海道に移住するという筋書きを提示した作品として、清水紫琴《しきん》「移民学園」(一八九九年、古在由重《こざいよししげ》編『紫琴全集　全一巻』草土文化、一九八三年、所収)がある。清水について詳しくは、山口玲子『泣いて愛する姉妹に告ぐ――古在紫琴の生涯』(草土文化、一九七七年)を参照。

＊5　『破戒』の出版、映画化・演劇化の歴史を詳細に追った研究として、大阪人権博物館編刊『島崎藤村『破戒』一〇〇年』(二〇〇六年)、宮武利正『「破戒」百年物語』(解放出版社、二〇〇七年)がある。『部落解放』第五六六号〈特集「破戒」百年〉(二〇〇六年六月)も併せて参照。

のように述べます。「僕だっていくらも新平民を見た。あの皮膚の色からして、普通の人間とは違っていらあね。そりゃあ、もう、新平民か新平民でないかは容貌《かおつき》でわかる。それに君、社会《よのなか》からのけものにされているもんだから、性質が非常にひがんでいるサ。まあ、新平民の中から男らしいしっかりした青年なぞの産まれようがない。どうしてあんな手合《てあい》が学問という方面に頭をもちあげられるものか。それから推したって、瀬川君のことはわかりそうなものじゃないか」。そうしてその会話のなかにいた別の教師も、「穢多には一種特別な臭気《におい》があると言うじゃないか――嗅《か》いでみたらわかるだろう」と言って、「まぜ返すようにして笑った」といいます（島崎藤村『破戒』岩波文庫、一九五七年）。

この会話の前提となっているのは、被差別部落の人びとには、傍目《はため》にわかる身体上の特色があるということであり、それはまさに「まぜ返すようにして笑っ」てすませることができるほどに自明のことなのでした。そして、「新平民」という差別的呼称も定着し、ここに用いられています。

ちなみに藤村自身は、すべての被差別部落の住民にそのような身体的な特色があるとは見なしておらず、被差別部落の

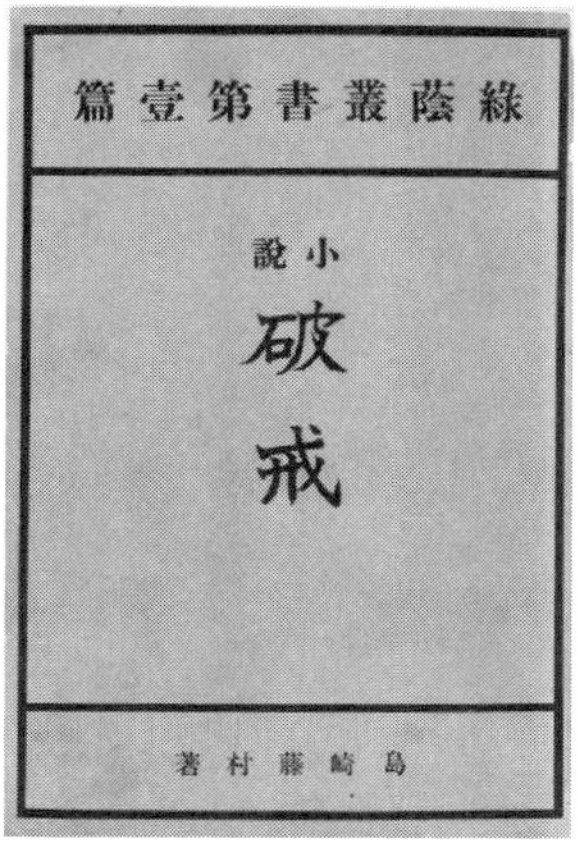

『破戒』（1906年刊）

人びとを high class（上層）と low class（下層）に分けることができ、前者は容貌や性癖・言葉使いなどなんら変わるところがないのに対して、後者は顔つきや皮膚の色が異なっており、他の「種族」とは結婚しないと記しています（「山国の新平民」一九〇六年、『藤村全集』第六巻）。

『破戒』に登場する猪子蓮太郎《いのこれんたろう》や丑松は前者に該当し、low class の方が銀之助のいうところの「新平民」像にそのまま重なりあうものでした。しかし現実には、外観上は同じであるはずの high class の人びとも、執拗な詮索《せんさく》をしてまで「身の素性《すじょう》」が問題にされ、それによって排除されるのであり、それゆえに丑松は、被差別部落出身であることを告白して受け持ちのクラスの子どもたちの前で土下座をし、教壇を去り、東京へと向かわねばならなかったのです。

差別の徴表の払拭をめざして

一八八〇年代後半から九〇年代にかけては、被差別部落上層部を発起人として、風俗・生活習慣を改める運動が起こってきました。[*6] それは、そうすることによって、前章で述べたような、被差別部落に向けられた異種・不潔・病気の温床といった社会の視線を覆《くつがえ》そうとするもので、部落改善運動と呼ばれてきました。「開化」が効力をもちえていた段階では、天賦《てんぷ》人権論によって差別自体を「不開化」として断罪する言説が

＊6　部落改善運動をめぐる研究については、本郷浩二「部落改善運動と政策」（前掲『部落史研究からの発信』第二巻）を参照。

存在しましたが、文明開化も終焉《しゅうえん》を迎え、「開化」実現による差別からの解放という構想自体が展望を失っていくなかで、それに代わって採られたのが、文明化に〝立ちおくれた〟という、被差別部落に付与された標識を取り払い、その周囲に築かれた境界を不可視なものにするという方法でした。

とりわけ町村合併の際に排除された被差別部落では、その経験が部落改善運動を起こす引き金の一つになったと考えられます。またこの時期に、部落上層部の支配的地位が確立しつつあったことも、運動が起こった要因の一つといえましょう。

部落改善政策の開始

「解放令」後、これまで政府はあくまで被差別部落と部落外になんら区別は存在しないという姿勢を貫き、対策はいっさい講じませんでした。それに政府が手を着けるようになったのは、日露戦争後のことでした。日露戦争にともなう増税で窮乏した農村を立て直すために政府が行ったのが、一九〇八年の戊申詔書《ぼしんしょうしょ》＊7の渙発《かんぱつ》を機に展開されることとなった地方改良運動＊8と呼ばれる全国的な国民統合政策であり、そのなかで被差別部落は、「難村」としてあぶり出され、それを覆《おお》い隠すために、否応なく政策が行われることとなったのでした。それゆえ部落改善政策は、政府が求めた税の滞納をなくすること、就学率をあげること、風紀の改良といった点を達成するというね

＊7　日露戦争後に、「一等国」意識が蔓延《まんえん》する一方で、個人主義・自然主義・社会主義などが台頭したことへの危機感から、第二次桂内閣のもとで、思想「善導」を意図して出された。

＊8　内務省の主導により展開。勤労と倹約の奨励による国力の増強と、行政村を単位とする共同体意識を培い、それを基礎に国家に対する忠誠心を強化することをめざした。

らいをもっていました。

政策を開始したのは全国のなかで三重県が最初で、一九〇五年のことでした。一九〇四年に内務省警保局長から三重県に知事として赴任した有松英義《ありまつひでよし》は、治安対策の観点から貧民問題や部落問題に関心をもっており、その有松のもとで本格的に始まった三重県の部落改善政策は、竹葉寅一郎《たけばとらいちろう》*9という人物を県書記心得に採用して進められました。

部落改善政策を行うにあたって三重県が調査をし、それをまとめた報告書が『特種部落改善の梗概《こうがい》』（一九〇七年）という冊子です。その冒頭には、①警察官による指導、②それを効果的に浸透させるための補助機関として部落改善団体を設置すること、の二つが基本方針として記されており、それに基づいて部落改善政策が展開されていきました。しかしながらこの時期の部落改善政策は、ほとんど予算的裏付けもない精神主義的な運動でした。被差別部落の経済的貧困に手がつけられないかぎり「問題」とされた点が根本的に改善される見通しはなく、三重県のように、厳しい監視と強制のなかで一時的に効果をあげたかにみえ、その成功ぶりが讃えられた地域もありましたが、長続きはしませんでした。しかし、政策自体を省みるのではなく、その原因を怠惰で道徳心が欠如している、などといった被差別部落の人びとの「性情」に求めて説明していったのです。その際に、被差別部落の人びとの「人種」のちがいを言

*9　竹葉については、工藤英一『キリスト教と部落問題』新教出版社、一九八三年）が先駆的研究をなす。

いたてることは好都合であり、以下にみるように、政策自体の矛盾を補うものとして、「人種がちがう」という認識が、部落改善政策のなかで浸透していきました［黒川二〇〇三］。

「人種」という線引き

三重県がその冊子に、表題に始まって「特種部落」を用いたことで、呼称のみならず、その背後にある「異種」認識をも広め定着させることとなりました。そこには、祖先・人情及道徳・風俗と職業・衣食住・語調容儀・宗教・教育・衛生・前科者・改善規約という項目が立てられており、「祖先」という欄には、朝鮮半島からの渡来人、蝦夷《えみし》（大和政権に服属しなかった東北地方の住民）、北畠氏（伊勢地方に勢力を持つ国司で南朝の軍事的指導者となった）の臣下、落剝者《らくはく》（落ちぶれた者）らの集団が被差別部落の起源であると記されています。それに続く、「人情及道徳」以下の項目も、被差別部落の人びとをそうした観点において「特種」と見なしているがゆえに設けられたものといえましょう。そうして、「普通人」に対するものとして被差別部落の集団を「種族」と呼び、通常人間以外に用いる「繁殖」という語も使われています。それは、侵略者が、「文明」という物差しで先住民を「未開」や「野蛮」な「種族」と見なしたのと同様の認識を感じさせるものです。*10

*10　『特種部落改善の梗概』は、部落問題の解決策として台湾移住を説いた書物として知られる、柳《やな》瀬勁介《せけいすけ》著（権藤震二補）『社会外の社会穢多非人』（大学館、一九〇一年）と、実は構成や内容が酷似しており、それについての詳細は、［黒川二〇一六］を参照。

全国に先がけて行われたこの三重県の部落改善政策は、全国の模範となり、他府県でもいくつかこれにならって、ほぼ同様の政策が行われていきました。それとともに、被差別部落に対する呼称も、「人種」のちがいを思い起こさせる「特種」から、「特殊」と文字を変えて、それが一般的に用いられるようになっていきました。

ちなみに、第8章でも少し述べましたように、「部落」というのは元来、村の一部を構成する集落をさす言葉であり、それに「特種(殊)」をつけて、今日いうところの被差別部落としたのでした。そのような呼称は、部落問題が個々の「人」ではなく、「集落」という単位で問題として認識されるようになったことを意味するものにほかなりませんが、そうした把握の仕方の端緒は、すでに松方デフレ後の貧民問題の浮上、そして本章で述べました町村合併における排除においてみてとれます。

このようにして日露戦後の国民統合政策のなかで、被差別部落が「難村」として〝発見〟され、いっそう「異種」であるという認識を社会に浸透させていくこととなりました。

第11章 帝国の一体化を求めて

人種主義と「修養」

内務省において、嘱託として部落改善政策を主導した留岡幸助《とめおかこうすけ》は、同志社で学んだキリスト者であり、一方で二宮尊徳《にのみやそんとく》が説いた実践道徳である報徳思想にも傾倒しながら社会事業に取り組んでいました。*1 留岡が有していた、被差別部落の人びとに対する差別性については、これまでの研究に指摘されていますが〔藤野一九八六、室田一九九八〕、留岡は、「彼等の生活は恰《あたか》も台湾にある生蕃《せいばん》の其《そ》れと酷似して居るのである」と述べて、植民地台湾の原住民と被差別部落の人びとをともに蔑《さげす》み、また「無学にして迷信に満てる」「怠惰にして而《し》かも不正直」、それゆえに犯罪の温床でもあるといい、さらには生理機関が異なるために双生児が多いのではないかといった発言まで行いました(「新平民の改善」一九〇七年、同志社大学人文科学研究所編『留岡幸助著作集』第二巻、一九七九年)。

そのような認識は、同じくキリスト者であり社会運動家である賀川豊彦《かがわとよひこ》にも影響を

*1 留岡については、高瀬善夫『一路白頭ニ到ル——留岡幸助の生涯』(岩波新書、一九八二年)、室田保夫『留岡幸助の研究』(不二出版、一九九八年)等を参照。

与えていきます。[*2] 賀川は、一九一五年、『貧民心理の研究』を著し、「彼等が不潔なるも、眼病の多きも（中略）皆一種の人種的意義を持って居ると云《い》えば云えるのである」「彼等は即《すなわ》ち日本人中の退化種――また奴隷種、時代に遅れた太古民なのである」と述べました（『賀川豊彦全集』第八巻、キリスト新聞社、一九六二年）。先にみた三重県の竹葉《たけば》寅一郎《とらいちろう》の認識も同様で、部落改善に〝献身〟した先駆者の限界をはからずも露呈したものとなっています。「弱者」のために慈善事業に従事し救済するというその非対称な関係のなかに自ら飛び込もうとすること自体が、実は自らの優位性の確認と不可分なのであり、「慈善」は、こうした眼差しと表裏一体であることが少なくなかったのではないかと考えられます。

このような被差別部落認識は、「血統」という生得的要素を核に、そこに風俗・衛生・習慣などの後天的要素をともなって形成されており、実態の劣悪さが「人種」的特殊性によって説明されました。このような被差別部落に対する認識は、やはり新聞などを通じて紹介され、民衆レベルに浸透していきました。

しかし、そもそも日本では、「人種改良」自体に、遺伝だけではなく「修養」という環境的要因を見いだす傾向が強く〔冨山一九九四〕、それゆえに被差別部落の人びとに「人種」的特性を見いだしながらも部落改善政策が行われ、「修養」が求められたのだといえましょう。しかしながら、ひとたびその「改善」に行き詰まりが生じれ

＊2　賀川については、隅谷三喜男『賀川豊彦』（一九六六年、岩波現代文庫、二〇一一年）等があり、賀川の優生思想に着目した研究に藤野豊「近代日本のキリスト教と優生思想」（一九九五年、藤野『日本ファシズムと優生思想』かもがわ出版、一九九八年）がある。

ば、「人種」的要素が頭をもたげて、「改善」への展望はいきおい絶望的とならざるをえず、被差別部落の人びとは、統合と排除の境位に位置づけられてゆくこととなりました。

「特殊部落」から「細民部落」へ

これまでみてきましたような部落問題をめぐる認識は、もっぱら被差別部落責任論であり、したがって被差別部落内部の「改善」のみに目が注がれました。

そうした状況から、社会の側の被差別部落に対する認識を問題にする、すなわち差別それ自体を問題視する状況に転じたのは、一九一〇年代のことでした。

その一つのきっかけは、韓国併合の行われた一九一〇年（明治四三）に、第二次桂内閣のもとで引き起こされた大逆《たいぎゃく》事件でした。大逆事件とは、天皇暗殺を企てたというかどで、その計画には関与していなかった幸徳秋水《こうとくしゅうすい》らを含めて、一二名が死刑に処された、社会主義者に対する弾圧事件です。この事件に、被差別部落の人びとの施療にかかわってきた和歌山県新宮《しんぐう》の医師大石誠《おおいしせい》之助《のすけ》（死刑）[＊3]と被差別部落の人びとを檀家に持ち、部落解放のために闘っていた真宗大谷派の僧侶高木顕明《たかぎけんみょう》（無期懲役で特赦減刑されますが、一九一四年獄中で縊死《いし》）[＊4]が連座したことから、被差別部落と社会主義の結びつきが危険視されることとなりました。

＊3　森長英三郎『禄亭 大石誠之助』（岩波書店、一九七七年）を参照。

＊4　詳しくは、玉光順正『高木顕明——大逆事件に連座した念仏者』（真宗ブックレットNo.8、真宗大谷派、二〇〇〇年）、大東仁『大逆の僧　高木顕明の真実——真宗僧侶と大逆事件』（風媒社、二〇一一年）等を参照。

内務省は、一九二二年一一月、全国各地から、部落改善の指導者を東京に集めて会議を開催しますが、その名称は「細民部落改善協議会」でした。前章で述べた意味合いが込められた「特殊（種）部落」という呼称に対しては、被差別部落の人びとからも異議申し立てがなされはじめており、内務省はそうした動きを受けて、「特殊部落」に代えて「細民部落」という呼称を用いようとしたのです。

しかし、「細民」は、下層民のなかでも「貧民」よりはやや経済的に上位にある階層をさす言葉として受けとめられることが多く、したがって「細民部落」と称すると、それが被差別部落とは無関係にそうした地域をさすのか、それとも被差別部落をさすのかがあいまいでした。内務省には、そうした言葉を用いることで、敢えて被差別部落と部落外の境界をあいまいにする意図があったのではないかと思われますが、それゆえに「細民部落」という呼称は根づかず、したがって「特殊部落」に代わる適当な呼称もないまま推移していきました。*5

後述の、被差別部落人種起源説を粉砕した歴史家喜田貞吉《きたさだきち》（一九三頁の注11参照）もまた、被差別部落を「特殊」な存在と見なすことには断じて異を唱え、「なるべく「特殊部落」の語を用いたくはない」と考えていましたが、当時にあっては「説明上、何とかの名称を用いねばならぬ場合には、この語が一番弊害の少いもの」と考えて慣用するほかないことを表明しました（「学窓日誌」『民族と歴史』第六巻第五号、一九二

＊5　喜田貞吉はこの点について、次のように述べている。「従来普通に特殊部落と云《い》って居った我が同胞中の或る部族のことを、近ごろ内務省あたりでは、細民部落といって居る。細民とは貧乏人の事である。成る程特殊部落には貧乏人が比較的多いから、其《そ》の多数に就いて之を細民部落というのも、あながち理由のないことではないが、其の実此《こ》の部落にも細民でないのが少くなく、所謂《いわゆる》特殊部落以外にも真に細民部落と呼ぶべきものが多いのであるから、此の侮辱した様な名称が妥当でない事は言うまでもない事である」（「特殊部落と細民部落・密集部落」『民族と歴史』第二巻第一号、一九一九年七月）

一年一一月、『喜田貞吉著作集』第一三巻、平凡社、一九七九年）。

大和同志会の結成――「実業の育成」による「臣民」化への途

「特殊部落」という呼称に、被差別部落からいち早く不満の声をあげたのが大和同《やまとどう》志会《しかい》でした。大和同志会は、一九一二年八月二〇日、奈良市の被差別部落で精肉店を営む松井庄五郎《しょうごろう》を会長に、奈良県知事・奈良市長らの後援を得て結成された団体であり、松井が私財を投じて機関誌『明治《めいじ》之光《のひかり》』を発行し、近畿地方を中心に全国に読者を獲得しました。

大和同志会の機関誌『明治之光』

大和同志会を立ち上げるきっかけは、「特殊部落」という呼称の問題をはじめ、差別の原因を被差別部落の側に求める部落改善政策全般に対する批判にありました。松井は、資産家に生まれ、東京帝国大学を卒業した、被差別部落の〝エリート〟であり、大和同志会は、その彼を筆頭に、小学校教員など被差別部落内部の知識層を中心的な担い手として、殖産興業、教育の機会均等、本願寺改革、差別撤廃、臣民意識の徹底、「特殊部落」という呼称の廃止、を会の主張として掲げました。それは、被差別部落の経済的自立、すなわち松井らいうところの「実業の育成」に差別からの解放の途《みち》を見いだし、その妨げとなる問題の原因を取り除こうとする、きわめて目的合理主義的な意識に根ざしたものでした。

大和同志会会員で、奈良県内の尋常小学校教師であった小川幸三郎《こうざぶろう》は、教育の現場でいかに被差別部落の子どもたちが不当に差別され、それゆえに持てる力を発揮できずにいるかを、具体的な事例をあげながら繰り返し訴えました。差別のために、「特設学校」あるいは「部落学校」と呼ばれる学校が少なからず存在しており、そこでは教育の条件が整っていないにもかかわらず、そうした状況を無視して、被差別部落の家庭や子どもの能力の低さばかりが問題にされることなどを批判しました。[*6]

また、大和同志会は、国家の義務を立派に遂行している「忠良な臣民」であることを示すために意を注ぎました。機関誌を『明治之光』と名づけたのも、会を立ち上げる直前に死去した明治天皇への弔意を示し、「解放令」発布の恩に報いるためでした。松井は、「部落民全体の主義は即ち皇室中心主義なればなり」と断言しています。

＊6　「部落学校」をはじめとする被差別部落が置かれた状況を、教育の観点から明らかにした研究に、部落問題研究所編刊『部落問題の教育史的研究』（一九七八年）、安川寿之輔『日本近代教育と差別――部落問題の教育史的研究』（明石書店、一九九八年）等がある。

「融和握手」のための起源論構築

このように、同じ「臣民」として承認されようとする人びとの前にたちはだかるのが、「民族」や「人種」がちがうとする意識でした。それに対して松井は、「世に謂《い》う普通部落と細民部落は共に大和民族にして然《し》かも本分の間柄なるを詳知《しょうち》せざる可《べか》らず」と述べ、徳川幕府の暴政にあって汚名を冠せられ、社会から放逐《ほうちく》されたものであることは歴史に照らして明らかであり、「何等血統に其《そ》の差異なきを確かめ得るに至れり」と記しました。そのような確信をともなって、「特殊部落」という呼称に対しても、抗議が繰り返されたのでした。

　さらにその主張を補強するために、大和同志会会員たちは、独自に自分の居住する被差別部落の起源の追究へと向かい、その数々が『明治之光』誌上に掲載されました［黒川二〇一〇］。

　そのなかで注目すべきは、第一に、「我部落は支那又は朝鮮より帰化せりとの説は妥当ならず（中略）我部落に於ては此の如き地名を見ず。個々の部落を見るに部落中一般社会より落魄《らくはく》せしもの多し」（碧泉《へきせん》「我部落と守戸《しゅこ》の淵源」『明治之光』第二号、一九一二年一一月）というように、異人種起源論の主軸であった朝鮮人起源論を打ち破り、「内地人」であることが強調されたことでした。

　第二に、天皇家の墓守、奈良時代の宮廷の梅園の守役など、天皇家とのつながりが強調されていたことです。そうして、「決して毫《ごう》も排斥すべき血統にあらざるを見るべし。両者何《いず》れを見るも祖先は最も重要せられたる朝廷の顕臣たりしなり。排斥すべき理由の発見せられざるは明かなる事実にして共に陛下の赤子《せきし》なり」といい、それを誇りの源泉にして、「彼我の融和」の急務を説きました（碧水《へきすい》・奔泉「我部落と守戸淵源」『明治之光』第三号、一九一二年一二月）。

大和同志会は、必要なのは皮相的な部落の矯風改善ではなく「実業の育成」であり、外部の反省であり、また、「啻《ただ》に我徒の幸運に止まらず、同情者の多きを示し、近き将来に於て融和握手の曙光《しょこう》を認むことを得べし」（奔泉〈会説〉「本会の希望」『明治之光』第六号、一九一三年四月）というように、「融和握手」が必要であることを強く訴えました。大和同志会の主張は、社会の認識のありようを問うという点で、これまでの部落改善の段階から新たな一歩を踏み出す役割を果たしました。

大和同志会が結成された翌年の一九一三年には、それに促されて京都府同志会柳《やなぎ》原《はら》町分会や、岡山県同志会・出雲《いずも》同志会・三重県同志会が成立しました。広島県でも、一九一四年には広島県福島町《ふくしまちょう》一致協会《いっちきょうかい》及び福島町青年会が、『明治之光』に続くべく『天鼓《てんこ》』を創刊しています。*7 そこでは、「修養」「部落開発」といった言葉が繰り返し登場しており、その背景には、現に存在する「問題」は文明化の程度の差によるにすぎず、それゆえ被差別部落もいずれ追いつくとする認識が打ち出されていました。いまだ社会には根強く人種主義が存在していましたが、そうした認識が登場したことの意味は大きく、そのような状況の変化に支えられながら、社会の「融和」がめざされていったのです。

＊7　天野卓郎「部落解放と融和運動」（『芸備地方史研究』第六〇・六一号、一九六五年）、山本真一「「自立」と融和――福島町一致協会をめぐって」（『人権と平和・ふくやま』第三号、一九九八年）を参照。

大和同志会の担い手は、部落上層部に限られていましたが、その運動は、被差別部落の人びとに自らの「誇り」の獲得を促し、かつ「外部の反省」を訴えたという点において、のちの水平社の誕生を準備したと評価するにふさわしいものでした。

帝国公道会の成立――「民族の融和」

これらとは対照的に、部落問題の解決は「大日本を形成」するための手段と考えて、それに取り組んだのが帝国公道会でした。すなわち、台湾、朝鮮という植民地を保有する帝国となった日本にとって、それら植民地をも包含する「民族の融和」実現が課題であり、そのためには帝国内部の「融和」を実現することからまず始めなければならないと考えられたのでした。

帝国公道会は、一九一四年六月七日に創立総会が開かれ、会長に板垣退助、副会長に大木遠吉《えんきち》・本田親済《しんさい》が就任し、幹事には岡本道寿《どうじゅ》・大江卓《たく》（得度《とくど》して号を天也《てんや》と称し、当該時期には天也を名乗りました）らと、爵位をもつ名士たちのそうそうたる顔ぶれが並びましたが、実質の活動は、幹事長の大江が担いました。

大江は、一八四七年、土佐藩士のもとに生まれ、明治維新後、賤民《せんみん》制度の廃止を思い立ち、「解放令」が発布される前の一八七一年、民部省に建議を行って、太政官《だじょうかん》内での議論を呼び起こすきっかけをつくりました。また、一八七二年に横浜港で起こっ

帝国公道会の機関誌『公道』

たマリア＝ルース号事件*8では、ペルーが中国人を奴隷として売買して虐待していた事実を裁く臨時法廷の裁判長を務めました。

帝国公道会は、政府・内務省の意向を代弁するものでもあり、内務省の後援を受けつつ機関誌『公道』（一九一八年に『社会改善公道』と改題）を発刊しながらその活動を展開していきます。このころになると、先にみたように大和同志会の傘下《さんか》にある運動が叢生《そうせい》してきており、帝国公道会は、それらを統括する中央機関としての役割も期待され、大和同志会やそれら地方同志会がもつ自主性を吸収する役割も果たしました。その点でもまさに内務省の意向と合致しており、帝国公道会は、大江が創立総会で述べたように、「特殊部落ノ改良ヲナシ、進ンデハ社会ニ融和スル」（帝国公道会『会報』第一号）という、自力解放ではない「融和」の方向にそれらの団体を誘導する役割を担っていきました。

*8　ペルーの船マリア＝ルース号が横浜港に停泊している際に、清の苦力《クーリー》が逃亡し、イギリス軍艦に救助を求めたため、イギリスは清国人救助を日本に要請した。これを受けて、神奈川県権令《ごんれい》であった大江が裁判長となって特設裁判が行われ、清国人の解放、本国送還を決定した。船長側の弁護人は、日本が娼妓《しょうぎ》制度を有していることの矛盾を突き、同年の娼妓解放令発布のきっかけになったとされる事件として知られる。

「新天地」――移住・移民

帝国公道会は創立当初より、被差別部落の人びとが移住して「新天地」に行けば、そこには広大な土地と差別のない社会が待ち受けており、移住は部落問題の解決にもっとも手っ取り早い方法であるとして、移住・移民を奨励しました。

移住・移民は、『破戒』でもテキサスへの移民が一つの選択肢として登場しているように、かねてから、部落問題の〝解決〟の手段として登場してきたものです。ちなみに、『破戒』の主人公丑松《うしまつ》は、学校を辞めてテキサスに移民したとされてきましたが、テキサス移民の誘いを受ける場面はあっても、実際に丑松がそれを承知し、テキサスに行くことにしたという記述は、作品中に存在しません。

移住・移民論は、とりわけ一八八〇年代には、対外進出論と結びつきながら主張されていきました。それらは、おおむね朝鮮・台湾・南洋諸島への移民を説くものであり、代表的なものに、杉浦重剛《じゅうごう》『樊噲《はんかい》夢物語』（一八八六年）、そして前述の柳瀬勁介《やなせけいすけ》『社会外の社会穢多《えた》非人』などがあり、前述（一六四頁の注4）の清水紫琴《しきん》の小説「移民学園」（一八九九年）や、中川友蔵「新平民」（一八九九年）は、移住先として内国植民地である北海道を想定していました。*9

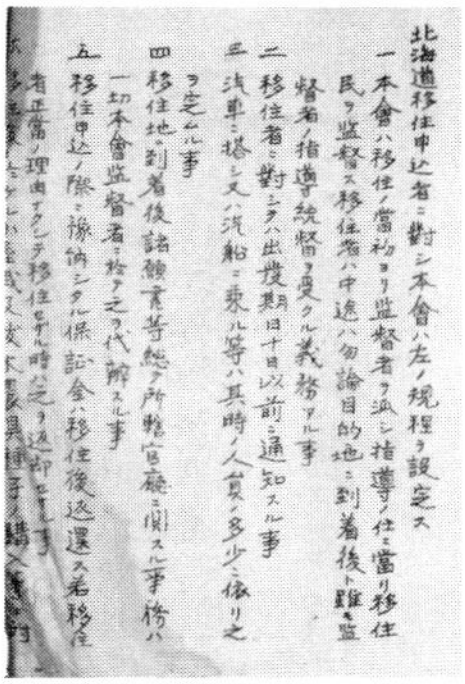
北海道移住申込者ニ對シ本會ハ左ノ規程ヲ設定ス
一 本會ハ移住ノ當初ヨリ監督者ヲ派シ指導ノ任ニ當リ移住民ヲ監督ス移住者ハ中途ハ勿論目的地ニ到着後ト雖モ監督者ノ指導統督ヲ受クル義務アル事
二 移住者ニ對シテハ出發期日十日以前ニ通知スル事
三 汽車ニ搭シ又ハ汽船ニ乗ル等ハ其時ノ人員ノ多少ニ依リ之ヲ定ムル事
四 移住地ニ到着後諸願資等總テ所轄官廳ニ關スル事務ハ一切本會監督者ニ於テ之ヲ代辦スル事
五 移住申込ノ際ニ據納シタル保証金ハ移住後返還ス若移住者正當ノ理由ナクシテ移住セサル時ハ之ヲ返却セサル事

北海道移住に関して帝国公道会が定めた規程（上田静一資料）

論の段階にとどまっていた被差別部落の人びとの移住・移民を実行に移そうと本腰を入れて取り組んだのが、大江らの帝国公道会でした。帝国公道会は、北海道庁第一次拓殖《たくしょく》計画の一環として一九一五年より北

＊9　当該時期の部落問題を主題とした小説については、川端俊英《としふさ》『『破戒』とその周辺――部落問題小説研究』（文理閣、一九八四年）が詳しい。

海道移住に着手し、翌一六年より北海道移住民監督指導者に上田静一、[*10] 移住専務に都築達馬《つづきたつま》をあて、団体移住を主眼としながら本格的に推進していきました。[*11] 大和同志会と連携しながら、『公道』『明治之光』の両誌面を割いて盛んに移住奨励がなされましたが、その割には移住者はさほどの数には及んでおらず、移住者を出した地域も奈良・京都・高知等の一部に限られていました。また、実行にはいたらなかったものの朝鮮・樺太《からふと》・「満州」への移民計画も立てられ、『明治之光』を通じてその紹介がなされました。

移住した人びとの現地での暮らしぶりは、けっして芳《かんば》しいものではなく、一九二〇年代後半のものと推定される中央社会事業協会地方改善部の作成した「北海道移住実状調査」の報告書によれば、店はもとより医者も学校も近くにないという不便さに耐えかねて、すでに退去してしまった者も多く、残留者も、相次ぐ不作で、当初得た土地もすでに売り尽くし、小作農に転落しているという場合がほとんどでした。

その報告書には「アイヌ部落」という項目も設けられており、それをみると、「内地」から放擲《ほうてき》され移住先でも苦渋を強いられていた被差別部落の人びとが、「内地人《シャモ》」の一員として、しばしばアイヌに対する抑圧者となって振るまったことがうかがわれます。

*10　上田、ならびに彼が推進した部落改善運動、北海道移住については、大阪市立大学人権問題研究センター編『上田静一と被差別部落――明治・大正期を中心に』〈人権問題研究別冊〉（大阪市立大学人権問題研究会、二〇〇九年）が詳細に明らかにしている。

*11　北海道移住の全体像については、桑原真人『近代北海道史研究序説』（北海道大学図書刊行会、一九八二年）を参照。

目的と手段の転倒――大和同志会と帝国公道会

このように帝国公道会は、帝国内の「民族の融和」実現のために、さまざまな角度から部落問題に取り組んでいきましたが、一九一七年ごろから、それに変化が生じます。大江は、「国家社会の重大問題」のなかでも緊急問題は「強者と弱者の調和である、換言すれば労働者の救済問題に外ならぬ」〈社説〉「労働組合の組織は現下の一大急務」『公道』第四巻第三号）と述べて、主要な関心を部落問題から労働問題へと移していきました。折から、大戦景気のもとで労働運動が急速に発展し、争議も高揚しており、大江にとっては、それが部落問題を凌《しの》ぐ重大問題と考えられたためでした。

しかし、被差別部落住民の発起によって生まれた大和同志会の運動は、あくまで被差別部落の人びとの差別からの解放を勝ちとることが目的であり、国家への奉仕はそのための手段であって、その点において、被差別部落の外部から「同情融和」を旗印に誕生した帝国公道会とは目的と手段が転倒していました。それゆえ、帝国公道会のように、労働問題と部落問題を天秤《てんびん》にかけて、より重い方に乗り換えるといった対応をとるのではなく、あくまで部落問題を追求しつづけました。

「一般部落民の開発」

とはいえ、帝国公道会も含めて、第一次世界大戦期の注目すべき動向は、「融和」

実現のために、当時用いられた言葉を借りるならば「一般部落民の開発」、すなわち被差別部落外の側の対応の如何《いかん》を問題とするようになったことでした。

このように、社会の側の姿勢が問われはじめた要因として、一つは、被差別部落民衆による差別への抗議行動が頻発するようになったことがあげられます。第二に、「部落民自身の修養によって品性、知識の向上と富の蓄積利用とを計り、他県の特殊部落に見る事の出来ぬ程の発達を来たしたばかりでなく、附近の一般部落に比して遜《そん》色《しょく》の無い程になって居る」（島根県、『斯民』*12第一一編第七号）といった報告にみられるように、「改善」の実績が上がり今後もそれが期待できるとの認識が広がりはじめたことでした。各府県による被差別部落の調査項目に、「一般部落との融和状況」が設けられるようになったことも、そうした状況の変化の反映にほかならず、被差別部落に対する社会の視線が、以前にも増して意識され重要視されるようになったことがみてとれます。

しかし、被差別部落の「根本的の改善」は容易ならぬとする、人種主義に通底する認識も依然牢固《ろうこ》として存在していました。「文明化」の進展によって改善可能とする認識と、生得的ちがいゆえに所詮それは不可能であるとする認識が混在しながら、社会の「融和」が説かれていったのです。

＊12　一九〇六年から一九四六年まで刊行された中央報徳会の機関誌。一九〇五年、岡田良平、一木《いちき》喜徳郎《きとくろう》らの文部・内務官僚と留岡幸助ら社会事業家が報徳会を結成し、一九一二年、中央報徳会となる。二宮尊徳の唱えた報徳主義をとり入れ、地方改良運動の推進母体となった。

第12章●米騒動／人種平等

米騒動の発生

一九一四年（大正三）から一八年にかけて第一次世界大戦が行われ、日本は海外からの工業製品の注文が増えて大戦景気に見舞われました。「成金《なりきん》」が続出する一方で、労働者の生活は、物価の上昇に賃金の上昇が追いつかなかったため、困窮しました。[*1]

一九一七年八月、政府がロシア革命を阻止するためにシベリア出兵を決定したことから、それにともなう米価の値上がりを見込んだ米商人が米の買い占めや売り惜しみを行って、米価の値上がりに拍車がかかりましたが、政府は暴利取締令を出す以外には有効な手段をとりえず、米価は急騰していきました。米を買わなければならない労働者や、小作をしていても地主に小作料を納めると飯米にすら事欠く零細な小作人たちは、米の入手が困難となり、深刻な事態に追い込まれました。

そのような状況のもとで、一九一八年七月、富山県の漁民の妻たちが立ち上がったのが発端となって、八月上旬から中旬をピークに全国に米騒動が広がっていきました。[*2]

＊1　河上肇《はじめ》『貧乏物語』は、一九一六年九月一日から一二月二六日まで『大阪朝日新聞』に連載されたもので、翌一七年に書籍として刊行された。河上は、当該時期のそうした状況を「貧富の懸隔《けんかく》」と称して描き出し、その解決策を人道主義に求めた。

＊2　米騒動についての全体像を示した先駆的研究に、井上清・渡部徹編『米騒動の研究』全五巻（有斐閣、一九五九～六二年）がある。

〔歴史教育者協議会二〇〇四〕。同年一〇月ごろまで米騒動は続き、その間、青森・岩手・秋田・栃木・沖縄を除くすべての府県で米騒動が発生し、軍隊が出動して鎮圧に当たったところもありました。*3

被差別部落の人びとは、安定的な雇用の途《みち》も差別によって閉ざされており、すでにみましたように、多くは日雇い・雑業などと称される不安定な仕事に就くことを余儀なくされ、失業・半失業状態がきわめて多いことが特徴でした。岡山県のある被差別部落は、戸数一一〇余戸のうち、田畑一反ないし二反を小作してなんとか生活できる者は五戸で、それ以外は、獣肉販売、屠畜《とちく》場人夫、草履《ぞうり》造りなどに従事してようやく凌《しの》ぐというありさまだったと報じられています（『山陽新報』一九一八年八月一一日）。

それゆえに被差別部落では、女性や子どもが、マッチ工場に働きに出たり子守奉公に行ったり、家で草履を編むなどして、家計補充をせねばなりませんでした。職にありつけない男性に代わって若い娘や嫁が機《はた》を織り、おんなの年寄りが草履や草鞋《わらじ》を作って、収入を得る、あるいは野良仕事や日雇いに出かけるという姿は、埼玉県の被差別部落を舞台とする小林初枝の名著に詳しく綴《つづ》られています〔小林一九八一〕。*4

経済的な困窮に加えて、米が市中に出まわらず入手に困っているときに、被差別部落の人びとに対しては、差別による米の売り惜しみが行われました。米を嘆願に行った被差別部落の人びとに、米商人や地主が差別的言辞を浴びせて拒否したという事例

*3　米騒動時の軍隊出動の全容については、松尾尊兊『大正デモクラシー期の政治と社会』（みすず書房、二〇一四年）所収論文を参照。

*4　ほかに、もろさわようこ『信濃のおんな』（未來社、一九六九年）、小林初枝『死んで花実が咲くものか――武州部落の唄と生活』（解放出版社、一九八〇年）等がある。

は、枚挙にいとまがありません。

そうした条件が重なり、被差別部落では、関西を中心に少なくとも二二府県一一六町村で、被差別部落の人びとの米騒動への参加があったことが明らかとなっています［藤野・徳永・黒川一九八八］。

弾圧の集中

しかしながら留意すべきは、米騒動に対する一連の新聞報道や弾圧は、被差別部落の人びとを実際に米騒動で担った役割以上に過大に位置づけ、あたかも主力が被差別部落民衆であったかのような米騒動像をつくりだそうとしたことにあります。

新聞は、被差別部落の人びとが残虐で暴民であるかのような報道を繰り返しました。警察も、被差別部落の民衆と部落外の民衆が共同で米騒動を起こした場合でも、被差別部落の人びとのみを集中的に検挙するという対応をとりました。

三重県津市の米騒動は、津市に隣接していた漁村の住民と、津市内の被差別部落の人びとが共に企てたものでしたが、起訴され、有罪になったのはおおむね被差別部落の住民で、そのなかにその漁村の住民はひとりも含まれていませんでした。

米騒動の最中八月一九日の『伊勢新聞』（夕刊）は、津市の被差別部落住民の一男性の自死を報じています。その男性は自宅を在郷軍人会員の集会所に充《あ》てて飯炊《めしたき》をしていた際に手に火傷《やけど》を負ってしまい、そのまま行商に出たところ、身体に負傷していると米騒動の「暴徒」として警察に逮捕されると知り、それを恐れて命を絶ったといいます。これは、被差別部落住民に対しては非参加者にまで嫌疑をかけ、甚《はなは》だしい精神的苦痛をもたらすような厳しい取り調べがなされたことをうかがわせるものであり、その男性もまた部落差別の犠牲者であったといえましょう［藤野・徳永・黒川一九八八、黒川二〇〇三］。

米騒動で検事処分にされた者のなかに被差別部落住民が占める割合は一〇・八％であり、被差別部落住民の人口比が二％にも満たないことからすると、かなり高い比率であることがわかります。米騒動というこれまでにない全国規模の民衆蜂起は支配者にとって脅威であり、それゆえにこそ権力は、民衆の差別感情を巧みにあやつり、被差別部落の人びとに米騒動の責任を着せることで、部落外への広がりを阻止しようとしたのでした。その前年にロシア革命が起こっていたことから、その二の舞になるのではないかという危機意識が働いたことは想像にかたくありません。

内務省「高官」[*5]は、「暴徒」の多くは「特殊部落の者」であり、最初に起こった富山県の「暴動」はそうではないが、京都・大阪・神戸・岡山・三重などの米騒動はいずれも「特殊部落民」が起こしたもので、その他の群衆は「特殊部落民」に雷同《らいどう》したにすぎないと述べて、その責任の大半を被差別部落の人びとに転嫁する宣伝を行いま

＊5　内容が『新愛知』一九一八年八月二二日［原田七］に掲載された内務次官小橋一太の談話とほぼ同じであることから、これも小橋のものと思われる。

した（『中外商業新報』一九一八年八月二三日）〔原田七〕。また司法次官鈴木喜《き》三郎《さぶろう》も、米騒動に参加して検挙された者は、後から思うと「特殊部落の者」が略奪を恣《ほしいまま》にしたのであり、自分たちは「特殊部落民」のために働いたようなものだということがわかってようやく目覚める、という趣旨の談話を発表しています〔原田七〕。これらからも、政府が意図的に被差別部落に責任を着せて事態の拡大を阻止しようとしたことが明らかです。すでに述べてきましたように、大日本帝国の一体化をはかっていくために、権力にとって、差別とそれによって引き起こされる対立はむしろ障碍《しょうがい》であると考えられていました。しかしながら、ひとたび米騒動のような支配体制を揺るがしかねない危機が発生すると、それをくい止めるために、部落差別は躊躇《ちゅうちょ》なく利用されたのです。

つくられる「暴民」・「特種民」像

米騒動を報じる新聞などにも、「特種部落民」「特種民」「新平民」といった呼称が飛び交いました。「新平民」はもとより「特殊部落民」という呼称に対しては、前述したように大和《やまと》同志会《どうしかい》をはじめとする被差別部落の内部から抗議の声もあがっていて、一定の反省も呼び起こしていたはずでした。にもかかわらず、この時期には、「特殊」よりもむしろ、すでに影を潜めたはずの「特種」の文字が復活しました。それは、被差別部落の人びとの「残忍」性を強調することと一体であり、それを「人種的特性」によって説明するというものでした。

被差別部落の人びとの「人種」のちがいを言いたてる言説に、米騒動を経て新たに残虐性や暴民性の指摘が加わり、被差別部落に対する恐怖意識も煽《あお》られました。

「同情融和」

米騒動に衝撃を受けた政府は、一九二〇年、内務省に社会局を設けるなど社会政策に着手していきました。社会政策とは、これまでのようなたんなる貧民救済対策ではなく、このころから急速に成長してきた労働運動やしだいに増加しはじめた小作争議などを意識しながら、階級対立の緩和に取り組むものでした。部落問題に対しても、「細民部落改善は刻下の急務である」として、一九二〇年度予算に部落改善費五万円を計上する一方、全国の部落調査に着手し、本格的に対策に乗り出していくこととなり、社会政策の流れのなか融和のための政策が推進されていきました〔藤野一九八四〕。

帝国公道会も機関誌名を、『公道』から『社会改善公道』と改め、ふたたび部落問題に向き合うこととなりました。一九一九年二月に、帝国公道会主催で行われた大会が同情融和大会[*6]と銘打たれていたことに示されるように、この時期の「融和」は、「同情」を前提とするもので、その大会に出席した内務省地方局長の添田敬一郎《そえだけいいちろう》は、「一般の人々が此《この》部落の人に対して同情を表し、或《あるい》は進んで結婚までやると云《い》う位に

＊6　東京築地本願寺で開催され、貴衆両院議員、関係各省大臣、華族、学者、宗教家および被差別部落の有力者等、約四三〇名が出席した。

同情を表して行かなければならぬのでありまするが、此世間の同情を買い、全く無差別に為《な》さしむるが為には、矢張《やは》り其《その》部落其ものの人々の改善の為に自覚することが必要であろう」（『社会改善公道』第六号）と述べています。大江卓《たく》もまた、被差別部落の厳重な監視の機関をつくることと、敬神思想による国家意識の育成による部落改善の必要をまず説いたうえで、融和実現のための社会の同情の必要を訴えました。

これらに明らかなように、この時期の融和は、あくまでも被差別部落の人びとの改善の努力がなされることが前提とされていました。しかも、「人種」のちがいまでの差異を前提とした融和でしたから、それを実現するには、社会の「同情」を引き出さないかぎり溝は埋められないものとされました。のちに述べるように、水平社を立ち上げようとする人びとは、このような認識に対して、徹底的に立ち向かったのでした。

融和をめざす以上、結婚差別は避けられない問題でした。論壇などにも、最も困難な問題である結婚をどうするかを憂える意見が登場します（『中央新聞』一九一八年九月二〇日、等）。

政府は、一九一七年と一九二〇年に全国の被差別部落調査を行っていますが、そこでは、日露戦争後の段階ではなかった結婚状況が新たに調査項目に加わり、それによれば、一九二〇年の三重県の結果は、部落民間の結婚が四四五件に対して部落外との結婚は一三件でした。一九一七年の広島県の調査でも、前者が五五三件に対して後者は二八件（ほかに「雑婚」一三一件）で、部落外との結婚がほとんど実現していない状況の一端がみてとれます（『社会改善公道』第一〇号、一九一九年八月一五日）。とはいえ、「融和」など議論の対象にも上らなかった日露戦後の段階から比べると、「融和」の根本にある結婚問題に関心が向けられることになったことそれ自体、社会の認識の大きな変化であったともいえましょう。

人種差別撤廃要求と部落差別

第一次世界大戦の終結は、米騒動に勝るとも劣らず部落問題のあり方に大きな転換をもたらすきっかけとなりました。一九一九年一月には、日本政府は、パリ講和会議に人種差別撤廃要求を提出します。[*7] それは、日本がアメリカ、オーストラリア、カナダにおいて「黄色人種」として移民排斥などの差別を受けてきたことに対する抗議の声でした。

それに対して即座に、石橋湛山《たんざん》や吉野作造《さくぞう》ら知識人たちから、外に向かって差別の不当性を指摘するばかりでなく、日本の中国や朝鮮への対応を省みることの必要が指摘され［大沼一九八七、林一九九四］、それよりやや遅れて、部落差別を内にはらんだまま、外に向かって人種差別撤廃を声高に叫ぶ大国日本の矛盾を衝《つ》く声も現れました。

＊7　日本は、国際連盟委員会に対して、国際連盟規約に「人種差別撤廃条項」を入れることを提案したが、アメリカ大統領ウイルソンの裁定によって否決された。

＊8　講和会議で全権を務めた牧《まき》野伸顕《のぶあき》をさす。大久保利通《おおくぼとしみち》の子で、文相・外相、宮相、内大臣などを務めた。

＊9　植民地朝鮮に対する日本の武断政治に対して朝鮮民衆の不満が高まったのを背景に、一九一九年二月八日、東京で朝鮮からの留学生が独立宣言を発表したのが発端となった。朝鮮では、三月一日、ソウル（現タプコル公園）で「独立宣言書」が読み上げられ、運動

被差別部落でも、同じような考え方に立ち、差別撤廃を求める団体が各地に叢生《そうせい》しました。一九一九年四月に長野県にできた上高井平等会や、一九二二年に埼玉県に誕生した北埼公道会などがそれで、上高井平等会の創立大会では、「講和委員牧野男*8がヴェルサイユの檜舞台《ひのきぶたい》に於《おい》て人種差別撤廃を叫びながら国内には特殊部落などと人種の差別をするのは甚《はなは》だ不徹底の事だ」との主張がなされました（『社会改善公道』第七号）。人種平等、人類平等という考え方が浸透し、被差別部落のなかからも、神社の氏子や学区から排除されてきたことに対する抗議の声が噴出してきました。

また、デモクラシーの「世界の大勢」という言葉も氾濫し、「デモクラシイ」・「社会改造」といった言葉が盛んに論壇で用いられるようになりました。アメリカ大統領ウイルソンや、ロシア革命の指導者レーニンが唱えた「民族自決」も、こうした流れを加速させるものでした。アジアでも一面でこれに促されて、朝鮮では三・一独立運動*9が、中国では五・四運動*10が起こりました［黒川二〇一四］。

人種起源論の粉砕

そうした状況に促されながら、歴史学者の喜《き》田《た》貞吉《さだきち》*11は、被差別部落人種起源論の誤りを明らかにしました。喜田は、一九一九年一月、個人雑誌として『民族と歴史』の発行を始め、その半年後の七月、第二巻第一号を「特殊部落研究号」と題して部落史

は朝鮮全土に広がり、約二カ月にわたって集会や示威行動が繰り広げられた。日本の軍隊・警察はこれに対して過酷な弾圧で臨んだ。

*10　パリ講和会議で中国代表が要求した、山東省ドイツ権益の中国への返還が認められず、日本に譲渡することが決定されたことから、一九一九年五月四日、北京の学生が抗議運動に立ち上がった。「対華二一箇条」要求破棄と、山東省の主権回復を求める運動は全国に広がり、日貨排斥や労働者のストライキなども行われ、北京政府はヴェルサイユ条約調印を拒否した。

*11　「平城京の研究・法隆寺再建論争」で博士号を取得し、文部省の国定教科書編修にも従事。一九一一年、小学校で使用されていた教科書に、南北朝を同列に記載したことから帝国議会で問題になり、教科書編修官を休職処分に処せられたことでも知られる。

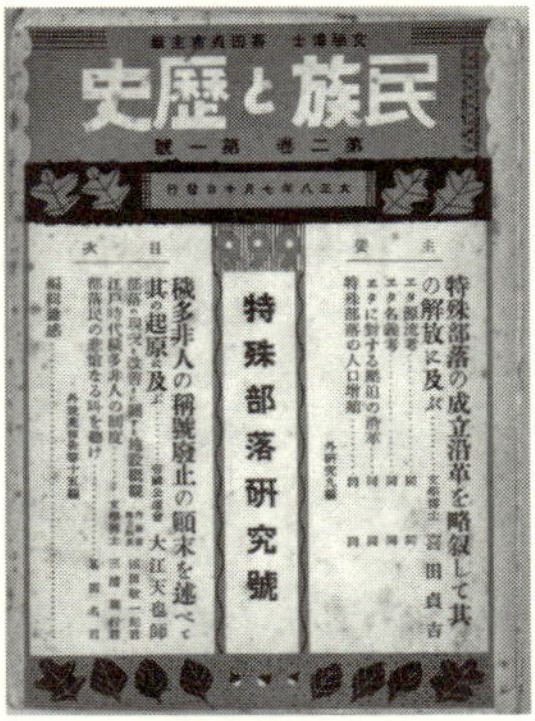

『民族と歴史』「特殊部落研究号」（1919 年 7 月）

研究の特集号に充てました。「発刊の辞」には、喜田を部落史研究へとかり立てた理由の一つが、日本が提出した、前述の人種差別撤廃要求であったことが明らかにされています。

喜田は、「同化融合」を阻んでいる社会の側の「賤《いや》しきもの」「穢《けが》れたるもの」という意識を問題にし、その根底には人種起源説があることに注目しました。それゆえ「エタ源流考」と題する論文では、「もと「エタ」と呼ばれたものは、現に日本民族と呼ばれているものと、民族上なんら区別あるものではないということに帰するのである」との一貫した見解のもとに、「エタと非人と普通人とは、それぞれ関係あるもので、本支分流互に網の目をすいた様に組み合って居て、とても簡単な系図ではあらわす事の出来ない程のものである」ことを提示してみせました。

そのような、「エタ」がけっして区別される存在ではないことの実証は、喜田自身「永く部落の民であるよりも、先ず日本の民となるが急務であります」（『民族と歴史』第四巻第六号）と述べるように、第一次世界大戦期に台頭してきた主張と同様、植民地領有国となった日本の新たな統合のあり方として、アイヌや朝鮮の人びとをも射程にいれた大日本帝国への「同化」を実現するという課題と不可分でした。しかし「人種平等」という普遍的原理が台頭する一方で、米騒動を機に被差別部落を特殊視する風潮も強まり、それら双方が交錯していた状況の下にあって、喜田が歴史学という学問的根拠に基づき、後者を粉砕したことの部落問題をめぐる認識に与える影響は、すこぶる大きかったといえましょう。[*12]

同愛会の誕生

このように、第一次世界大戦後は、米騒動時とは打って変わり、人種平等・人類平等といった〝開かれた〟平等論が社会のなかで認知されました。「解放令」のように天皇の臣民という枠組みに限るのではない、ある種の普遍性をもっていたことは重要です。しかしその一方、米騒動、そしてその後の自主的な解放運動の成長を経て、被差別部落の人びとは「こわい」とする意識も芽生えはじめ、また、平等というたてまえが認識される一方で、先に述べたような差別意識も脈々と維持されていました。

そのような潮流のなかで生まれた新たな部落問題の取り組みを代表するものに、有《あり》馬《ま》頼寧《よりやす》が会長を務めた同愛会という団体があります。有馬は、旧久留米《くるめ》藩主の息子として生まれ、皇室を守るという華族としての使命観から、一九二一年四月に同愛会結成にこぎ着けました。[*13]

＊12　鹿野政直「Ⅱ―6　差別への照射――喜田貞吉」（『近代日本の民間学』岩波新書、一九八三年）を参照。

＊13　有馬の自伝『七十年の回想』（創元社、一九五三年）に、同愛会の設立、被差別部落とのかかわり等についても述べられている。

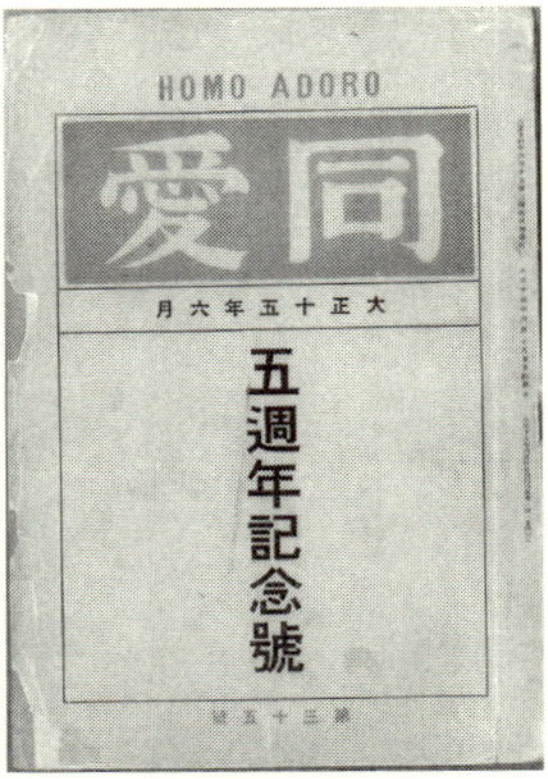

同愛会の機関誌『同愛』
（第35号、1926年6月）

当初は『愛に満てる世を望みて』と称し、やがて『同愛』と改題されたこの機関誌を追っていくと、同愛会がそれ以前の帝国公道会とは明らかに異なる、〝開かれた〟平等論に立脚した運動であったことがみてとれます。そこでは、部落差別は「不合理な、没人道な事」であり、その撤廃は「正義の主張」と位置づけられました。

『愛に満てる世を望みて』創刊号巻頭には明治天皇の歌が掲げられていましたが、彼がそれと共に依拠したのは「人類愛」でした。トルストイの信奉者であった有馬は、「真の愛に立脚した融和」を実現するという理想に燃えており、彼のいう「真の愛」は、帝国公道会が喚起しようとした、被差別者よりも一段高みに立ったところからの同情とは異なっていました。有馬は「解放を要するものは必《かならず》しも部落許《ばか》りではありませぬ。吾々自身が第一解放されなければならない、吾々は此日本の社会と云うものを立派なものにして、吾々日本の社会に生存をして居る総ての人を幸福にすると云うことが吾々の務《つとめ》だ」と訴えました（「最初の叫び」『同愛』第二五号）。それゆえにこそ、米騒動後、被差別部落の人びととの反発を買い、しだいに影響力を失っていった帝国公道会に代わって、同愛会が一定の支持を獲得しえたのです。

第13章●自らの力で解放を

「自覚」の追求

米騒動・第一次世界大戦を経て、地方紙などに被差別部落の人びとの主張も登場しはじめ、『愛媛新聞』(一九一九年八月二〇日)に載った投書は、役人が説く「特殊部落の改善」の効果への疑問とともに、「特種々々と云《い》って特別に扱われ其《その》扱われる度《たび》毎《ごと》に吾人は断腸の思《おもい》がする」、「我等は学力に於《おい》て、衛生に於て、其他一般的道徳に於いて普通人より劣れりとは思って居ない」と言いきっています。そうして「同情融和」や「部落改善」に代わるものとして彼らが追求していったのが、「部落民自身の向上」であり「自覚」でした。

被差別部落の人びと自身による「自覚」追求の動きは、さまざまな形をとって各地に噴出しました。奈良県磯城《しき》郡大福《だいふく》の被差別部落にできた三協社の機関誌『警鐘』の中心的な論点の一つは、やはり「自覚」でした。「臣民」の一員として国家社会に貢献しているという誇りに支えられつつ、たとえばある者は、「嗚呼《ああ》青年ヨ諸兄等モ我ガ村青年デアル以上青年トシテ十分自覚セラレ自覚ノミナラズ之ガ改善ヲ図ラレタイノデアル」（丸橋龍夏「無自覚ノ罪」『警鐘』第二次創刊号、一九二〇年一一月）と述べて、これまでに行われてきた改善運動を乗り越えて、自らが立ち上がらなければならぬことを青年層に訴えました［松尾一九七四］。

燕会――「無差別社会の住人」を求めて

全国水平社を立ち上げる中心的役割を担うこととなる燕《つばめ》会に集う青年たちも、出発点はそれらと同様でした。燕会は、奈良県南葛城郡《みなみかつらぎ》掖上《わきがみ》村柏原《かしはら》の被差別部落の青年、西光万吉《さいこうまんきち》（本名清原一隆《きよはらかずたか》）・阪本清一郎・駒井喜作・池田吉作らによって一九二〇年に結成されました。西光は、画家をめざして東京に出ますが、差別に遭《あ》って画家の夢も断念し、ふたたび故郷に戻ってきました。ちょうどそのころ、海外や北海道など に移り住めばそこでは差別もなく、また仕事もあって新天地が開けるとして、被差別部落の人びとに移住が奨められており、生きることに希望を失った西光は、同じく差別に苦しむ故郷の青年たちとセレベス島（現在のインドネシアのスラウェシ島）に行くことを計画したこともありました。彼らは、被差別部落内の支配層の専横を暴露する一方、自分たちが中心になって消費組合運動を起こすなど区政改革をめざしました。また、ユダヤ人問題や社会主義の考え方にも関心を寄せながら、部落問題研究部を設

燕会の人びと（1920年10月）

けて、差別の理論的解明をめざしていったといいます。社会主義者だけが「無差別世界の住人」であり、社会主義者でありさえすれば、そのなかに考え方のちがいがあろうとも、とにかく安心して話ができた、と西光万吉は語っています。社会主義は、新たな部落解放のあり方を探りあてていくうえで大きなよりどころでした。*1

「人種差別撤廃」というスローガンも、彼らを勇気づけるものでした。阪本清一郎は、当時をふりかえり、「当時、第一次世界大戦が終ってのパリ平和会議で、「人種差別撤廃」、「民族自決」の問題がとり上げられインドではガンジーのスワラジー運動、アイルランドではデ・ヴァラのシン・フェン党の運動、その外アフリカでは黒人の民族独立運動が燃え上っていたので、私たちも、自らの力で部落を解放する運動を起さねばならぬと考えるようになりました」と語っています（「水平社の思い出」『荊冠の友』第五号、一九六六年一一月）。彼らは少数抑圧者としての心情的レベルでの連帯感を抱き、それらの人びとが自力で運動を立ち上げて

＊1　西光については、『西光万吉著作集』全四巻（濤書房、一九七一～七四年）、『西光万吉集』（解放出版社、一九九〇年）をはじめ、師岡佑行『〈人と思想〉西光万吉』（清水書院、一九九二年）、塩見鮮一郎『西光万吉の浪漫』（解放出版社、一九九六年）、宮橋國臣『至高の人 西光万吉――水平社の源流・わがふるさと』（人文書院、二〇〇〇年）、吉田智弥『忘れさられた西光万吉――現代の部落「問題」再考』（明石書店、二〇〇二年）などの研究がある。

いることに勇気づけられていったのでした。

また彼らは、これまでの被差別体験から、それに抗するための一致団結の必要を強く感じていました。柏原の被差別部落は、明治時代から村にある本校への通学、墓地の統一、氏子排除の廃止などを勝ち取ってきた経験をもっており、そのことが阪本らの若い世代にも遺産として受け継がれていました。阪本は、この件について次のように述べています。「今から考えると何でもないことのようですが、当時としては革命的とでもいえる行為であって、このことを私が小さいときから父なり、村の年寄りから聞かされ、いつの場合でも、部落民は一致団結しなければならないことをハッキリと教えられていたのです」（前掲「水平社の思い出」）。

こうした経験を活かしつつ、新たな解放の途《みち》を探し求めていたときに、総合雑誌『解放』一九二二年七月号に発表された、早稲田大学で経済史の教鞭《きょうべん》を執る社会主義者佐野学《まなぶ》[*2]の「特殊部落民解放論」に出会ったのでした。そこには、不当な差別から解放されるためには、被差別部落民衆自身が集団で立ち上がらなければならないことが力説されていました。彼らは、人間としての尊厳を取り戻して差別からの解放を勝ちとるためには、同情と哀れみによる融和運動や被差別の側に責任を帰する部落改善と決別し、自らが立ち上がらねばならないことを自覚していきました。

他の部落でも同じように、部落改善や融和運動を乗り越えて、自らの力による解放

＊2　東京帝国大学の学生運動団体新人会を経て、一九二二年に創立された日本共産党に入る。一九三三年、鍋山貞親《なべやまさだちか》とともに獄中から転向声明を出したことでも知られる。

『よき日の為めに』(1922年)

の途を模索している人びとがおり、彼らは、西光らの水平社結成の企てを知るや、互いに連絡を取り合ってそれに結集していきました。そうして水平社結成に向けて具体的に動きだすこととなり、一九二二年二月二一日の大日本平等会主催大日本同胞差別撤廃大会での宣伝を経て、同年三月三日、全国水平社結成にこぎ着けました。一九二一年一一月には、駒井喜作の自宅に水平社創立事務所が設けられ、二二年一月には、燕会の名義で『よき日の為《た》めに　水平社創立趣意書』が発行されて、『明治《めいじ》之《の》光《ひかり》』の購読者名簿を頼りにそれが送られていったのでした。

誇りの回復――全国水平社の創立

一九二二年は、日本共産党の創立、日本農民組合の結成と、社会運動団体の誕生が相次いだ年でした。三月三日、ともに差別に苦しんできた人びとが京都市岡崎公会堂に各地から手弁当で集まり、初代委員長を務めることになった南梅吉《うめきち》の「開会の辞」、阪本清一郎の、結成にこぎ着けるまでの苦労に満ちた経過報告に次いで、綱領、宣言、決議が朗読されました。水平社の旗は西光がデザインした「荊冠《けいかん》旗《き》」と呼ばれるもので、暗黒のなかに血の色で荊冠が描かれており、キリストが十字架にかけられた際にかぶせられた荊《いばら》の冠を、受難と殉教の象徴として採り入れたものでした。全国水平社の本部は、創立当初は、京都に置かれました。

「宣言」は、「全国に散在する吾が特殊部落民よ団結せよ」に始まり、これまでの「同情融和」がいかに自分たちを苦しめてきたかを語り、ついで、「吾々の祖先は自由、平等の渇仰者《かつごうしゃ》であり、実行者であった」ことを述べたあと、「吾々がエタである事を誇り得る時が来たのだ」と、自らの誇りを高らかに謳《うた》いあげています。「特殊部落民」「エタ」という言葉を自ら用いたのも、阪本の回想にあるように、議論の末、「われわれの使う「エタ」「特殊部落」はそれをなくするための言葉で、決して恥ずべきではないということでみんな自信をもつようになった」ことによって可能となったのでした（「座談会　水平社創立大会をめぐって」『荊冠の友』第八号、一九六七年二月）。このような誇りの発見は、これまで差別されるのは自分たちに原因があるのではないかと考えて自らを卑下してきた被差別部落の人びとを魅きつけるに十分であり、運動を高揚に導いていきました。

もちろん彼・彼女らも、同じ人間として、同じ国民あるいは臣民として承認されたいという強い願望をもっていました。しかし、「部落民」が「部落民」として、社会に向かって運動を旗揚げするには、「同じ」になろうとするだけでは立ちゆかないの

綱領

一、特殊部落民は部落民自身の行動によつて絶對の解放を期す

一、吾々特殊部落民は絶對に經濟の自由と職業の自由を社會に要求し以て獲得を期す

一、吾等は人間性の原理に覺醒し人類最高の完成に向つて突進す

宣言

全國に散在する吾が特殊部落民よ團結せよ。

長い間虐められて來た兄弟よ、過去半世紀間に種々なる方法と、多くの人々とによつてなされた吾等の爲めの運動が、何等の有難い効果を齎らさなかつた事實は、夫等のすべてが吾々によつて、又他の人々によつて毎に人間を冒瀆されてゐた罰であつたのだ。そしてこれ等の人間を勦るかの如き運動は、かへつて多くの兄弟を墮落させた事を想へば、此際吾等の中より人間を尊敬する事によつて自ら解放せんとする者の集團運動を起せるは、寧ろ必然である。

兄弟よ、吾々の祖先は自由、平等の渇仰者であり、實行者であつた。陋劣なる階級政策の犧牲者であり男らしき産業的殉教者であつたのだ。ケモノの皮剥ぐ報酬として、生々しき人間の皮を剥取られ、ケモノの心臓を裂く代價として、暖い人間の心臓を引裂かれ、そこへ下らない嘲笑の唾まで吐きかけられた呪はれの夜の惡夢のうちにも、なほ誇り得る人間の血は、涸れずにあつた。そうだ、そして吾々は、この血を享けて人間が神にかわらうとする時代にあうたのだ。犧牲者がその烙印を投げ返す時が來たのだ。殉教者が、その荊冠を祝福される時が來たのだ。

吾々がエタである事を誇り得る時が來たのだ。

吾々は、かならず卑屈なる言葉と怯懦なる行爲によつて、祖先を辱しめ、人間を冒瀆してはならぬ。そうして人の世の冷たさが、何んなに冷たいか、人間を勦はる事が何んであるかをよく知つてゐる吾々は、心から人生の熱と光を願求禮讃するものである。

水平社は、かくして生れた。

人の世に熱あれ、人間に光あれ。

大正十一年三月

水平社

全国水平社創立大会で採択された「綱領」「宣言」

則

一、各府縣水平社ハ水平社ニ加盟シタル各地ノ個人又ハ團體ニ依ツテ組織ス。各二名以上ノ地方委員ヲ選舉スルコト。

二、全國水平社本部ハ京都市ニ設置シ地方委員ニ依ツテ中央執行委員長一名、若干ノ執行委員ヲ選舉スルコト。

三、中央執行委員長ハ春秋二回ノ大會ヲ開催シ年一度地方委員ヲ全國水平社會議ニ召集スル權能ヲ有ス。

四、地方委員ハ臨時全國水平社會議ノ開催ヲ中央執行委員長ニ提議スルコトヲ得。

五、地方委員ハ各選舉者ノ三分ノ二以上ノ信任ヲ缺ク場合ハ其ノ資格ヲ失ス。

六、各地方水平社ハ全國水平社綱領ニ依リ自由ノ行動ヲ取ルコト。

七、各府縣地方水平社ノ規約ハ各々任意トス。

大正十一年三月

京都府京都市高瀨七條下ル
全國水平社京都本部
（假本部）

決議

一、吾々ニ對シ穢多及ヒ特殊部落民等ノ言行ニヨツテ侮辱ノ意志ヲ表示シタル時ハ徹底的糺彈ヲ爲ス。

一、全國水平社京都本部ニ於テ我等團結ノ統一ヲ圖ル爲メ月刊雜誌『水平』ヲ發行ス。

一、部落民ノ絶對多數ヲ門信徒トスル東西兩本願寺ガ此際我々ノ運動ニ對シテ抱藏スル赤裸々ナル意見ヲ聽取シ其ノ回答ニヨリ機宜ノ行動ヲトルコト。

右決議ス

大正十一年三月

全國水平社大會

全国水平社の「則」「決議」。「綱領」「宣言」の裏面に印刷されている

荊冠旗。1923年の全国水平社第２回大会前に作成された。上は1930年代の全国水平社総本部の荊冠旗

全国水平社創立メンバー。前列左から平野小剣《しょうけん》、南梅吉、阪本清一郎、桜田規《き》矩《く》三《ぞう》、後列左から米田富《とみ》、駒井喜作、西光万吉

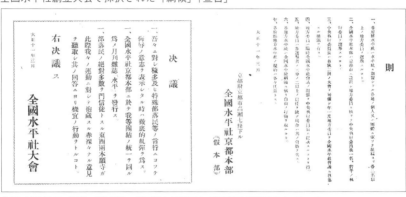

であり、ありのままの自分たちへの誇りを獲得していることが必要だったのです。

被差別体験と重ねて

同じ奈良県の被差別部落出身で、水平社創立を知った木村京太郎は、ただちに水平社の運動に加わりますが、そこにいたるまでがいかに苦難の道のりであったかを、次のように述べています。

今までは差別されるのはやむを得ないんだ。貧乏だとか風儀が悪いとかことばが汚いとか、そういう欠点ばっかり教えられてね。それを改めない限りにおいては差別されるの当たり前やと。それを取り除くために努力しようとしてきたのです。私たちは小学校時代から差別を体験してますな。学校へ行ったら先生は部落のこどもだから別の席に座らせるとか。青年が街へ行っても飲食店、床屋、浴場、劇場そういう公衆の集まるところへ入れてくれないし、食べさせてもらえない。そうして私の生まれた村なんかは大正の初め、第一次世界大戦の前後は神戸、大阪、京都へ働きにでてるが、普通の工場では働かせてくれない。掃除夫や市役所のごみの収集、肥料の汲み取り、沖仲仕といったしんどい仕事が多かった。（福田雅子『証言・全国水平社』日本放送出版協会、一九八五年）

これまでの差別の痛苦が甚大であっただけに、自らの主張の正しさを確認しえたときの感動はいっそう大きかったのだといえましょう。

全国水平社というよりどころを得た被差別部落の人びとは、それぞれが味わってきた差別の苦しみを、集団の力で世の中に問うべく、各地に水平社をつくっていきました。四月二日の京都府水平社の設立を皮切りに、四月一四日の埼玉県水平社、四月二一日の三重県水平社と続きました。その年一二月の警察調べによれば、水平社は本部を入れて二二団体、会員数では三重県の六八五名が最多と報告されています。

木村が語ったような、日常の差別、そして会話の端々に表れる差別的な言動に対する抗議運動も展開されていきました。警察の調べによると、差別糾弾事件は、一九二三年には八五四件、二四年は一〇五二件と急増し、差別的言動が次々と告発されていきました。

水平社創立からまもない一九二二年五月、木村が中心になって闘った奈良県の大正高等小学校差別事件は有名です。[*3] それ以外にも、小学校で教師や子どもが引き起こした差別事件は数多く告発されています。折からこの時期は、「部落学校」の統廃合が進んで、学区をともにするようになったときでもありました。

全国水平社創立大会で、山田孝野次郎《このじろう》が小学校で教師たちから受けてきた差別を目に涙を滲《にじ》ませて訴え、聴衆の深い感動を呼び起こしたことはよく知られています。山田〝少年〟――彼はいわゆる小人症を患っていて、その風貌と実年齢にズレがあり、

＊3　木村京太郎『水平社運動の思い出（上）悔なき青春』（部落問題研究所、一九六八年）に詳しく述べられている。

当時すでに一六歳でした——は演説の名手であったという当人の資質もさることながら、背景に学校での厳しい差別があり、彼はその告発者としての象徴的存在であったともいえましょう。

被差別部落の女性——忍耐と服従

持続的な力にはなりえませんでしたが、少年少女水平社や婦人水平社が立ち上げられたことも、日常をとりまくあらゆる差別と闘う部落解放運動の特徴でした。*4

大阪・泉州の被差別部落で聞きとりを重ねてきたただえみこは、女に対する差別は生まれ落ちたときから始まることを、部落に生きてきた女性たちの言葉をつうじて次のように明らかにしています。部落外でもそうであったように、部落でも生まれた子どもが女とわかると「がっかりされる」。「できた子がおなご、またおなごってなったら、余計女の子を粗末にすんや」。「どない言うても男は上、女は下やもん」。乳飲み子の時期を過ぎた女子に待ち受けていたのは、「部落ゆえ、たまにしか仕事につけん男」に代わって、一分一秒の間も惜しんで必死に内職の草履表《ぞうりおもて》作りに生活をかける母親を助けるために、早い場合には三歳から赤ん坊の子守をすることを余儀なくされる暮らしでした。六歳ぐらいから家事や食事の支度をし、さらには他家へ「守り奉公《も》」に出されることもしばしばであったといいます［ただ二〇〇〇］。女の子が子守りや家

＊4　被差別部落の女性がかかえる問題、ならびに解放運動についての研究の現状は、鈴木裕子「部落女性と解放運動」（前掲『部落史研究からの発信』第二巻）に簡潔にまとめられている。

事手伝いによって奪われたのは、遊びの時間だけではありませんでした。女に学問はいらないという考え方が当時の人びとをとらえており、それらによって女性は男性に比べて、いっそう学校で学ぶという道を塞《ふさ》がれていました。

婚姻のあり方も男女対等の関係によって成立していたとはいえず、先にみたような守り奉公などの労働のつらさゆえに、そのような状態からの逃げ場を結婚に求めた場合も少なくなかったと考えられます。しかし結婚後も、被差別部落の女性たちは、男性の仕事が不安定であったために部落外よりもいっそう厳しい労働に従事することを余儀なくされ、暮らしを維持するための重要な稼ぎ手とならなければなりませんでした。

婦人水平社の結成

こうした女性たちのかかえる問題をくみ上げるべく誕生したのが婦人水平社であり、一九二三年に開かれた全国水平社第二回大会で、「全国婦人水平社設立の件」が可決され、誕生にいたりました。婦人水平社が活動したのは、一九二〇年代末までと短期間で、全国水平社に比べると、結集した人の数も限られていますが、社会運動がおおむね男性中心に進められてきたという歴史に照らしてみるならば、被差別部落の女性たちが水平社運動に立ち上がったことの意義は大きいといえましょう。

福岡県婦人水平社の人びと

全国水平社に結集する男性たちが婦人水平社設立を支持したのは、一つには、女性をめざめさせないと、男性が水平社の活動をするのにブレーキをかけるなどの障害になりうること、もう一つは、女性を動員することによって、少しでも戦力を拡大する必要があること、の理由によるものでした。しかし運動に立ち上がった女性たちは、そのような男性たちの思惑を超えて、果敢に主張を展開していきました。水平社創立大会にも参加した岡部よし子は、演説会で「自由と解放は自らの力によってこそ獲られるもので、この力こそ全部落民の団結です。部落婦人よめざめよ。二重、三重の差別と圧迫をとり除くために」と述べて、もはや女性が男性に依存していてはならないことを説き、部落解放運動の主体となるべきことを呼びかけました。

一九二四年の第三回水平社大会で、婦人水平社の発展に向けて決意することが可決されて以後、全国水平社も、これまで以上に積極的に女性問題に取り組むようになり、機関紙『水平新聞』にも「婦人欄」が設けられました。そこには、「虐《しいた》げられる者の解放は、虐げられている者自身がやるべきものです、世界の一番ドン底生活をさせられている私等部落婦人は自分等の使命を、ハッキリと自覚して、この二重三重の鉄鎖を断ち切り、楽しいよき日を一日も早く建設するよう、お互いに努めようではありませぬか」（『水平新聞』第五号、一九二四年一〇月）と述べて、部落差別と女性差別を二重に受けていることを訴える声もあげられました。また、九州婦人水平社や関東婦人水平社などをはじめ、地方にもそのような運動が広がっていき、二〇年代末に弾圧で水平社運動が打撃を受けるまで活発に展開されました。*5

衡平社／解平社

水平社の運動は、他のマイノリティにも影響を与え、朝鮮「白丁《ペクチョン》」の衡平社《ヒョンピョンサ》やアイヌ民族の解平社《かいへいしゃ》が誕生しました。

白丁は、李氏朝鮮時代の封建的な身分制度のもとで、賤民《せんみん》として差別されてきた人びとであり、彼らの一部は、屠夫《とふ》の仕事や柳器製造、獣肉販売などに従事していました。衡平社は、日本の植民地支配下の一九二三年四月二四日、朝鮮の慶尚南道晋州《キョンサンナムドチンジュ》で結成されました。当時の朝鮮の新聞『東亜日報』（三・一独立運動後の一九二〇年四月に創刊された日刊紙）は、衡平社の結成を、「一般社会において人間らしい待遇を受けず、あらゆる迫害を受けてきた全国三〜四〇万のいわゆる白丁階級は、「我々も人間

＊5　婦人水平社については、鈴木裕子『水平線をめざす女たち——婦人水平運動史』（ドメス出版、一九八七年）、黒川みどり「部落差別と性差別」（秋定嘉和・朝治武編著『近代日本と水平社』解放出版社、二〇〇二年）等を参照。

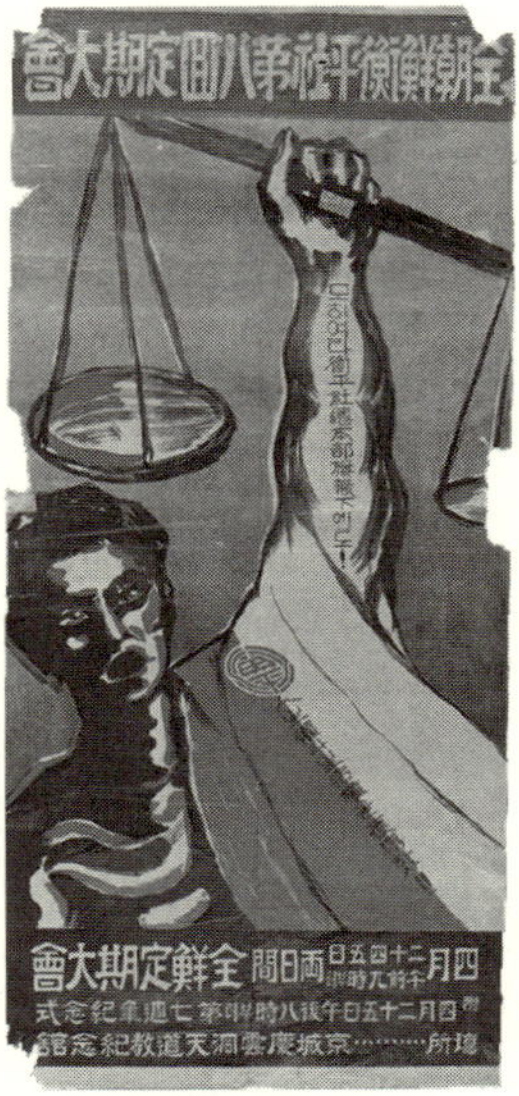

衡平社第8回大会ポスター

だ！」と叫び、社会平等の一大運動をおこした」（一九二三年五月一七日）と報じ、それを支援しました。白丁は、日本の被差別部落の人びととの共通点も多く、衡平社と全国水平社は相提携することがそれぞれの大会にも提案され、一九二四年全水第三回大会は衡平運動と連絡をとることを可決して、その後紆余曲折《うよきょくせつ》も経ながら一九二八年ごろまで細々と、主として全水非主流派によって交流が続けられました。*6

他方、解平社は、一九二六年、北海道旭川にアイヌ民族砂澤市太郎《いちたろう》らによって、北海道旧土人保護法*7に基づく民族差別からの解放を求めて結成されたものであり、*8そのほか違星北斗《いぼしほくと》*9や森竹竹市《もりたけたけいち》らの著作にも、水平社への期待と連帯の感情が表現されています。

一九〇三年に登別《のぼりべつ》村に生まれた知里幸恵《ちりゆきえ》もまた、「その昔この広い北海道は、私たちの先祖の自由の天地でありました。（中略）愛する私たちの先祖が起伏《おきふ》す日頃互いに意を通ずる為に用いた多くの言語、言い古し、残し伝えた多くの美しい言葉、それらのものもみんな果敢《はか》なく、亡びゆく弱きものと共に消失《きえう》せてしまうのでしょうか」

＊6　金永大《キムヨンデ》『朝鮮の被差別民衆「白丁」と衡平運動』（解放出版社、一九八八年）、金仲燮《キムチュンソプ》『衡平運動――朝鮮の被差別民・白丁その歴史とたたかい』（解放出版社、二〇〇三年）、〈特集「水平社宣言」と世界の被差別民衆〉（『部落解放』第七〇七号、二〇一五年三月）等を参照。

＊7　一八九九年公布。アイヌ民族の「保護」を名目に、農業化の推進を柱として、和人への「同化」を推し進めた。アイヌの人びとは「旧土人」と呼ばれ、これを機に窮乏と差別の深刻化が進んだ。一九九七年、アイヌ文化振興法の制定にともない、廃止。

＊8　解平社の結成は、白老《しらおい》古《こ》潭《たん》・森竹竹市「解平運動」（『北海タイムス』一九二六年一二月二日、小川正人・山田伸一編『アイヌ民族　近代の記録』草風館、一九九八年）に報じられている。

と問い、「私たちの先祖が語り興じたいろいろな物語の中極《ご》く小さな話の一つ二つ」を書き残すべく、『アイヌ神謡集』を編みました（「序」『アイヌ神謡集』一九二三年。岩波文庫、一九七八年）。

知里は、「私はアイヌであったことを喜ぶ。私がもしかシサムであったら、もっと湿《うるお》ひの無い人間であったかも知れない。アイヌだの、他の哀れな人びとだのの存在をすら知らない人であったかも知れない。しかし私は涙を知っている。神の試練の鞭《むち》を、愛の鞭を受けている。それは感謝すべき事である」（「日記」一九二二年七月一二日の条、『銀のしずく――知里幸恵遺稿』草風館、一九九六年）と、水平社「宣言」にも通底するアイヌの誇りと連帯を、日記のなかで高らかに謳いあげました。全国水平社創立の四カ月余り後のことでした。しかし知里は、その二カ月後、『アイヌ神謡集』の校正を終えた直後に心臓発作で死去しました。

＊9　一九〇二年、北海道余市町に生まれ、二九年、二七歳で病死。『コタン――違星北斗遺稿』（一九三〇年。草風館、一九九五年）がある。

第14章 解放か融和か

社会主義をめざして

前章でみましたように、水平社は、「部落民」という自分たちの「誇り」をバネに運動を推し進めていきました。しかしながら、そこに結集した人びとのなかにも、同じ臣民、同じ国民として認められたいという願望も根強く存在していました。そうしてその「同じになりたい」という思いは、運動のなかに社会主義の影響が強まるなかで、形を変えて表出していくこととなりました。

一九二三年一一月、高橋貞樹《さだき》・岸野重春《しげはる》らによって、全国水平社青年同盟が結成されました。高橋は、一九二二年の日本共産党創立の中心メンバー山川均《ひとし》の門下生で、彼自身も共産党の結成に参加しています。彼らの考え方は、被差別部落には小作人や労働者などの無産階級（プロレタリアの訳語）が多いことから、農民組合運動や労働運動を闘っている部落外の無産階級と連帯して社会主義社会を到来させることにより、差別からの解放を勝ちとるというものでした。すなわち資本家と労働者、地主と小作人、といった階級の対立をなくし、貧富の差のない平等な社会を実現すれば、部落差別もなくなるという考えに立っていました。そのような社会主義の考え方は、大阪・奈良・京都・三重などの水平社に影響を与え、本部のなかでもしだいに青年同盟の主導権が確立していきました。

高橋貞樹『特殊部落一千年史』(1924年刊)

ちなみに高橋が、水平社運動を社会主義の考え方に立つ階級闘争主義に転換させようとしている最中の一九二四年に世に問うたのが、『特殊部落一千年史』という本です。このとき彼はまだ一九歳でした。初版はすぐに発行禁止となり、それからまもなく『特殊部落史』とタイトルを改め、発行禁止の対象となる文言を伏せ字にしてふたたび出版されました。この本は、一九九二年、沖浦和光《かずてる》の努力により、岩波文庫として世に送り出されました。その際に多くの人びとの目に触れる「文庫」であることに配慮して、「被差別部落一千年史」と表題が改められました。[*1]

水平社運動への反発――世良田村事件

全水青年同盟の考え方が支持された背景には、水平社創立以来推し進めてきた差別

*1 高橋貞樹については、沖浦和光「日本マルクス主義の一つの里程標――高橋貞樹の思想的軌跡」(『思想』一九七六年一二月〜七七年六月)、同「解説」(高橋貞樹著・沖浦和光校注『被差別部落一千年史』岩波文庫、一九九二年)、同『部落史の先駆者・高橋貞樹――青春の光芒』(筑摩書房、二〇一五年)が詳しい。

世良田村事件の現場を視察する水平社の幹部

糾弾という方法のゆき詰まりがありました。〝燎原《りょうげん》の火のごとく〟に広がっていった差別糾弾闘争を妨害しようとする権力は、水平社に対して厳しい弾圧を加えました。また、糾弾を受ける側の被差別部落外の人びとは、自らの差別意識を省みることなく、もっぱら糾弾闘争のあり方について過激に過ぎるなどといった批判を投じ、水平社、ひいては被差別部落の人びと全体に対する恐怖心や反感を募らせていきました。

それが表面化した一つが、被差別部落の家屋が壊され、重軽傷者が出た一九二五年一月の群馬県世良田《せらだ》村事件でした。水平社は、世良田村の住民の差別発言を糾弾し、謝罪講演会を開くことを約束させていましたが、その約束は反故《ほご》にされ、自警団を含む三〇〇〇人が、糾弾を行った者の住む被差別部落を襲撃しました。世良田村の自警団は、一九二三年に、村民の誰かが水平社から糾弾を受けたときには村民が協力してその者を庇護《ひご》し事件解決にあたるという申し合わせをしており、それを背景に彼らは、竹槍《たけやり》、鎌、日本刀など武器を携えて被差別部落に押し寄せたのでした。[*2] ちなみに自警団とは、非常にそなえて住民たちが自らを守る

＊2　本田豊編『群馬県部落解放運動六十年史』（部落解放同盟群馬県連合会、一九八二年）に関連する資料が収められている。

ために組織した民間の警備団体であり、一九二三年の関東大震災の際には、朝鮮人が井戸に毒を投げ込んでいるというデマに踊らされ、自警団が朝鮮人を虐殺するという痛ましい事件も起こりました。

世良田村事件は、その後の運動にも大きな影響を及ぼしました。この事件の裁判では、襲撃した側よりも被害にあった被差別部落住民の方に重い刑が科せられたこともあって、群馬・埼玉両県では、このあと差別糾弾件数が大幅に減少し、一九二三年三月に群馬県を拠点に結成されていた関東水平社も、権力の懐柔もあり、この事件への対応とその後のあり方をめぐって組織が分裂するという事態に陥っていきました。

〝同じ〟無産階級として

差別糾弾闘争に対する人びとの反発という事態への対応のひとつとして、水平社が選びとったのが無産階級との連帯でした。全水青年同盟の路線を支持する人たちは、差別糾弾を第一義とする運動がしばしば陥りがちな、差別〈する者〉と〈される者〉という二分法を、ともに「無産階級」であることをよりどころに乗り越えようとしました。そうして、個々の差別的な言動を糾弾することよりも、被差別部落の小作人や労働者が、農民組合や労働組合に入って社会のしくみを変えるために闘うことに、差別からの解放の望みを託したのでした。三重県や奈良県などでは、水平社の人びとが

全国農民組合三重県連合会の事務所新築記念

日本農民組合などに積極的に加入し、無産階級の一員としての自覚をもって運動を担っていきました。

　こうした状況を背景に、全国水平社のなかで青年同盟を中心とするボルシェビキ派（ロシア革命で多数派となった共産主義派。以下、ボル派）が主導権を握り、一九二六年の全水第五回大会では、社会主義の考え方を反映した綱領に改められました。それとともに、後述しますように、その路線を巡《めぐ》って運動が分裂しました。委員長も、一九二五年、南梅吉《うめきち》から松本治一郎（二四七頁の注7参照）に交替しました。

　被差別部落の人びとにとっては、農民組合や労働組合のなかで、〝同じ〟労働者・農民として認められることが、まずは差別からの解放に向けての第一歩を踏み出すことでした。しだいにマルクス主義が浸透し、かつては蔑《さげす》みの対象でしかなかった「労働者」がプラスの価値として認識されるようになってきたなかで、〝同じ〟でありたいとする願望は、〝同じ〟無産階級になることにふり向けられていきました。＊3 加えて、

＊3　三重県水平社はそのような運動の軌跡をたどった一つの典型といえ、その運動を牽引《けんいん》した上田音市《おといち》の生涯を記したものに、三重県部落史研究会『解放運動とともに――上田音市のあゆみ』（三重県良書出版会、一九八二年）がある。

前述のような反発を生じかねない差別糾弾や啓蒙《けいもう》といった、民衆の倫理に訴える方法よりも、マルクス主義による「制度の改造」という具体的構想をともなった戦術の方が、人びとを魅了しやすかったといえましょう。

水平社の人びとは、あえて被差別部落固有の問題を背後に押しやって、無産階級の連帯を求めて運動に参加していきました。しかし、その連帯は片務《へんむ》的であり、無産運動の側は戦力という点では水平社の参加を歓迎しても、被差別部落の人びとの立場や要求を理解したうえでの運動を進めるものではありませんでした。そればかりか地域レベルでは、水平社の人びとが日本農民組合に加入すると、被差別部落外の農民は、〝同じ〟に見なされたくないがゆえに組合を脱退してしまったり、あるいは支部が部落外には広がらなかったりという事態も発生しました。小作人や労働者もまた、自己のアイデンティティを維持するために、自らが抑圧されている分、「他者」を差別し抑圧するという構図から免れてはいませんでした。それゆえ、被差別部落の人びとが〝同じ〟「無産階級」の一員となることもまた、容易ではありえませんでした。

「ブラク民」意識の死守

その一方、あくまで「エタ意識」、あるいは「ブラク民」としての「兄弟意識」――水平社の「宣言」は、被差別部落の仲間に「兄弟よ」と呼びかけています――に

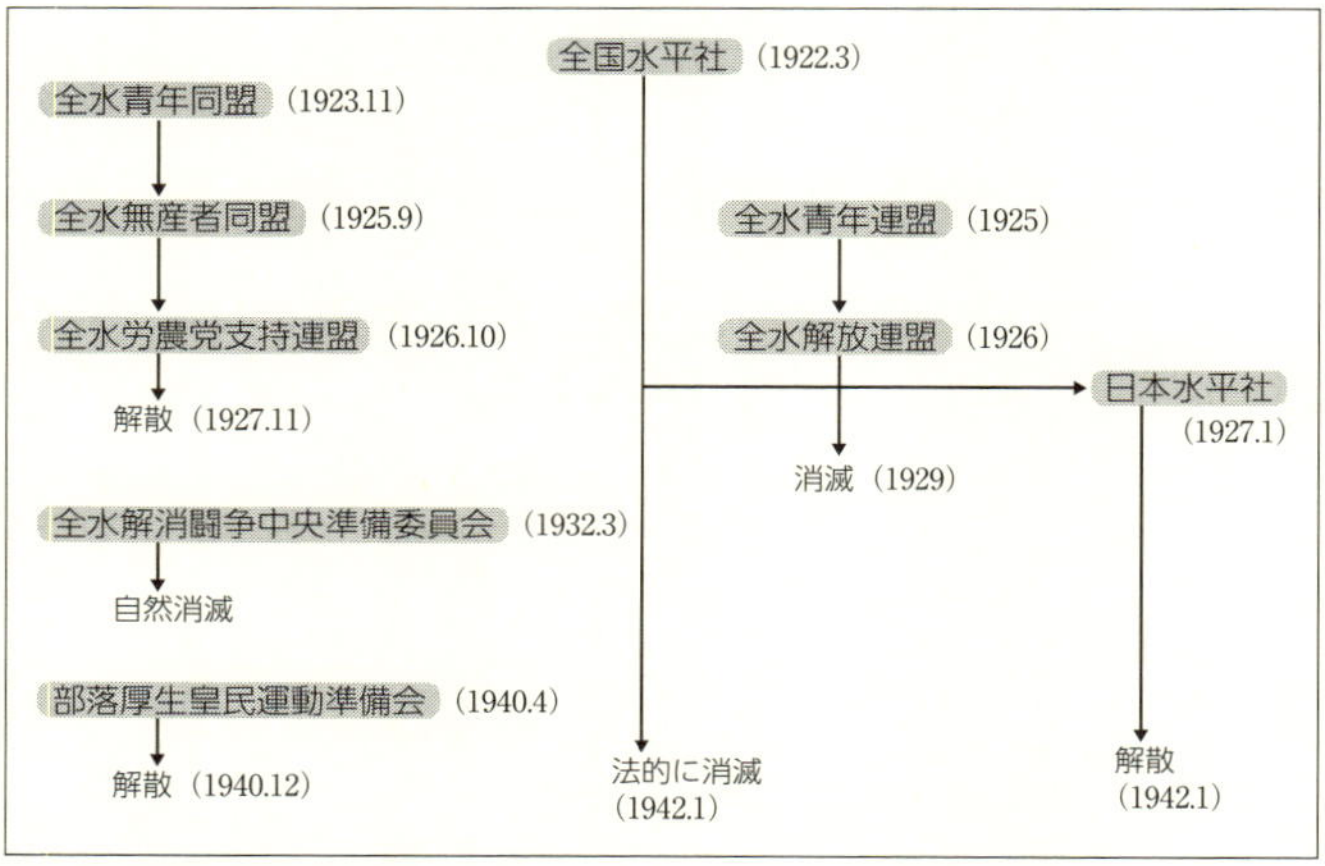

水平社運動の諸潮流

こだわる人びとは、ボル派が主導権を握った全国水平社の主流から離れていきました。そうして一九二五年、静岡の小山紋太郎《もんたろう》＊4らが中心になって全国水平社青年連盟を結成し（翌二六年、全国水平社解放連盟に改組）、一九二七年には、初代全国水平社委員長の南梅吉が呼びかけて、日本水平社を組織しました。

　全水青年連盟の機関紙である『自由新聞』には、「エタ」という言葉が頻繁に登場し、「吾々は確固不抜なるエタ意識の上に基礎を置」くという立場が表明され（第一号、一九二五年六月）、「他の社会運動のそれに比して容易に一致協調を発見し得るのは、ブラク民としての心理から起る、虐げられた兄弟意識だ。それが一縷《いちる》の望みだ」として、拠るべきは「ブラク民」としての「兄弟意識」であることが主張されています（第四号、一九二六年五月）。日本水平社も同様、「エタ魂の本能を発揮

＊4　竹内康人「静岡県水平運動史」（一）（二）（『静岡県近代史研究』第一三・一四号、一九八七・八八年）を参照。

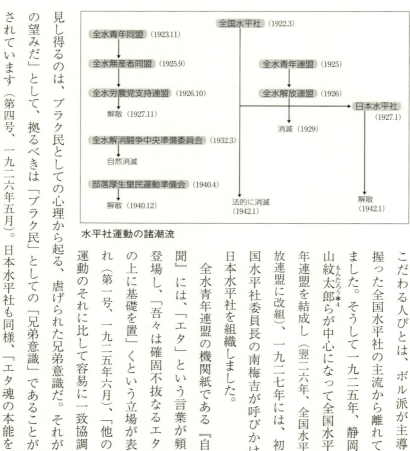

して純水平運動を進めるものである」と、「日本水平社本部声明書」のなかで謳《うた》っています。全水青年連盟は、階級意識に立って運動を進めるという点では全水青年同盟と一致していましたが、日本共産党の指導の下に無産階級運動の一翼を担うことには反対の立場をとりました。日本水平社は、そもそも階級対立を前提に運動を進めることには反対でしたが、部落民意識を軸に「純水平運動」を進めるという点で、全水青年連盟と一致していました。

このように、水平社が無産階級運動に進出したことは組織の分裂をも来しましたが、マルクス主義に依拠して社会制度と向き合う視点を獲得したことにより、これまでの個人の糾弾を主体とする運動から、軍隊のなかでの差別や政府が発行したパンフレットの差別的記述、刑務所職員の差別など、国家権力が生み出している差別を明るみに出す役割を果たすこととなりました。なお、全水解放連盟は、後述の全国水平社への弾圧で中心的活動家が奪われてしまったことから、一九二九年に解散して全水に復帰しました。

中央社会事業協会地方改善部から中央融和事業協会へ

全国水平社が誕生し、各地に地方水平社が生まれ差別糾弾闘争が無産運動とも結びつき高揚していったことは、本格的な部落問題対策の必要性を認識させることとなりました。内務省は、米騒動と、その後高揚する労働運動や小作争議などを前に、階級対立をありうべからざるものと否定してかかるのではなく、その存在を前提として両者の対立の緩和・協調をはかっていく協調政策を採用していきました。[*5] 一九二〇年には、内務省に社会事業や労働行政などを行う機関として社会局が設けられました。そのようななかで、一九二〇年度、部落改善費五万円の予算がつきました。また、「融和」という考え方が広まっていったのも、協調政策の影響があったと考えられます。

全国水平社創立の翌年には、中央社会事業協会のなかに地方改善部が設けられて、それが、地方融和団体の連絡・統制にあたることとなりました。中央社会事業協会というのは、一九〇八年に渋沢栄一が設立した中央慈善協会を一九二一年に改称したもので、戦前をつうじて社会事業の連絡統制機関の役割を果たしました。地方改善部という名称は、一九二一年に徳島県が「地方改善」という言葉を用いたのを最初に、二三年から内務省も「部落改善」に代わって「地方改善」という語を使いはじめたのと対応しています。部落改善事業がもっぱら被差別部落を対象としていたのに対して、地方改善事業は、「同胞間の親和を妨ぐる悪風弊習を改善する一切の事業」と位置づけられており、すでに、社会の認識それ自体が問題にされるようになりつつあった状況をふまえていました。

地方改善部では、当時、内務省の嘱託（正式の雇用や任命によらないでその仕事に就

＊5　一九七〇年代以後の水平社運動・融和運動史研究の本格化を推進した秋定嘉和の研究は、秋定『近代日本の水平運動と融和運動』（解放出版社、二〇〇六年）としてまとめられている。

いている人）として、部落改善政策に当たっていた岡山県出身の融和運動家三好《みよし》伊平次《いへいじ》*6らが主事となって、活動が行われていました。

当時、全国的な影響力をもった融和団体として前述（第12章）の同愛会があり、一九二五年二月、その同愛会が中心になり、全国の融和団体を集めて全国融和連盟が組織されました。そうしてそれに地方改善部も加盟しました。

全国融和連盟は同愛会の影響力が強く、誕生したばかりの水平社を承認する姿勢を示しました。内務省とは異なり、有馬頼寧《ありまよりやす》らの立場は、差別の不当性を訴えることは

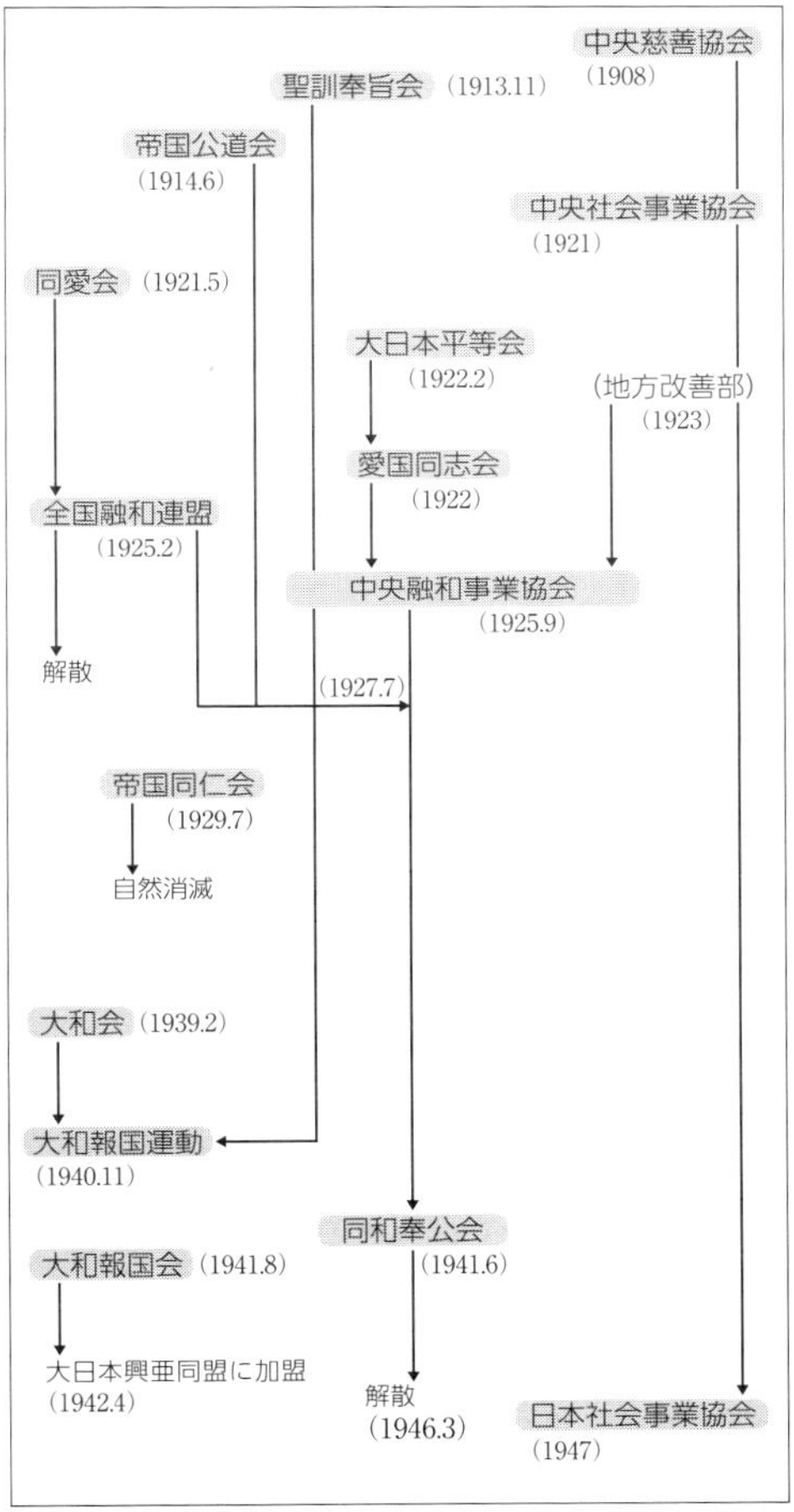

融和団体の変遷

*6　岩間一雄編『三好伊平次の思想史的研究』（吉備人出版、二〇〇〇年）を参照。

「人類愛」の観点からもっともであり、水平社運動が社会主義と結びつかないかぎり支持しうるものだったのです。

このような動向に対抗するべく内務省は、同年九月、地方改善部を廃止して、中央融和事業協会（以下、協会と略記）を設立しました。協会は内務省内に置かれ、会長には、のちに首相を務める天皇主義者の平沼騏一郎《きいちろう》が就任しました。平沼は、一九二四年に創立された国家主義団体国本社《こくほんしゃ》*7の会長でした。

協会は、全国各地で融和事業に携わる人たちを集めて講習会などを開催していきました。また、機関誌紙として『融和事業研究』と『融和時報』を、さらに毎年、『融和事業年鑑』を刊行しました。

精神運動か経済運動か

一九二七年、協会は、同愛会と全国融和連盟を解散させて、中央の融和団体を協会に一本化しました。かつては水平社運動承認の可否がひとつの対立点でしたが、もはや水平社主流が社会主義の方向に進むなかで、組織も考え方の相違によって分裂し、同愛会や全国融和連盟が支持できるような運動ではありえなくなっていました。そうして、水平社の無産階級運動との連帯に反対するという点では、両者は一致していたのです。

*7　一九二三年一二月、摂政宮（のちの昭和天皇）が狙撃された虎ノ門事件が起こったことから、事件当時司法大臣で、それに危機感を抱いた平沼が、国体思想を宣伝する拠点として設立。全国に一七〇の支部が置かれ、主要メンバーには、事務理事を務めた竹内賀久治をはじめ、東郷平八郎・斎藤実《まこと》・鈴木喜三郎《きさぶろう》・宇垣一成《かずしげ》・池田成彬《しげあき》・古在由直《こざいよしなお》・山川健次郎ら、多くの軍人・官僚・財界人・学者が会員となった。

しかし、協会内には、三好伊平次や山本政夫（筆名山本正男）らのように、同愛会時代の有馬の影響を受けて、被差別部落の人びとの主体性を重んじる自由主義的な潮流が存在しつづけていました。そうして彼らは、協会内の平沼に近い人たちとしばしば対立しました。

一九二〇年代の終わりごろから協会のなかで、部落問題はいかに解決されるべきかという根本にかかわる問題をめぐって論争が展開されました。折から一九二八年の三・一五事件、翌二九年の四・一六事件という二度の日本共産党員ないしその同調者と見なされる人びとに対する大規模な弾圧があり、水平社運動は大きな打撃を被《こうむ》って、融和運動の側からも「水平運動の凋落《ちょうらく》」がいわれたときでした。協会はそれを好機とみて、水平社に代わる〝穏健な〟融和運動の担い手を、被差別部落のなかから育てていくことに力点を移していきました。このころから「内部自覚運動」が協会内で提唱されるようになり、それと並行して青年融和運動の組織化が進められていきました。

協会内でも「内部自覚運動」のとらえ方にちがいがあり、平沼派は、融和運動はあくまで、無産階級の闘争であることを強調しようとする水平社運動に対抗すべきもので、因襲的差別観念を打ち破るための精神運動であると主張しました。そのような考え方のもとでは、被差別部落がかかえている経済問題はほとんど顧みられないことになり、経済問題の重要性を訴えてそれに強く異を唱えた一人が山本政夫でした。

山本は、一八九八年、広島県の江田島に隣接する島の被差別部落に生まれ、そこは主に漁業のみで暮らしを立てていて「生活は貧乏のどんぞこ」だったといいます。彼は地元で被差別部落の経済問題に向き合い、一九二二年には広島県庁に入って地方改善事業に従事しますが、一九二六年、有馬の招きで上京し、二九年から協会職員となりました。[*8] 山本によれば、部落問題解決のためには、「差別観念を除去する方策」と「部落それ自体の経済的地位の向上を期すべき経済的部面に関する方策」が必要ですが、基本は経済面にあります。なぜならば、「一般国民と何等異なるところなき社会的地位を得せしむる」ためには、まずは差別と貧困の連関を断ち切ることから出発するしかないと考えられたからでした。[*9]

こののち述べるように、一九三〇年に日本をおそった昭和恐慌《きょうこう》によって、もはや被差別部落の経済問題は放置しえないものであることが誰の目にも明らかとなり、「内部自覚運動」は、部落経済再建のための運動と理解することで、とりあえず両者が一致をみていくこととなりました。

協会のもとで、実際に地域の人びとと直接の接点をもちながら活動したそれぞれの府県の融和団体のあり方はさまざまでした。長野県の信濃同仁会《しなのどうじんかい》や岡山県協和会などのように、水平社に先んじて結成され差別事件に取り組むなど、水平社と同様の役割

＊8　山本自身は自著（『我が部落の歩み』和光クラブ、一九七九年）で、一九二八年に就任したと記しているが、それは誤りである。

＊9　山本政夫については、大阪人権博物館編刊『山本政夫著作集』（二〇〇八年）、大阪人権博物館編『近現代の部落問題と山本政夫』（解放出版社、二〇〇九年）がある。

を果たしてきたところもあります。

また三重県社会事業協会融和部のように、協会とほぼ同様の足跡をたどったところもありました。全国水平社の創立からまもなく結成された三重県水平社は、急速な勢いで運動を拡大していき、それに危機感を強めた三重県当局は積極的に「融和親善」の方法を講ずるとともに、それでは抑えきれない運動に対して弾圧姿勢で臨むことを確認しました。融和団体の設置については、水平社とは別の融和団体を組織するとその団体が「反動団体」のように誤解され、かえって支障を来すおそれがあると考えて設立を見合わせていましたが、一九二三年一〇月、ようやく三重県社会事業協会のなかに融和部を設けました。融和部は、当初はもっぱら差別撤廃のための講演会や事業にあたる人びとの講習会の開催、住環境の改善事業などに限定した活動を行っていましたが、水平社運動の「凋落」をみてとって以後、被差別部落の青年層を担い手とする、水平社運動に代わる新たな運動を育てることに着手していきました［黒川二〇〇三］。

第15章●「国民一体」とその矛盾

経済問題の浮上

一九二九年にアメリカで起こった世界恐慌《きょうこう》の影響は翌三〇年に日本にも及び、一九三四年ごろまで続きました。この長期にわたる深刻な不況を昭和恐慌と呼び、それを乗り切るために、全国で農山漁村経済更生運動が展開されることとなり[*1]、被差別部落では、特に部落経済更生運動と称して、被差別部落の人びとをそれに動員し、不況を克服するための試みを行っていきました。

昭和恐慌の打撃は、とりわけ経済的基盤の弱い被差別部落に著しく現れ、被差別部落のかかえている経済問題の深刻さが改めて浮き彫りとなりました。一九二九年一一月に中央融和事業協会が行った産業調査によれば、被差別部落農民一戸当たりの平均税額は三~八円の者が多いのに対して、農村全体の一戸当たり平均税額は二〇円前後で、部落と部落外には歴然たる隔たりが存在したことが明らかです。重要な部落産業であった履物《はきもの》生産も将来性を失っており、かといって農業に転換させようにも耕地の

＊1　一九三二年、農林省に経済更生部を設け、農村再建のための産業組合・農事実行組合の組織化をはかった。地方改良運動時に次いで報徳思想が用いられ、自力更生・勤倹貯蓄がスローガンとされた。

入手が困難であるなどの理由でそれもままならず、残された途《みち》は移住しかないという議論も登場します。また、最も不安定な日稼ぎ労働者が広範に存在していることも指摘されています（山本正男「部落経済問題の素描」（上）『融和事業研究』第一一輯、一九三〇年七月）。

そのようななかで、前章で述べたような、差別をなくすためには「精神運動」を行えばよく、特別の対策は必要ないという中央融和事業協会内部に強くあった議論は、一時的に後退を余儀なくされます。もはや通りいっぺんではない特別の対策がとられないかぎり、部落外との格差を埋めることはできないことが共通認識となりました。そこで現状打開の方策として協会内で一致したのが、「内部自覚」（第14章参照）であり、かつては精神面においてしか部落問題をとらえようとしなかった会長の平沼騏一《きいち》郎《ろう》も、「其《そ》の産業上経済上に行詰れる現状を打開するにあらざれば本事業の全目的を達成することは至難であると考えられるのであります」（『融和事業研究』第一一輯）と述べるにいたります。これによって「内部自覚」は、運動主体の育成と経済問題の解決という二つのねらいをもつこととなりました。

そうして、「凋落《ちょうらく》」した水平運動に代わる青年融和運動をどう育成するかは、一九三〇年前後の主要テーマの一つとなりました。一九二九年度から各地の融和団体が青年層を対象に講習会を行い、その受講者たちを中心に青年融和団体を結成するという動きが相次ぎます。恐慌を克服するための部落経済更生運動は、「協同一致」の精神のもとに、そうした青年たちを中心に行われていきました。

水平社解消論とその修正

水平社のメンバーも、「部落経済問題の特異性」という認識においては協会同人たちと同様でしたが、彼らの場合は、恐慌下で喘《あえ》ぐ被差別部落の労働者農民を「階級的基本組織に結合」するという方法でそれを解決するという途を選びとり、それは全国水平社解消論として表明されることとなります。水平社ボル派の人たちを中心に主張されていた、「部落民」としてではなく同じ労働者・農民として無産階級運動に進出することにより解放運動を進めようとする考え方を突き詰めたのが水平社解消論であり、労働者農民という自己認識を徹底させようとすると水平社組織そのものが妨害物になると考えられたのでした。それには、コミンテルン*2の方針も、日本共産党をつうじて影響を与えていました。

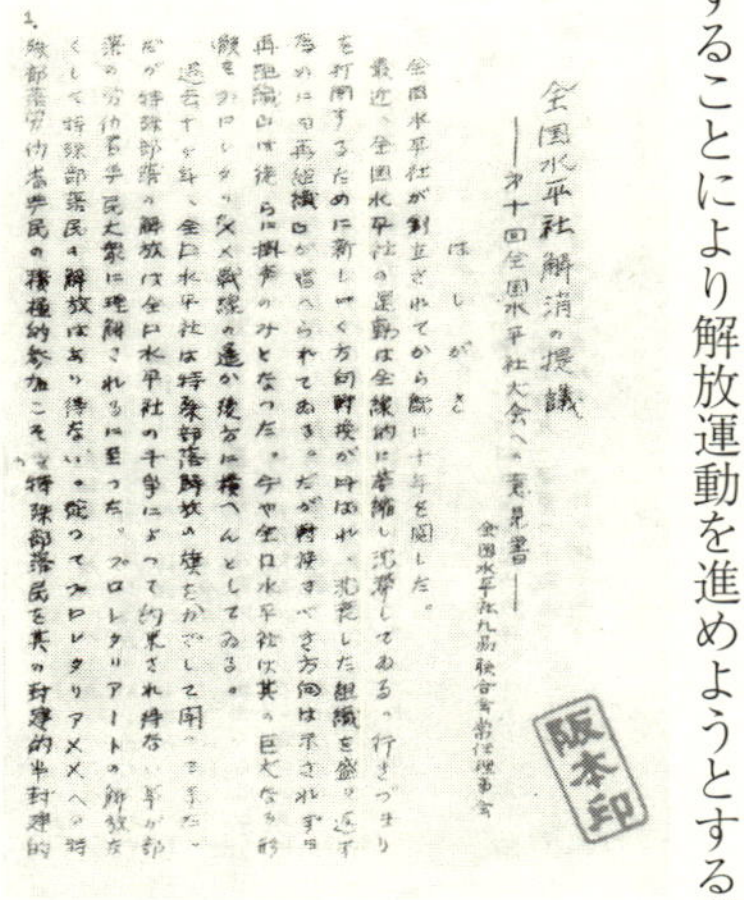
全国水平社解消の提議
――第十回全国水平社大会への意見書――
全国水平社九州聯合会常任理事会
はしがき
全国水平社が創立されてから既に十年を閲した。
最近、全国水平社の運動は全線的に委縮し沈滞してゐる。行きづまりを打開するために新しい方向転換が叫ばれ、沈滞した組織を盛り返す為めには再組織が唱へられてゐる。だが轉換すべき方向は示されず、再組織は徒らに掛声のみとなった。今や全国水平社は其の巨大なる形骸をかついで久しく戦線の遙か後方に横へんとしてゐる。
過去十ヶ年、全国水平社は特殊部落解放の旗をかざして闘って来た。だが特殊部落の解放は全国水平社の手によって約束され得ない事が部落の労働者農民大衆に理解されるに至った。プロレタリアートの解放なくして特殊部落民の解放はあり得ない。従ってプロレタリア××への特殊部落労働者農民の積極的参加こそ特殊部落民を其の封建的半封建的

「全国水平社解消の提議」

その提案は、一九三一年、全国水

＊2　ロシア革命を主導したレーニンが、一九一九年三月に創設した国際主義的な共産主義組織で、正式名称は共産主義インターナショナル。レーニン死後のこの時期には、社会民主主義を敵視する極左戦術が採用されていた。

高松差別裁判全国部落代表者会議（1933年8月28日、大阪・天王寺公会堂）

平社九州連合会常任理事会より「全国水平社解消の提議（第十回全国水平社大会への意見書）」として出されました。しかし、そのもとでも差別事件は頻発しており、司法省も、被差別部落住民にかかわる差別糾弾その他の紛争は、水平社運動が起こったころに比べて著しく減少したとはいえ、「未だ全然その跡を絶つに至らず」と記しています。

　そして一九三三年に香川県で起こった高松差別裁判闘争をきっかけに、ふたたび各地で差別糾弾運動が高揚しました。高松差別裁判闘争は、一九三三年、高松地方裁判所が香川県の被差別部落出身の男性とその兄に対して、二人が「部落民」であることを告げないまま、仕事帰りの船中で知り合った女性と弟の方が結婚したことを判決文中にあげ、誘拐罪を適用したことから、水平社が抗議に立ち上がった事件です。論告求刑や予審調書には、「特種部落」「特殊部落民」という呼び方が記されており、「解放令」で否定されたはずの身分が前提とされたことは、これまで運動に立ち上がっていなかった被差別部落の人びとをも抗議行動へと結集させ、高松差別裁判取消要求請願行進が展開されました。その結果、判決の取り消しはなりませんでしたが、高松地裁で論告にあたった検事は左遷となり、被告の男性二名は、刑期よりも早く釈放されました。*3

そのような状況のもとで、水平社解消論は修正を余儀なくされ、同年、解消論を提起したグループから部落民委員会活動（三四年に「部落委員会活動」に変更）が提起され、被差別部落住民の生活に密着した運動がめざされていきました。

*3　香川人権研究所『高松結婚差別裁判の真相』二〇〇四年、及び『部落解放』第五二〇号、二〇〇三年七月〈特集　高松差別裁判糾弾闘争70周年〉を参照。

「国民一体」への合流

しかしながら、実際に展開された部落委員会活動の内実は、政府に経済施策を要求することが中心であり、一九三五年の全国水平社第一三回大会では、「被圧迫部落大衆の生活を擁護せしめ、これを人民的融和の重要なるモメント」とすることが掲げられました。これは、融和政策を排撃していたかつての姿勢からの大きな転換でした。

また、水平社運動を最前線で担ってきた人びとのなかから、治安維持法による相次ぐ弾圧を受けて、転向（共産主義者・社会主義者が、権力の強制などによって、その思想を捨てること）し、しだいに権力との距離を縮める動きも出てきました。折から一九三三年、日本共産党の指導者佐野学《さのまなぶ》・鍋山貞親《なべやまさだちか》*4が共産党員のまま獄中から転向声明を出したことが衝撃を与え、それを機に、共産党員の大量転向が生じていました。す

*4　本書第13章二〇〇頁を参照。

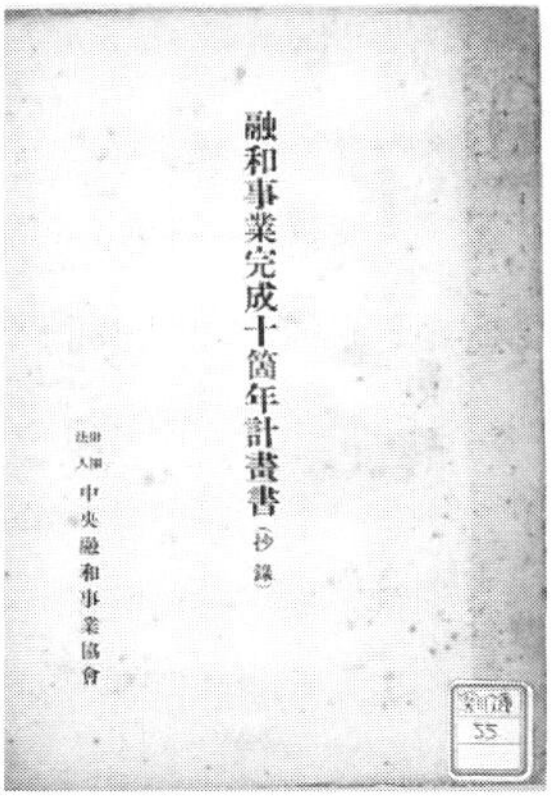

「融和事業完成十箇年計画書」

でに西光万吉《さいこうまんきち》・阪本清一郎らは『街頭新聞』を発行して国家社会主義に転じており、翌三四年には大日本国家社会党が結成されるとそれに入党していきました。

「国民一体」の実現をめざしていた中央融和事業協会は、このような水平運動の動きを受けて、一九三五年、「融和事業完成十箇年計画」を打ち出すにいたります。これは、以後一〇年の間に融和事業を総合的かつ集中的に行うことでその完成をめざし、その後残された課題があってもそれは融和事業という特別施策ではなく、「一般施設」によって行うというものでした。

ここで注目しておくべきは、「融和事業の根本精神」は、「名は融和であっても、その実は部落の一般化であり、また部落そのものの解消でもある」（傍点―引用者）とされていたことでした。それは、部落の経済や文化の向上が「知らず識《し》らずの裡《うち》に」部落問題の解決につながっていくという、きわめて楽観的な見通しを示していました。そうして、「部落そのものの解消」を急ぎ、それを部落問題解決の到達点と見なすこの考え方は、人口の緩和をはかり、生活の安定を得るために移住を奨励するという施策に結びついていくこととなり、のちに述べる「資源調整事業」、そしてそのもとでの「満州」移民を準備していくことになりました［黒川一九九九］。

日中全面戦争の開始と水平社による戦争協力の表明

一九三七年七月七日、中国北京郊外の盧溝橋《ろこうきょう》で軍事演習をしていた日本軍兵士一名が行方不明になったことから、日本軍が中国軍を攻撃した盧溝橋事件がきっかけで、日本は中国との全面戦争に踏み出していきました。それにともない、一九三七年には国民精神総動員運動が開始され、「挙国一致《きょこくいっち》」「尽忠報国《じんちゅうほうこく》」「堅忍持久《けんにんじきゅう》」をスローガンに宮城遥拝《きゅうじょうようはい》や神社への集団祈願が実施されました。また、翌三八年には、国家総動員法が施行されて、議会の承認なしに戦争のために必要な物資やエネルギー資源、労働力などを統制し運用できることとなり、政府の権限が強まりました。こうして国民を侵略戦争に駆りたてていくための体制づくりが整えられていきました。

それにともない、無産政党や労働運動・農民運動なども次々と戦争協力に転じていきました。全国水平社も、日中全面戦争への突入を機に「挙国一致」に協力する姿勢を明らかにしています。一九三七年九月に全国水平社拡大中央委員会が発表した「非常時に於ける全国水平運動」では、「挙国一致」への参加を表明したうえで、「非常時局の下に於ける差別糾弾は真の挙国一致を実現せしむるという建前から問題を処理しなければならぬ」とし、「常に差別に対する糾弾を、国民融和への契機として処理し」

ていく態度を明らかにしました。それは、政府の唱える「挙国一致」を差別解消にひきつけて理解することでそれに期待を託したものであり、ここではとりあえず、「挙国一致を実現せしむる」ことはたてまえであり手段であって、本来の目的は差別の解消にあるとの姿勢がかろうじて保たれていました。

「大東亜建設」への「国民一体」の従属

一九三七年末から三八年にかけて行われた人民戦線事件と呼ばれる二度にわたる弾圧は、三重県の朝熊《あさま》闘争＊5〔川村一九七二〕をはじめ水平社運動関係者のなかからも検束者を出し、反戦・反ファシズムの運動や言論を終息させて、これまでそれらの運動を闘ってきた人びとをも戦争支持へと駆りたてる転機となりました。

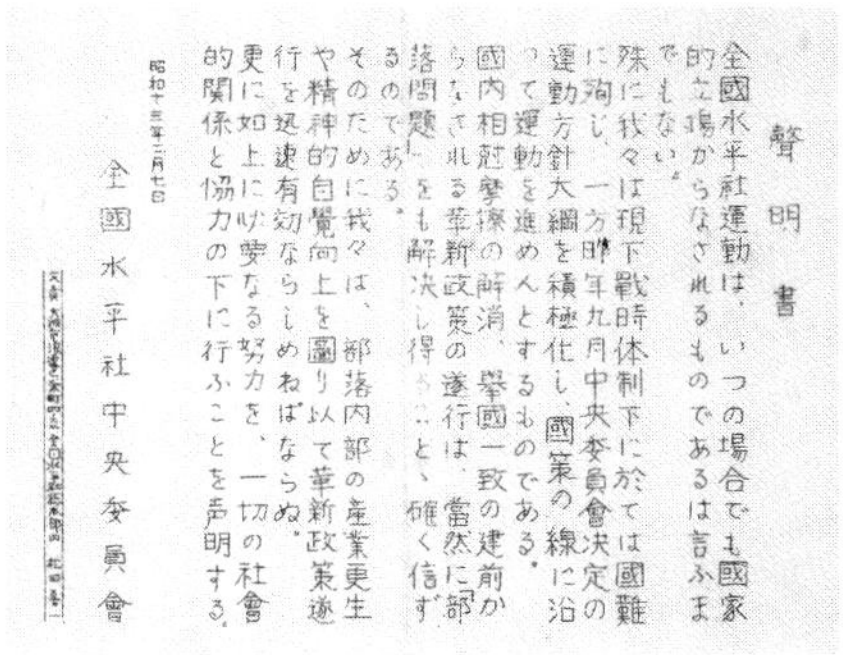
聲明書

全國水平社運動は、いつの場合でも國家的立場からなされるものであるは言ふまでもない。

殊に我々は現下戰時体制下に於ては國難に殉じ、一方昨年九月中央委員會決定の運動方針大綱を積極化し、國策の線に沿つて運動を進めんとするものである。

國内相剋摩擦の解消、擧國一致の建前からなされる革新政策の遂行は、當然に部落問題をも解決し得るものと、確く信ずるのである。

そのために我々は、部落内部の産業更生や精神的自覺向上を圖り以て革新政策遂行を迅速有効ならしめねばならぬ。

更に如上に必要なる努力を、一切の社會的関係と協力の下に行ふことを声明する。

昭和十三年二月七日

全國水平社中央委員會

全国水平社中央委員会の「声明書」
（1938年2月7日）

水平社もまた、一九三八年二月七日の全水中央委員会で、「我々は現下戦時体制下に於ては国難に殉じ、一方昨年九月中央委員会決定の運動方針大綱を積極化し、国策の線に沿うて運動を進めんとするものである」との声明を出し、

＊5　朝熊闘争の指導者であった植木徹之助について、詳しくは、川村善二郎「二　人間平等の信念に徹した生涯——植木徹之助おぼえがき」（一九八三年六月初出、朝熊町歴史史料集編集委員会編『朝熊町歴史史料集　近代編』一九九六年）、植木等『夢を喰いつづけた男——おやじ徹誠一代記』（朝日新聞社、一九八四年）を参照。

綱領も六月の中央委員会において、「我等は国体の本義に徹し国家の興隆に貢献し、国民融和の完成を期す」と改め、戦争とファシズムに対する抵抗の旗を降ろしました。それは、前年の「挙国一致」表明の段階からさらに一歩後退して、水平社が主体性を失い、国家主義実現に部落問題解決をゆだねる方向に転じたことを意味するものにほかなりませんでした。かつての水平社ボル派は、一九三九年、部落厚生皇民運動を立ち上げて「皇民」への一体化を果たすことに部落問題解決の方向を見いだし、かたや松本治一郎ら総本部派は、一九四〇年、水平運動と融和運動が合体して新体制運動を推し進めるべく大和《たいわ》報国運動[*6]へと突き進んでいくなど、路線のちがいをはらみながらも、ともに侵略戦争の片棒を担《かつ》いでいきました〔朝治二〇〇八〕。

融和教育の開始

戦後行われてきた同和教育の前身にあたる融和教育が開始されたのも、戦時下において、「国民一体」をつくりだす必要からでした。同じ時期に、植民地朝鮮や台湾、そして沖縄でも、人びとを忠実な皇国臣民として育成し、侵略戦争に駆り立てていくための皇民化政策が実施されていきました。[*7]それらは、「皇民化」という名の「同化」の強要でした。

中央融和事業協会は、一九三三年度から教育者の講習会などを手がけていました

＊6　一九四〇年、松本治一郎ら水平社の総本部派は、水平運動と融和運動が合体して新体制運動を推し進めるべく、提唱した。朝治武「水平社論争の群像（二〇）大和報国運動」（『部落解放』第六九七号、二〇一四年八月）を参照。

＊7　宮田節子『朝鮮民衆と「皇民化」政策』（未來社、一九八五年）、水野直樹『創氏改名――日本の朝鮮支配の中で』（岩波新書、二〇〇八年）、樋浦郷子『神社・学校・植民地――逆機能する朝鮮支配』（京都大学学術出版会、二〇一三年）等を参照。

が、三七年度からは融和教育研究協議会を開催し、さらに翌三八年度より融和教育研究指定校制度を設けました。指定校には、この制度が行われていた一九四〇年までに全国で一八校が選ばれ、それとは別に、三七年度から各府県の融和団体が指定した学校は、全国で二〇〇を超えています。一九三八年には、文部省も「国民融和ニ関スル件」、「融和教育ノ徹底ニ関スル件」を出して取り組みに着手し、四〇年一月には、文部省内に融和教育研究会も組織されることとなりました。

そうした背景には、日中全面戦争が始まって以来、戦死者に対する慰霊祭や出征軍人見送りの際にも差別事件が起こっており、砲煙弾雨《ほうえんだんう》の下においてすら差別事件が起きていることを、文部省自ら嘆かざるをえず、「限りなき差別問題は何れも東亜新秩序建設途上の一大障害」であると述べています。しかし、前述の皇民化政策推進と同様に、目的は戦争を支える「皇国民の錬成」にあり、部落差別の解消はそのための障害となる矛盾をとりのぞくことの一環でしかありえず、それゆえに日米開戦後には、しだいに部落問題解決のための固有の対策は講じられなくなっていくのでした。

「民族」による包容

政府や中央融和事業協会は、「国民一体」のたてまえと実態とのへだたりを多少なりとも埋めるための方策に乗り出さねばなりませんでした。

一九三八年六月一三日、政府は、中央融和事業協会からの陳情を受けて、戸籍上の族称《ぞくしょう》欄の廃止を決定し、司法省、各地方裁判所長に通牒《つうちょう》を出しました。

また、「国民一体」を支えるために、被差別部落起源論の組み直しも行われました。一九三〇年代には、協会機関誌『融和事業研究』など融和運動の場で多用される被差別部落の呼称が、「少数同胞」になります。それは、「天皇の赤子《せきし》」に包摂しようとするものでした。

その一方で、溝口靖夫『我国社会史に現はれたる差別感情とタブー』(『融和事業研究』第三四輯〈特輯号〉一九三五年六月)、遠藤利男「欧米諸国に於ける人種及階級間の融和策」(『融和事業研究』第二五輯、一九三三年三月)をはじめとして、安易な天皇赤子論ではない、かなり自由で高度な社会学的議論も展開されていました。しかし同時に、そうした文化的な「差異」は部落問題の本質ではなく過渡的なものに過ぎず、したがって「国民一体」への包摂も容易であるとされ、やがてそのような認識は、政府・協会が部落問題を「賤視《せんし》観念」にすぎないと見なしたことと歩調を合わせて、「一君万民」論に接合していくこととなりました。そうして、「現代日本は温かな同胞相愛、民族一体の国民意識によつて団結」していることをもっぱら強調するような議論(河野省三「国民意識と正義感」『融和事業研究』第一七輯、一九三一年七月)に取って代わられていくのでした。

一方、日本の人類学においても、日中全面戦争開始以後、「大東亜共栄圏の民族政策」に資するためのものが盛んに行われていき、「民族」という融通無碍《ゆうづうむげ》な概念を使用することにより「大東亜共栄圏」下の「民族」をも包摂する論理をつくりだしていきました〔坂野二〇〇五〕。

そのような学問的な動向のなかで、被差別部落についても、少なくとも、政府や融和団体などが記したものにおいては、すでに「人種」「種族」のちがいをいうようなものはほとんどなくなり、「民族」という概念をもちだすことによってそのなかに被差別部落の人びとも包摂されていました。しかし、そのことはかつて被差別部落に対して行ってきた生物学的な線引きの克服を必ずしも意味せず、生物学的な意味での「人種」の差異を棚上げにして「民族」という文化的な概念で歴史や文化の共通性を主張することで、変幻自在に境界を消滅させたり、あるいは必要に応じてつくりだすことを可能にしたのでした。したがって、かつての「人種」概念の検討・批判が行われ、それを克服したうえでの到達点ではありえませんでした〔黒川二〇〇四〕。

「反国家的行為」としての差別

文部省社会教育局は、一九四二年八月、『国民同和への道』を刊行して「同和教育」の方針を提示しました。そうして、「日本民族はもと単一民族として成立したものではな」く、「混融同化」した結果「皇化の下に同一民族たる強い信念を培われて形成せられた」ものであり、部落差別には「今日その存続を承認すべき何等の合理的根拠も見出されない」と断言しました。したがって現存する差別は「国民生活の内に残された反国家的な欠陥であり、時代錯誤的な矛盾」にほかならないのであり、それらは「東亜新秩序建設」とともに克服解消されていくはずのものとされました。こうして部落差別は「反国家的」行為であるとの大義名分を獲得することとなったのでした。しかし、以下に述べるように、戦時下においてもやはり差別事件は頻発しており、むしろ「国民一体」のたてまえが流布したことにより、かえって、「国民一体」と矛盾するものとして差別が告発されるという側面もありました。

大政翼賛会と同和奉公会の成立

一九三九年、第二次世界大戦が始まり、翌四〇年には日独伊三国軍事同盟が結ばれてファシズム国家の提携がなされました。同じ年、時の首相近衛《このえ》文麿《ふみまろ》は、ナチス・ドイツにならって、「一国一党」体制をつくりだすことをめざして新体制運動を起こし、その結果、政党は次々に解散して大政翼賛会《たいせいよくさんかい》が誕生します。[*8] そのもとで労働組合も解散して大日本産業報国会が組織され、全国水平社もまた、言論集会結社等臨時取締法に基づいて思想結社としての適用を受け、許可制のもとであえて願書を提出しなかっ

＊8　伊藤隆『大政翼賛会への道——近衛新体制』（講談社学術文庫、二〇一五年）を参照。

たことにより、一九四二年一月二〇日、自然解消となったことはよく知られています。

かたや融和団体の方は、一九四一年六月二六日、中央融和事業協会の改組により、「官民一体の強力なる融和運動」と銘打って同和奉公会《どうわほうこうかい》が誕生し、かつての水平社のメンバーも、それに、被差別部落の生活を護るための活動の場を見いだしていきました。こうして部落問題に取り組む機関は、唯一、同和奉公会となったのでした。

資源調整事業と「満州」移民

同和奉公会に一元化された融和運動がめざしたのは、「一大家族国家」建設のスローガンのもとでの「国民一体」体制の実現でした。そのための二本柱は、一九四〇年に決定された「資源調整事業」と融和促進運動でした。

資源調整事業とは、被差別部落の「人的資源」すなわち労働力を、国策に応じて供出するというもので、具体的には、時局産業、すなわち戦争に必要な産業への転業を促すことと、「満州《まんしゅう》」移民でした。一九三九年には「融和事業完成十箇年計画」の改訂が行われ、部落問題解決のための独自の政策は後退して、「皇国日本の真姿」を顕《けん》現《げん》し、「新東亜建設の国策に即応」することが目的になっていきました。そうしてこのとき、「満州」移民が改訂後の計画の中心に位置づけられ、資源調整事業は、その延長線上に出てきたものでした。

「満州」移民は、特に日中全面戦争開始後は、村をあげての分村移民や満蒙開拓《まんもうかいたく》青少年義勇軍《せいしょうねんぎゆうぐん》によるものが奨励されました。被差別部落は、土地や財力などが乏しく、三五％の過剰人口をかかえていると見なされており、「満州」に行けば、差別からも逃れられて一挙両得であるとして、融和政策の柱にとり入れられていったのでした。

来民開拓団の人びと

しかし、それらの政策は思ったような効果をあげませんでした。同和奉公会の会議の場でも、「国民一体」への期待と現実との乖離《かいり》に対する不満が噴出しました。「満州」農業移民も、被差別部落民は、貧農や不安定な職業にしか就いていない者でも移民を厭《いと》う傾向があるといい、中途挫折して「満州」から帰郷する者もかなりの数にのぼっていることなどが報告されています。そのようななかで、自由な選択に任せておいたのでは移民者が増えないため、移民を拒否することは国策への協力を拒むことであり、「臣民」の進むべき道ではないとまで言われるようになり、「全体」の論理の前に個人の立場を放棄することが求められていくこととなりました。熊本県鹿本《かもと》郡来民《くたみ》町と熊本・福岡・大分県の被差別部落民で組織された来民開拓団の二七五名が、日本の敗戦から二日後の一九四五年八月一七日、満州国吉林《きつりん》省扶余《ふよ》県五家站《ごかたん》の地で集団自決を遂げたことは、まさにそうした政策が生んだ〝悲劇〟でした〔大阪人権歴史資料館一九八九、高橋一九九五〕。

資源調整事業のもう一つの柱である転職も、差別や「教育程度の低さ」という壁に阻まれ、容易には進みませんでした。また、依然深刻な日常の差別からぬけ出せなかったことも、人びとの不満をかき立てました。かつての水平社の指導者の一人であった朝田善之助《ぜんのすけ》も、この当時を振り返って、「戦時下には、その時局を反映して、軍隊の入隊歓送や、戦死者の遺骨出迎え、戦死者の石碑などにからまる差別事件がいたるところにひんぱんにおこっていた。こういう差別事件には、必ず事件に警察が介入し、金銭でおさえるという方法が常套《じょうとう》手段となっていた」と語っています（『新版差別と闘いつづけて』朝日新聞社、一九七九年）。

「同和運動」の消滅

しかし、やがては、戦争への動員が強化・拡大されていくなかで、同和奉公会はますます大政翼賛会に従属するだけの機関となっていき、また、それにもかかわらず、それを内部から批判する声すらもしだいに消え失せていきました。これまでにも述べてきましたように、戦時下になって、差別は「国民一体」に逆行するものであり、「反国家的」行為であるという社会のコンセンサスが得られたことは、それがただちに部落差別の解消に結びつくものではなかったとはいえ、ひとつの前進にちがいありませんでした。しかしながら、その反面、戦争遂行のための「全体」の論理が優越するようになって、しだいに、被差別部落固有の利害や要求を打ち出すこと自体が、功利的であり利己的であるとされる状況がつくられていきました。

こうして、戦争末期には、同和奉公会の機関紙『同和国民運動』からも、部落問題の記事はおおむね消え失せ、大半は、「戦力増強」をめざす運動や施策を伝える記事によって占められていきました。そうしてその機関紙自体も、一九四五年一月を最後に発行されなくなり、戦局の悪化とともに部落問題はまったく顧みられなくなっていったのでした。

第16章●戦後改革と部落解放運動の再出発

部落解放全国委員会の結成

戦時下で壊滅と逼塞《ひっそく》を強いられた社会運動も、敗戦後、再出発を遂げていきました。そのなかでもいち早く立ち上げに着手したのが、部落解放運動でした。敗戦からまもなく（時期については、一九四五年八月、一〇月など諸説あります）、全国水平社ボル派の中心的メンバーであった松田喜一《きいち》、朝田善之助《ぜんのすけ》、上田音市《おといち》、北原泰作《たいさく》の四人は、上田の地元三重県にある志摩《しま》郡渡鹿野島《わたかのじま》に集まり、部落解放運動再建の意思確認を行ったといい、それが、いわゆる志摩会談＊1として知られているものです。

それを受けて、翌四六年二月一九日、全国部落代表者会議が開かれ、そこで松本治一郎を委員長に擁して部落解放全国委員会が結成されました。そこには、先の四名と松本のほかに、山本政夫、武内了温《りょうおん》＊2、梅原真隆《しんりゅう》＊3ら旧融和運動関係者を含む人びとが結集しました。敗戦を経て政府が掲げる価値規範が軍国主義から民主主義へと一八〇度転回したにもかかわらず、イデオロギーに左右されることのない部落解放という

＊1　和田勉「部落史の窓（4）「志摩会談」をめぐって」（『部落解放研究』第八六号、一九九二年六月）等を参照。

＊2　真宗大谷派における同和運動の創始者で、一九二六年、融和団体真身会を立ち上げた。

＊3　浄土真宗本願寺派の僧侶で、一九二七年、西本願寺一如会の評議員として融和運動に挺身した。

部落解放全国委員会結成記念写真（1946 年 2 月）

課題であったがゆえに、直ちに運動立ち上げに向かうことができたのだといえましょう。また、前章で述べたように、限られた期間であったとはいえ、戦時下に水平社と融和団体の双方関係者が同和奉公会に合流して活動していたことも、両者の大同団結を容易にしたと考えられます。

また、一九四八年には、京都に部落問題研究所が設立され、以後それは、部落問題に関する学術研究の拠点となっていきました。[*4]

天皇制との対決

一九四五年一〇月四日のいわゆる人権指令[*5]を契機として議論が噴出した天皇制の問題は、部落解放全国委員会でも議論を呼び起こしました。

一九四六年二月二〇日、部落解放全国委員会結成大会の翌日に京都で開かれた部落解放人民大会では、福岡の井元麟之《いもとりんし》は、「我々被圧迫部落民衆こそは、征服者が支配している天皇制に、最も鋭く対立する処《ところ》のものであります」と述べて、「征服者」の頂点に天皇制を位置づけました。北原泰作も同様、「天皇族によって征服された処の

＊4　部落問題研究所から雑誌『部落』、ならびに『部落問題研究』が刊行された。部落問題研究所について詳しくは、部落問題研究所編『部落問題研究所五十年の歩み』（一九九八年）を参照。

＊5　GHQが、自由を抑圧する制度の廃止を命じた指令。東久邇《ひがしくにの》宮《みや》内閣はこの指令を実行できないとして総辞職し、続く幣原《しではら》内閣のもとで、政治犯の釈放、治安維持法の廃止等が行われた。

土族」に「被圧迫部落民の遠い祖先」を見いだし、「ブルジョア革命を不徹底に終って、天皇制的な絶対専制的な財閥、結託せる軍閥、官僚的な地主のこの日本の支配体制こそ、我々を極めて悲惨な奴隷的な状態に陥れている処の歴史的根拠であることを我々は知らなければならない」と述べて、そのうえでの「民主統一戦線」を呼びかけました。松本治一郎も、「完全なる民主々義革命の達成とは、封建的な旧勢力を根本的に一掃することであります。即《すなわ》ち人民大衆の上に不都合極まる優越感を以《も》って、君臨している上層身分の者を、完全になくすることであります」と述べていました（京都部落史研究所編『復刻　部落解放人民大会速記録』）。

　前述したように部落解放全国委員会は大同団結のうえになる組織であり、「決議」には、「我等は華族制度・貴族院・枢密院《すうみついん》*6その他一切の封建的特権を廃止して身分的差別の撤廃を期す」と記すにとどまりましたが、旧水平社左派のメンバーを中心に、天皇制は克服すべき対象として重視されていました。ただし、この時期に噴出した天皇制論の大半がそうであったように、天皇制は封建的反動勢力の象徴という理解であり、部落解放全国委員会も、制度としての天皇制を打倒することに終始しました。一方、政治学者の丸山眞男《まさお》は、敗戦からまもなく書いた「超国家主義の論理と心理」（一九四六年）のなかで、「国家的社会的地位の価値規準はその社会的職能よりも、天皇への距離にある。（中略）我国に於《おい》ては「卑しい」人民とは隔たっているという意

＊6　明治憲法体制下における天皇の最高諮問機関。政党内閣期には、しばしば内閣と対立した。

識が、それだけ最高価値たる天皇に近いのだという意識によって更に強化されているのである」と分析してみせ、天皇制を支える国民の精神構造を撃つことの緊要性を説きました。しかしながら、部落解放運動においては、天皇制打倒は外部からもたらされた政治的スローガンにとどまり、自己の内面に照らしてとらえ返すことは容易ではありませんでした。

一九四六年一一月三日に公布された日本国憲法では、第一四条に「すべて国民は、法の下に平等であって、人種、信条、性別、社会的身分又は門地により、政治的、経済的又は社会的関係において、差別されない」と謳《うた》いました。そこにいたるまでには、松本治一郎をはじめとする部落解放全国委員会幹部やその他関係者たちの意欲・期待が連合国軍最高司令官にぶつけられ、おそらくはそれが奏功して、一九四六年三月六日に日本政府側の出した「憲法改正草案要綱」の「社会的地位」の文言が、同年六月二〇日に帝国議会に提出された「憲法改正草案」では「社会的身分」に変えられたのでした［高野二〇〇七］。

貴族あれば賤族あり

一九四八年一月に起こったいわゆるカニの横ばい事件は、運動がすり抜けていこうとした精神構造としての天皇制との対決の契機をはらんでいた点で注目すべきものです。それは、「貴族あれば賤族《せんぞく》あり」の言葉を残したことで知られ、当時参議院議員副議長であった松本治一郎[*7]が、国会開会式に臨席する天皇に対する議員たちの拝謁《はいえつ》姿勢があたかも「カニの横ばい」のごときであるとしてそれを拒否し、議論を呼び起こした事件でした。

ＧＨＱ（連合国軍最高司令官総司令部）民間諜報《ちょうほう》局の得た情報によれば松本は、「……天皇には、敗戦によって人びとをたいへん悲惨な状態に陥らせた、あの無謀な戦争の責任がある。彼には、何も知らされず、権限もなかったという事実は、この責任を回避する口実にはなりえない。人民を搾取する機関として長い間利用され続けてきた天皇制は、人民共和政府を実現するために、直ちに根本的に廃止されるべきである。このために、私は絶え間なく闘い続けるだろう。……」（民間諜報局「七六、天皇制廃止のために絶え間なく闘う松本治一郎」一九四八年八月一一日通信書簡）と主張していました。また松本は自らこの事件を振り返って、「要は、日本の民主化のためにうしなわれた人間性をとりかえすために、天皇制につきまとう古い無意味なハンブンジョクレイ（繁文縟礼—引用者）を一つ一つ打破していく必要があったのである。（中略）人間天皇を人間以上のものにデッチあげ、これを神格化し拝むような形で崇拝するということは人間に対する尊敬ではなくて、むしろ侮辱である。（中略）人より上に人はなく、人より下に人はないのだ」（『部落解放への三十年』一九四八年）とも述べています。

＊7　松本治一郎について、詳しくは、部落解放同盟中央本部編『松本治一郎伝』（解放出版社、一九八七年）、西日本人物誌編集委員会岡田武彦監修・福岡人権研究所著『松本治一郎』（西日本新聞社、二〇〇三年）、高山文彦『水平記』（新潮社、二〇〇五年）、Ian Neary "The Buraku Issue in Modern Japan: the career of Matsumoto Jiichiro" Routledge, 2010、等を参照。

松本は、そのような果敢な闘いを展開したがゆえに、一九四九年一月、第二次吉田茂内閣のもとで、戦時下に大和《たいわ》報国運動の理事であったことを理由に公職追放の対象とされたと考えられます。

とり残される被差別部落

敗戦後の被差別部落の実態と生活は、原爆によってすべてが焦土と化した被差別部落もあり［長崎県部落史研究所一九九五］、空襲で廃墟となったところやそのまま生き残ったところなどさまざまでした。[*8]

空襲などの直接的被害に遭わなかった被差別部落の人びとにとっての敗戦は、たんに戦後の食糧難などによって困窮していく日常生活の出発点にすぎませんでした。一九四六年から二次にわたって農地改革が行われましたが、その恩恵にも浴さない人びとも多かったのです。戦前からの融和政策の主導者であった山本政夫は、「農地制度の改革によって部落農家の二割程度のものはその地位も安定し生活もいくらか楽になったと見受けられるが、その反対に、農地改革から除外された三反歩以下の貧農はもちろん、五反歩内外の零細農全体が相変わらず惨《みじ》めな生活をくり返している。これらの零細農のなかに多くの半失業者が潜在しており、とくに女子が圧倒的に多数を占めていることは注目されねばならない」と述べています（［同和対策の前進のために」

＊8　山代巴編『この世界の片隅で』（岩波新書、一九六五年）には、広島市福島町が取り上げられている。［黒川・藤野二〇一五］も参照。

一九五九年九月)。

そのような状況のもとで、被差別部落の人びとは、ヤミ屋や堤防工事など、生活の糧になりうるあらゆる仕事を探し求めて戦後を生き抜いてきたのです。やや時代は下りますが、部落解放同盟(一九五五年に部落解放全国委員会が改組)機関紙『解放新聞』は、同和対策事業が行われる以前の一九六〇年ころの、千葉県のある被差別部落のようすを次のように報じています。被差別部落は三八戸四〇世帯、一二五名からなり、そのうち五、六反の土地所有者が三戸、三反から五反が六戸で、それ以外は一反未満か、まったく土地を持っておらず、東京の皮革工場に通勤する者が多い。長欠児童も小学校で一二名、中学校で六名おり、ほとんどが生活困難な家庭である。その生活は「原始的」で「今なお穴グラ式」である、と(第一八七号、一九六一年二月五日)。

これらに明らかなように、被差別部落は、農地改革が実施されてもその多くは農業経営のみで生計を営めるほどの規模ではなく、依然差別によって安定した仕事の途《みち》を阻まれ、戦後復興のなかにあって部落外との格差を強いられていきました［黒川二〇〇九］。

国策を求めて／部落解放同盟の成立

一九五一年、オール・ロマンス事件が起こりました。雑誌『オール・ロマンス』

（一九五一年一〇月号）に掲載された「曝露《ばくろ》小説　特殊部落」が舞台にした京都市内の被差別部落は、ドブロクの密造場所であり日傭労働者や博徒《ばくと》たちが徘徊《はいかい》する場として描き出されており、それはまさしく、戦後復興からとり残された被差別部落の姿そのものであり、部落解放全国委員会はそれを梃子《てこ》に行政的施策の不備を暴露し、行政闘争高揚の契機としていきました。当初運動は、被差別部落に対する猟奇《りょうき》的で差別的な認識を問題にしましたが、作者が京都市職員であったことから、小説の背景となるような部落の実態を放置してきたことと合わせて、二重の意味における市の責任を問いました。

「曝露小説　特殊部落」が掲載された『オール・ロマンス』

小説それ自体は、在日朝鮮人の父をもつ青年医師の主人公と京都の部落に住むやはり朝鮮人の女性の、ともに同じ境遇を背負う者同士の恋愛が軸となっており、その背景として、在日朝鮮人と部落住民が混在しながら織りなす部落の実態が描かれたのでした。登場人物が在日朝鮮人でありながら解放委員会がその点を不問にしているのは、そもそもこの事件を敷衍《ふえん》して民衆の差別的な認識を問うことよりも、住環境改善を要求する行政闘争の途を選んだことの結果として当然でもありました。この小説のなかで飛び交い、タイトルにもなっている「特殊部落」という言葉や、「人種を超越した崇高なるヒューマニズムの華！」といった謳い文句に用いられている「人種」という把握も、世間では被差別部落と重ねて受けとめられていきました。部落解放全国委員会は、この事件を奇貨《きか》として行政闘争に転じるために、あえてそうした差別の徴表をも一手に引き受けたともいえますが、「人種」という徴表がいとも容易に被差別部落に付着されるものであったことも看過しえません。[*9]

同年一〇月、三重県松阪市の自由労組員[*10]二七一名が市職業安定所に完全就労を要求して座り込み、検束されるという事件が起こりました。このうち二〇〇名は被差別部落住民であるといわれており、これも被差別部落のかかえる大量失業者の問題を改めて世に問うきっかけとなりました。さらに翌五二年二月に和歌山県で起こった「西川議員差別事件」と呼ばれる県会議員の差別発言に発する糾弾事件などを経て、一九五三年七月三一日、部落解放全国委員会は、部落差別は地方自治体の、ひいては政府の行政的貧困に起因するとして、政府に「部落解放行政に関する要請書」を提出し、行政闘争にいっそう力点を移していきました。

都市型部落では特に失業対策は重要な問題であり、一九四九年、緊急失業対策法が制定されて「失対労働者」となることが、生活の糧を得る大きな柱となっていきまし

＊9　オール・ロマンス事件をめぐる近年の議論については、大阪人権博物館編刊『「オール・ロマンス事件」再考』（二〇〇二年）を参照。

＊10　日雇労働者の組織。一九五七年、全日本自由労働組合（略称全日自労）となる。

た。このような被差別部落の失業と経済的貧困の問題に対して、地方自治体も独自に予算を計上して対策に取り組みはじめます。和歌山県で一九五一年七月に開かれた西日本同和対策協議会を機に、部落問題にかかわる地方公共団体の職員が中心になって全日本同和対策協議会が結成され、国策要求の陳情が行われました。京都府議会も、一九五二年一二月一〇日、「同和問題解決の国策樹立に関する意見書」を提出しています。

行政闘争への路線転換のなかで大衆的基盤を拡大していった部落解放全国委員会は、一九五五年八月に開催された全国大会で、「名実共に部落大衆を動員し、組織し得る大衆団体としての性格を明らかにし、そして真に全部落民団結の統一体として、解放闘争を飛躍的に拡大発展せしめるべきである」(「第十回全国大会」部落問題研究所編刊『戦後部落問題の研究』第四巻)として、部落解放同盟と改称しました。

立ち上がる女性たち

女性が運動に参加していくまでには、戦前の婦人水平社が幅広い運動を展開できずに潰《つい》えたように、少なからぬ時間を要しました。独自に部落解放全国婦人集会がもたれ、婦人部が立ち上げられていく経緯については濱口《はまぐち》亜紀が詳細に追っていますが[濱口二〇〇二]、初めて部落解放全国婦人集会が開催されたのは一九五六年のことでした。『解放新聞』の紙面に女性にかかわる記事が掲載されたのは、第二一号（一九五〇年一月一〇日）に設けられた「ふじんのらん」が最初でした。

その後、一九五四年に部落解放全国委員会第九回大会で青年婦人分科会が開かれたのを機に、第六八号（一九五四年六月一五日）から「青婦らん」が設けられます。そうして第九回大会以後、「各地で青年婦人会議が活発に開かれている」といい（『解放新聞』第七一号、一九五四年九月一五日）、それ以後そうした集会の場をつうじて女性自らが声をあげていきました。同年一二月に岡山で開かれた婦人集会では、「婦人だといってバカにしたり、家の中へとじこめておく封建的なことはやめて下さい」「職のあっせんをして下さい。手先の仕事がなかったら土方でも結構です」「未亡人で生活保障をうけている人たちを、さげすまないで下さい」といった声が発せられました。しかし、そうした叫びも、この時期の運動の性格を反映して、「平和を守る」といった大きな政治的課題に流し込まれていく傾向が顕著でした。

一九五五年六月七日から三日間、岡山県で開かれた日本母親大会は、部落解放全国委員会岡山県連合会が支えました。そこでは、子どもの教育に時間を割きたくてもなしえない、「差別と貧乏においこめられた母親の切実な悩み」が吐露されていたのですが（『解放新聞』第七九号、一九五五年五月二五日）、それを報じる文章のあとには、「また」という接続詞で、「おそろしい原子戦争の準備に反対する署名活動に参加する

第１回部落解放全国婦人集会（1956 年３月）

ことをきめました」と続きます。女性たちの問題は、もっぱら「平和を守る」という革新政党の政治的スローガンのなかに封じ込められていったのであり、女性＝母親＝平和主義者という本質主義によって、一般に女性たちが平和運動に動員されていったことが、「「女性」（したがってジェンダー）の主題化を阻む」ことにつながるという上野千鶴子の重要な指摘があります〔上野二〇〇六〕。

一九五五年に部落解放同盟と改められて以後、「婦人分科会」が「青年婦人」から分離して独立にもたれることになり、その模様は、「夫の反対おしきって大会に出席」という見出しで『解放新聞』に報道されました。

女性の社会参加の前に、夫の反対という壁が立ちはだかることはしばしばでしたが、そのようななかでようやく、一九五六年三月二一日、部落解放同盟中央青年婦人対策部の主催により、京都市皆山《かいざん》中学で部落解放全国婦人集会が開催されました。そこには二府一四県から約一〇〇〇名の女性が集まったといいます（『解放新聞』第八八号、一九五六年四月二五日）。

全国同和教育研究協議会の結成

「民主主義」という言葉は敗戦を機に氾濫しましたが、封建的残滓《ざんし》の最たるものとみられていた部落問題に対する社会の認識は、いまだ戦前の延長線上にありました。それだけに、戦前の正負両面の遺産を引き継ぎながら行われていった「同和教育」は、「民主革命」の名の下に制度革命にのみ目が奪われがちであった状況のなかで、差別意識の問題を明るみに出すための重要な使命を負っていました。

和歌山県は、戦前からの京都崇仁《すうじん》小学校の同和教育の指導者として知られる伊東茂《いとうしげ》光《みつ》[＊11]の命名で責善教育と称し、一九四七年三月、教職員組合がいち早く教育問題に取り組んだことで知られています。責善教育を組み立てるにあたっての部落問題の現状認識としてあげられているのが、「一般側に残存している因襲的差別観念が極めて濃厚で且《かつ》根強いものである事実」「関係地区が一般的に、衛生思想や文化、教養等の面から見て遜色《そんしょく》がある事実、これは政治や経済機構等より生じた歴史的罪悪の所産と考えられる」「水平運動当時の恐怖観念が今なお一般側に残り、さわらぬ神にたたりなしとして敬遠的態度をとる事実」などでした（「資料　和歌山県に於ける責善教育」『部落問題研究』第一巻第五号）。

＊11　伊東は、京都帝国大学在学中に小学校の代用教員を経験して部落問題に関心を持つようになり、一九二〇年、京都市の崇仁小学校長に迎えられ、一九四六年まで在任して「同和教育」の先駆的役割を担った。伊東に関する研究に、川向秀武「伊東茂光研究ノート――「崇仁教育」に関連させて」（『部落解放研究』第二号、一九七四年三月）、神楽子治『校長ありき――伊東茂光と崇仁教育』（部落問題研究所、一九八七年）などがある。

第９回全国同和教育研究大会（1957年10月）

こうした認識の広がりのうえに、一九五二年二月の西川議員差別事件、一九五一年五月大阪で起こった南中学校事件、翌年六月の広島県における吉和《よしわ》中学校事件という教育現場での相次ぐ差別事件の発生、そしてそれとほぼ重なり合う時期に出された、学校・社会教育をつうじて「同胞一和《どうほういちわ》の精神を徹底させること」の必要を述べた「文部次官通達」（一九五二年六月二七日）などを経て、一九五三年五月、全国同和教育研究協議会（以下、略称全同教）結成にいたります。

その中心となった大阪学芸大学（現大阪教育大学）教員であった盛田嘉徳《もりたよしのり》は、「我が国民の思想・感情の中に根強く残存している封建性の、最も端的な現れとしての部落の存在は、我が国の民主化の程度をきわめて明瞭に示しているもの」と断じました（「同和教育について」『部落問題研究』第一巻第五号）。

部落問題の存在を民主化の程度の試金石と見るこのような姿勢は、結成された全同教にも継承されており、その結成趣意書は次のように謳い上げています。

人間が人間を差別している。基本的人権が不当に蹂躙《じゅうりん》されている。日本の封建性は今も尚、固く殻を閉して解放への真の喜びの日は尚遠しの感が深い。吾々はその最も代表的な姿を同和問題に見る。実に同和問題の解決こそは新生日本民族に課せられた最も重要な課題であると言わねばならない。この問題の解決なくして日本の民主化は絶対に有り得ない。／民主教育とは個人の自由、平等、人格価値の尊厳を基調とする教育である。若《も》し個人の自由が奪われ、人格が無視され、甚だしく傷つけられる様な事態が存在するならば、民主教育は、敢然としてこの事態と取組み、これと闘う教育でなければならない。――即《すなわ》ち民主教育は当然同和教育に高い位置を与える教育であるべきである。

それは、部落問題さえ取り上げていれば民主教育の証となりうるとするような倒錯した教育界にありがちな姿勢とは異なり、部落問題の視点から日本の民主化の内実を問い、民主教育をうわべだけのものにしてはならないとする真摯《しんし》な態度に支えられていました。そこでは、従来の「同和教育」の、地域間の実践のちがいの大きさを痛感しての連携・情報交換の必要と、運動の力量の拡大をはかることの重要性が認識されていました。そうして被差別部落の経済的低位性が生活・文化的教育的環境の劣悪さを生み、それが被差別部落児童の長期欠席・不就学や、学力・高校進学率の低位につながり、それに加えての就職差別が、さらには被差別部落の失業・半失業状態の比率の高さを招くという悪循環に陥っていることを告発していきました。

第17章●「市民」をつくる／「市民」になる

「市民」をつくる

日本国憲法が発布され平等理念も浸透していくなかで、被差別部落の人びとの存在が近代的な「市民規範」からの逸脱者と見なされ、それがさまざまな形で浮き彫りにされていきました。

一九五六年には、「もはや戦後ではない」が『経済白書』に載ったことが話題を呼び、それは、戦争被害の払拭《ふっしょく》と新たな経済成長の幕開けを告げるものとして受けとめられていきました。日本は一九五〇年代後半から好況となり、一九六〇年以後は、池田勇人《はやと》内閣のもとで所得倍増計画・高度経済成長政策が行われ、[*1]人びとの暮らしも大きく変化を遂げました。しかし、生活水準、教育、そして就職と、著しく不利な状況に置かれてきた被差別部落はますますそうした変化から取り残され、被差別部落と部落外の格差が顕在化していきました。

一九六一年六月、部落解放同盟中央委員会は、「部落解放国策樹立請願運動の方針」

＊1　一九六〇年七月、安保闘争によって総辞職した岸信介内閣に代わって、「寛容と忍耐」をスローガンに登場。国民の生活を豊かにすることで、「政治の季節」からの転換をはかることを意図した。

部落解放国策樹立請願行進（1961年9月）

のなかで、当該時期の現状認識について、「部落問題は今日なお解決していない。それどころか、差別はますます悪質となった」として結婚問題での自殺の増大などを指摘し、また農地改革の恩恵を被らなかった部落の農民は農業基本法で土地から切り離され、「ルンペン化するよりほかに道がない」と告発しています。

政府は、高まりつつあった部落解放同盟の国策樹立要求に押されながら、一九六〇年、同和対策審議会を総理府の付属機関として設置しました。折から、国民皆年金・皆保険に示される日本型社会保障体制が成立していったときであり、政府は、既存の「市民」を囲い込みつつ、高度経済成長にさしかかった経済的ゆとりを背景に、部落問題対策に取り組んでいきました。

時の岸内閣による被差別部落の位置づけは、第一に、部落の労働力を流動化させて企業に吸収し、失対と生活保護が重要な役割を占める部落の生活実態を改善しようとするものであり、第二に、それを補うために、特別対策における環境改善・住環境対策を実施するというものでした。ちなみに、一九六二年の同和対策審議会「全国基礎調査報告」では、北海道、沖縄と回答のなかった東京、神奈川、宮崎、岩手、宮城、山形の六都県を除いて、同和地区人口は一一一万人でした［鈴木二〇一〇］。実現はしませんでしたが、アイヌ民族も労働力として吸収するべく、同和対策に倣《なら》い「ウタリ対策」を行おうとして、同和対策事業特別措置法の「附則」に「ウタリ対策」関係事項を入れる試みもありました［黒川二〇一三］。

「国の責務」の承認——同対審答申

一九六五年八月、同和対策審議会答申が出され、それは、その前文において、「いうまでもなく同和問題は人類普遍の原理である人間の自由と平等に関する問題であり、日本国憲法によって保障された基本的人権にかかわる課題である」と述べ、近代の基本的な理念に照らして「その早急な解決こそ国の責務であり、同時に国民的課題である」ことを明言しました。部落問題の解決を「国の責務」として認めたことは、以後の政策を引き出すうえに大きな意味をもつものでした。同時にそれは、部落問題対策は体制内のものとなったことをも意味しました。併せて留意せねばならないのは、「同和地区の住民は異人種でも異民族でもなく、疑いもなく日本民族、日本国民である、ということである」と記されていた点であり、そのことはそれほどに人種起源説がいまだ一定の影響力をもっていたということの証左でした。

答申の「1　同和問題の本質」は、「近代社会における部落差別とは」として、以下のように説明しています。

近代社会における部落差別とは、ひとくちにいえば、市民的権利、自由の侵害にほかならない。市民的権利、自由とは職業選択の自由、教育の機会均等を保障される権利、居住および移転の自由、結婚の自由などであり、これらの権利と自由が同和地区住民にたいしては完全に保障されていないことが差別なのである。（中略）したがって、同和地区住民に就職と教育の機会均等を完全に保障し、同和地区に滞溜する停滞的過剰人口を近代的な主要産業の生産過程に導入することにより生活の安定と地位の向上をはかることが、同和問題解決の中心的課題である。

「同和地区住民」を労働市場に組み入れ、「生活の安定と地位の向上をはか」り、ひいては市民的権利・自由を保障するというねらいが明瞭に語られています。答申が強調するのは、「しばしば社会問題として提起される主観的な差別言動よりも、むしろ一般地区の生活状態および社会、経済的な一般水準と比較して、同和地区なるがゆえに解決されず取り残されている環境そのもの」であり、それらの問題こそが、部落民を「市民」になることから遠ざけている原因と考えられていました。

一九六九年七月、それに基づいて出された同和対策事業特別措置法は、「同和対策事業の目標は、対象地域における生活環境の改善、社会福祉の増進、産業の振興、職業の安定、教育の充実、人権擁護活動の強化等を図ることによって、対象地域の住民の社会的経済的地位の向上を不当にはばむ諸要因を解消することにあるものとする」（第五条）と謳《うた》いました。

新たな境界

事業はおおむね属地主義によって行われ、事業を受ける前提となる地区指定を受けるか否かについての選択の余地が与えられることとなりましたが、事業の対象となることはいうまでもなく、その地域が被差別部落であることを公言することでもありました。すなわち、差別を解消するために求められてきた同和対策事業の実施は、「同和地区」という新たな境界をつくりだすことでもありましたが、被差別部落の大半は、当面それなくしては立ちゆかない状況にあったのです。しかし、それに則《のっと》った政策は容易には着手されず、部落解放同盟が地方自治体と激しい折衝を重ね、ようやく事業が全国各地で進展していったのは、一九七〇年代半ば以後のことでした。

一九六〇年五月一〇日、自由民主党の強力な後押しを受けて部落問題の解決を図ろうとする人びとによって、全日本同和会も結成されました。それは、部落問題を「「社会的身分」にかかわる問題として把握」し、「したがって、この問題の解決については、特に自由と平等と、人間相互の精神的な結合関係を尊重する。左右の階級的独裁主義を排し、国民を分裂・抗争に導くような〝階級闘争〟はとらない」（全日本同和会「宣言」）ことを明言したもので、答申の枠組みを忠実に踏襲していました。

かたや部落解放同盟は、「部落差別の本質」を、市民的権利を「行政的に不完全にしか保障していないところにあります」ととらえるところまでは、同対審答申ともほとんど齟齬《そご》はありませんでしたが、現状を「独占資本の超過利潤追求の手段として、部落民を主要な生産関係から除外し、部落民に労働市場の底辺をささえさせ、一般勤労者の低賃金、低生活のしずめとしての役割を果たさせ、政治的には、部落差別を温存助長することによって、部落民と一般勤労者とを対立させる分割支配の役割をもたされている」（部落解放同盟「第二二回全国大会運動方針書」一九六七年三月）との理解に立っている点で、隔たりは大きかったといえましょう。

この考え方は、一九六〇年の第一五回大会で採択された新綱領に基づくもので、歴史家井上清[*2]の「三位一体」（身分・職業・居住）論の影響下にありました。「三位一体」論は、江戸時代以来権力が差別をつくり温存・利用してきたという点において前近代と近代を通底するものであり、社会主義を展望した反帝国主義・反独占の民主主義革

＊2　一九一三〜二〇〇一年。羽仁五郎の指導を受け、講座派マルクス主義の立場から、明治維新、軍事、天皇制などの研究を行った。部落問題についても『部落の歴史と解放理論』（田畑書店、一九六九年）等を著し、運動に与えた影響は大きかった。

命（統一戦線）論と、部落差別を独占資本が温存・利用して労働者階級にとっての「沈め石」の役割を果たさせているという議論がその中核にありました。その点で、のちに部落解放同盟から分裂していく日本共産党の「国民融合」の路線である「国民の統一戦線」と、当該時期の部落解放同盟に存在したいわゆる朝田理論[*3]と呼ばれる「部落第一主義」的理解とが共存しえたのでした［手島二〇一二］。

狭山事件——差別の徴の再刻印

部落解放運動は、同対審答申が出され、その完全実施を求めていっそう高揚する反面、困難な状況にも直面していくこととなりました。

その一つに、狭山差別裁判があげられます。この事件の発生は一九六三年のことですが、その後の裁判から部落差別の問題が浮かび上がることとなり、それに抗議する広範な運動が展開されていきました。

埼玉県狭山市で高校一年の女生徒が死体で発見されるという事件が起こり、まもなく被差別部落に対する集中的な見込み捜査が行われて、当時二四歳だった被差別部落に住む石川一雄が別件逮捕されます。石川は、殺人死体遺棄についての自白を迫られ、「自白すれば一〇年で出してやる」という捜査官の誘惑によって「自白」にいたります。翌六四年三月一一日、一審の浦和地裁で死刑判決が出されますが、同年九月

＊3　部落解放同盟中央執行委員長であった朝田善之助が唱えた理論。生活上の一切の不利な条件や問題はすべて差別によるものであるとする考え方を前提とし、①部落民の主要な生産関係からの排除、②部落民と勤労人民との分裂支配、③部落差別観念は「空気を吸うように」入り込む、という、いわゆる「三つの命題」からなる。

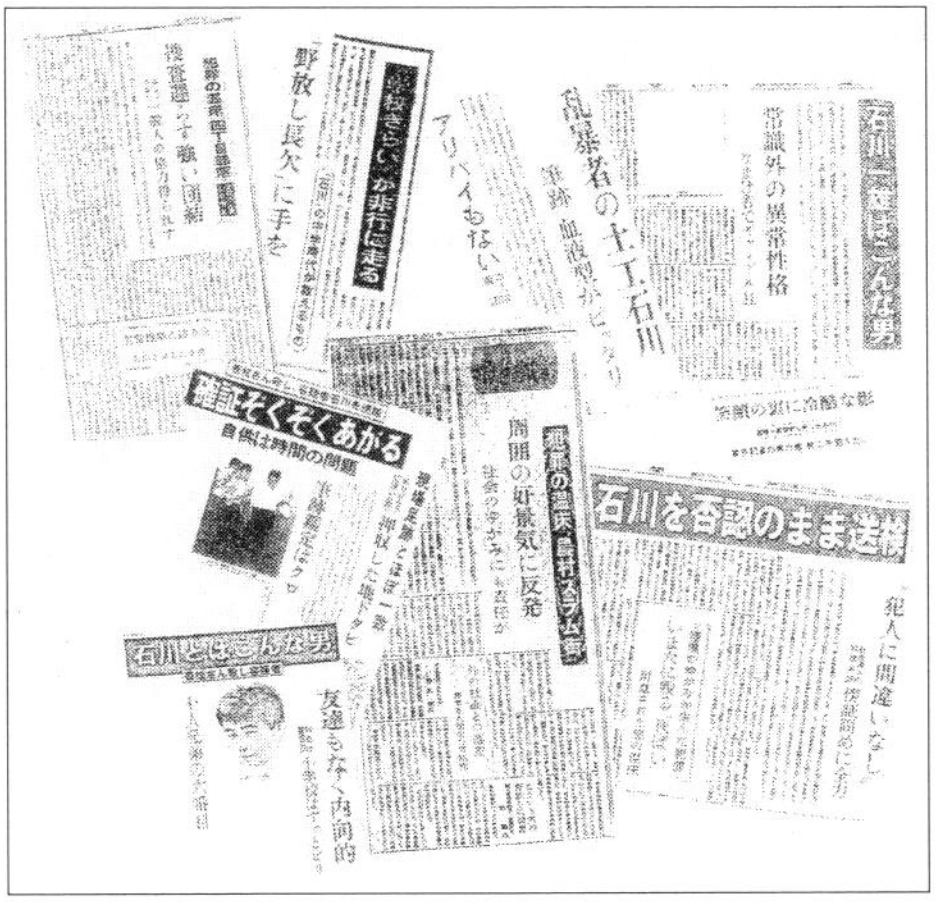

狭山事件を伝える新聞記事

一〇日に行われた東京高等裁判所の控訴審第一回公判で、石川は犯行を否認しました。東京高裁は死刑判決を破棄し、無期懲役を宣告します。最高裁判所は一九七七年上告を棄却したことから、無期懲役が確定しました。その後も再審請求、特別抗告が行われてきましたが、新証拠が提出されているにもかかわらず、事実調べがなされないまま それらは棄却されて現在にいたっています。石川は、一九九四年仮出獄し、五五歳にして三一年ぶりに生まれ故郷の狭山に帰りました。事件発生の一カ月ほど前に起こった子どもの誘拐事件（吉展《よしのぶ》ちゃん事件）で、警察は犯人を取り逃がすという失態をおかし、世間の非難を浴びていたことから、この事件の背後には、信用回復のためにどうしても犯人逮捕にいたらなければならないとする警察側の焦りがあったことは否めませんでした。[*4]

部落解放同盟は、同埼玉県連合会からの提起を受けて公正裁判を要求する決議を採択していますが、本格的に取り組みを始めるのは、六九年三月二四日に開催された第

＊4　野間宏『狭山裁判』上・下（岩波新書、一九七六年）、鎌田慧『狭山事件――石川一雄、四十一年目の真実』（草思社、二〇〇四年。『狭山事件の真実』と改題し、二〇一〇年、岩波現代文庫に収録）を参照。

二四回全国大会以後のことでした。この事件は、既存の差別意識のうえに引き起こされ、さらに犯人が被差別部落の青年であるとすることによって、あたかも被差別部落が犯罪の温床であるかのような、かねてからあった徴《しるし》をいっそう人びとの意識に刻印していく結果をもたらしたといえ、そのことのもつ意味は重大です。

部落解放運動の高揚と広がり

部落解放同盟は、同和対策事業特別措置法具体化と同対審答申完全実施を求めて、「国民運動」と称して運動の大衆的な広がりを追求しながら闘争を展開していきました。その間に、同対審答申の評価をめぐって、先に述べたようにかねてから潜在していた日本共産党支持派と部落解放同盟内の非共産党グループの対立が先鋭化し、そうした状況の下で教育現場で起こった一九六九年の矢田事件（大阪府）、一九七四年の八《よう》鹿《か》高校事件（兵庫県）は、両者の対立をより決定的なものとしました。両者はいずれも、そこで起こった事件が差別事件として糾弾に値するかどうかをめぐって争っており、その見解の対立自体が、差別糾弾という運動のあり方をめぐる両者の路線のちがいの反映でもありました。そうして一九七六年には、六九年の矢田事件の直後に結成された部落解放同盟正常化全国連絡会議が「国民融合論」を掲げて改組して全国部落解放運動連合会となり、ここに部落解放運動は分裂にいたりました。差別する側は、いかようにも差別の理由をつくりだすのであり、こうした運動内部の抗争・分裂は、部落問題を避けて通る一つの理由を与える結果をもたらしたことは否めません。

しかしながらこの時期は、同和対策事業の実施を勝ちとるべく、部落解放同盟支部がこれまで未組織であった地域にもできていく運動の高揚期でもあり、そうした運動の高揚に拍車をかけたのは、一九七五年一一月の「部落地名総鑑」の発覚でした［友永二〇〇六］。それは悪質な業者が、全国の被差別部落の地名・所在地・戸数・職業などを掲載して、それを全国の企業などに販売していたものであり、それ以後も「全国特殊部落リスト」などさまざまな書名を冠した同類の存在が次々と明るみに出されていきました。それは少なからぬ企業が、採用、昇進などにおいて被差別部落出身であるか否かを一つの指標にしてきたことを如実に物語っています。企業の論理は、部落差別に関していえば、本来、被差別部落出身者を排除することとしないことの利害得失を勘案した結果に基づいて行動が選択されるものですが、ここにいたって企業側も、被差別部落出身者を排除しつづけることのデメリットの大きさを認識することになったと思われます。この一

「人事極秘」と題された「部落地名総鑑」の一つ

件以後、就職差別問題は大きく好転します。

すでに述べましたように、一九七〇年代後半から急速に進展していった同和対策事業によって、いまだ部落外との格差をともないながらではあれ被差別部落の住環境は大きく変化していきました。また、高度経済成長の影響も被差別部落にも及び、それも人びとの生活の変化に拍車をかけました。そうして長らく被差別部落に与えられていた、経済的貧困から派生する不潔、トラホームなどの病気の温床、といった徴はおおむねとり払われていきました。その一方で、同和対策事業にかかわる不正などの問題も指摘されるようになりました。部落解放運動に限らずあらゆる運動は、政府に施策を要求しそれを獲得すれば、それは体制の側に少なからず包摂されてしまうことにつながります。部落解放運動の場合は、これまでにもみてきたように同和対策事業実施要求が一九五〇年代以後の運動の太い柱をかたちづくってきたため、なおさらそうした壁にぶつからざるをえなかったと考えられます。

「路地」という語り／木の国・根の国物語

このような部落解放運動の高揚期であり、また公害問題の浮上なども相俟《あいま》った「人権の時代」のさなかに登場してきたのが、作家の中上健次《なかがみけんじ》でした。[*5] 中上は、一九七六年に「岬」で芥川賞を受賞し、一躍脚光を浴びていきます。中上は、和歌山県新宮市《しんぐう》

＊5　中上については、高澤秀次『評伝中上健次』（集英社、一九九八年）、守安敏司『中上健次論――熊野・路地・幻想』（解放出版社、二〇〇三年）、［黒川二〇一六］第四章、等を参照。

の被差別部落に生まれ、一九九二年に四六歳で病没するまで、自らを生んだその場所を「路地」と称し、一貫してその世界を描き続けた作家でした。

中上にとっての「路地」とは「この私が生れ育った、私のすべての愛の対象、知と血の源泉の熊野の中の熊野であるが、その路地は旧新宮から排除されて山の裏側にある」ものであり、「路地が他の村落共同体と違い路地それ自体で宇宙モデルを持ち、国家モデルを持つのは、排除され強いられて山の裏側に行ったというその点にある。半島から渡来して転戦を繰り返した天孫族の神話をなぞるように」というものでした（「異界にて」『GS』創刊号、一九八四年六月三〇日）。

中上が紀伊半島の被差別部落を巡るルポルタージュ『紀州　木の国・根の国物語』（朝日新聞社）を世に問うたのは、一九七八年のことでした。彼は「半島をまわる旅」で「私が知りたいのは、人が大声で語らないこと、人が他所者には口を閉ざすことである」（序章）と述べています。

折から中上の故郷では、一九七七年から「地区改良」事業が始まり改善住宅が建ちはじめていました。中上は、「改めて部落とは何なのか、差別とは何なのか、部落解放とは何なのか、片山氏と上迫氏の二人（部落青年のリーダーとみられる人―引用者）と一緒に考え込む。治者たるその行政当局の甘えをここで私が分析すれば、部落なり解放運動なりが大小のボス統括のうちにあるという錯覚であろう。いや、行政管轄内に存在する被差別部落への統治の不能である。そこにあるのはボスらへの甘い餌と行政者の甘えとの交換である。二者に共通なのは、無告の民たる部落大衆を無視する事である」(「和歌山」『紀州』)と痛烈な同和行政批判を語ります。さらに次のようにもいいます。

「差別」なるものが、一種妖怪のように市民社会のそこここを彷徨《ほうこう》しているのに何度も出くわした。「事実が違う」と、町当局に指摘され古座に二度取材に訪れて、月に一度「同和の日」を設けた町の当局に、「差別」という言葉が一種一人歩きする妖怪のように映っているのだろうと思った。「差別」が物の怪《け》のように彷徨しているのを知り、私がもし小説家でなかったら、事実、事物を徹底して洗いつきとめようとするルポライターであったら、「同和の日」を設けて差別解消の努力をしているという古座町の行政のすべてを取材しなおしただろうと思う。ある土地が近代化、都市化するに従って持つ要請と、いわゆる道を舗装したり家を建て変えたりする〝解放〟行政の中に彷徨する「差別」なる物の怪についてである。近代化、都市化の要請と所謂《いわゆる》〝解放〟行政とはまったく違うものであるとは、小説家である私の判断である。こう考えてよいかもしれぬ。「差別」なる物の怪を口では言いながら、「差別」なる物の怪を都合よく飼いならしている、との判断である。

> その物の怪である「差別」なるものが、発生されると言われている被差別部落をこの旅ではたくさん見てきた。「差別」なる物の怪と、被差別部落は実のところかかわりがないのにもかかわらず、人は「部落問題」と口をそろえて言う。そして、部落問題というものがあるのなら、土地の所有をめぐってのことだろうとも思った。（「終章　闇の国家」『紀州』）

そこには、差別を内包して省みることのない「市民社会」への根源的な問いが発せられています。彼は、このようにもいいます。「「差別」なる物の怪は、市民のおびえがつくり出し行政当局が利用するものである、と私は思う」（同前）と。

第18章●「市民社会」への包摂と排除

同和対策／部落解放運動の再点検

先にも述べましたように、一九七〇年代後半にしだいに顕在化し、中上健次《なかがみけんじ》が向きあったような問題は、「市民社会」の成熟とともにますます深刻化していきました。住環境改善が進展したこと、「部落地名総鑑」事件を機に就職差別が軽減されたことなどが相まって差別が可視化されにくくなり、それにともなって、部落問題に対する理解を欠いた運動批判や、同和対策事業によって被差別部落の方がいい目をみているといったねたみ意識も散見されるようになりました。しかし、いまだ部落解放運動は、そうした状況を打開していく新たな手立てを見いだせず、また、同和対策事業にともなう不正もなくなりませんでした。

そのような状況のなかで、戦後の運動史を改めて振り返り、再点検することによって突破口を見いだそうとする動きが生じてきました。その一人が中国史研究者の藤田敬一で、藤田は、『同和はこわい考——地対協を批判する』（一九八七年、阿吽社）という、まさに現代の差別意識を象徴的に示す表現をそのままタイトルにした本を世に問うて問題を投げかけました。それはその副題にもあるように、一九八六年一二月一日、総務庁（一九八二年の設置当時は総理府）に設けられた地域改善対策協議会（略称地対協。委員は、各省の事務次官、学識経験者、関係団体など）が「意見具申」を出したことが、藤田をしてこの本を書かせた直接の引き金になっていました。*1

「意見具申」は、「同和地区の実態が相当改善されたこと」にともなって、「新しい問題」が生じてきていることを指摘しています。それは、①民間運動団体に追随している行政の主体性の欠如、②施策の実施が、「同和関係者」の自立、向上をはばんでいること、③民間運動団体の「行き過ぎた言動」が「同和問題はこわい問題であり、避けた方が良い」という意識を生み、さらにそれを利用してえせ同和行為が横行していること、④民間運動団体の「行き過ぎた言動」が、同和問題についての自由な意見交換を阻害していること、の四点に及んでいました。

政府の側から、運動にこのような攻勢がかけられてきたことに危機感を強くした藤田は、部落解放運動を解体に導かないためには運動に自浄が必要であるとして、あえて歯に衣《きぬ》着せぬ苦言を呈するという試みに出ました。藤田の主張の柱は、差別・被差別関係の止揚に向けた「共同の営み」としての運動を創出することにあり、それは彼自身が、学生時代から京都を拠点に部落解放運動に参加してきた経験に根ざしていま

＊1　部落解放運動の再点検を求めて、以下のようないくつかの作品が世に問われた。野間宏・安岡章太郎編『差別――その根源を問う』（上）（下）（朝日新聞社、一九七七年）、井上ひさしほか『シンポジウム　差別の精神史序説』（三省堂、一九七七年）、解放新聞社編『部落解放理論の創造に向けて』（解放出版社、一九八一年）、師岡佑行『戦後部落解放論争史』全五巻（柘植書房、一九八〇～八五年）等。

した。[*2]「同和はこわい」という意識をなくすためには、差別・被差別の「両側」が、その「立場」や「資格」へのこだわりをこえる努力をしなければならないといいます。

これらの指摘は、部落解放運動の側から強い反発を呼び起こし、地対協とは異なる立場から運動に警鐘を鳴らした藤田もまた批判の対象とされました。地対協の批判は、しばしば外在的な部落解放運動批判や、運動や同和対策に対する差別意識と結合した反発とないまぜになり、それらを助長する結果になったことは否めません。しかしながら、藤田が危惧したように、差別と立ち向かうためには、人びとのなかにある「こわい」という意識や、あたかもすべての運動が利権に結びついて腐敗しているかのごとく見なす誤った認識が、新たな差別をかたちづくっていることを直視しなければならないはずでした。

「部落民」とは何か

藤田の問いは、さらに「「部落民」とは何か」という議論に発展していきました（藤田編『「部落民」とは何か』阿吽社、一九九八年）。その背景には、被差別部落外との結婚の増加や、人の移動などにより流出・流入が進み、部落と部落外の〝境界〟がゆらいでいるという実態がありました。

ほぼ同時期に、雑誌『現代思想』（一九九九年二月）が「部落民とは誰か」という特

＊2　藤田は、自らが部落解放運動にかかわることになった経緯について、鹿野政直との対談「「人間と差別」をめぐる体験と思索から」（『こぺる』第一八七号、二〇〇八年一〇月）で述べている。

集を組んだことも、このような問いがたんに藤田個人の営みにとどまるものではないことを実感させました。それは、「部落民」という境界が見えにくくなったと同時に、そのことにも起因して解放運動の担い手が育たない、部落民という共同性、被差別部落という共同体が解体するのでは、という部落民アイデンティティの危機のなかで生じてきた問いでもありました。

一九八五年一二月、今日「リバティおおさか」の愛称で知られている大阪人権博物館が、大阪人権歴史資料館と称して、かつて西浜と呼ばれた大阪市浪速区の被差別部落のなかに立ち上げられました。その際の設立趣意書は、「わが国の経済は飛躍的に成長し、産業構造や生活様式は著しく近代化、合理化されましたが、それとともに歴史的文化遺産や景観もつぎつぎに破壊され、わが大阪においても長く息づいてきた、「なにわ」の庶民文化や生活のいぶきの残るものは、数少なくなってきております」と記しています。同和対策事業が遂行され、住環境整備が一定達成されるなかで、なお現存する差別と闘うべく、被差別部落の文化の存続、いうなればアイデンティティの問題へと関心が移行しつつあったことを示しているといえましょう。

「誇り」の語り

「部落民」のアイデンティティは、内田龍史が指摘するように、「時々に「部落民」

を必要とした社会構造・権力・部落外の人びとによって、当事者の側からは部落解放運動によって、それぞれの言説実践のせめぎ合いの中で構築されてきたもの」にちがいありません。被差別部落の人びとは、すでに述べましたように、経済成長の担い手となることを求められる一方、また当事者としては、市民的剝奪の状態を打開する闘いの担い手としての自覚を必要としていました。その両者の意図が折り合って実施されてきたものの一つに、内田が、部落解放運動の次代を担う部落の子どもたちに対する「部落民」としての期待が純化したものと位置づけた部落解放奨学金制度があります。これは、同和対策（のちに地域改善対策）高校・大学等進学奨励金制度として確立されたもので、一九六六年に文部省が「同和対策高等学校等進学奨励費補助事業」を開始することにより、高校・高等専門学校への進学者に支給されることになりました。一九七四年には大学への奨学金補助も始まり、そのような広がりのなかで、期待される「奨学生」像も変化を遂げていきます。市民的権利の剝奪を自覚しその回復を求めて立ち上がる必要上、差別の眼差しによって規定される否定的なアイデンティティ形成をしていた状態から、しだいに、その奨学金制度それ自体も運動に立ち上がった先達が勝ち取ってきた成果であることが提示されることによって、肯定アイデンティティを獲得するにいたります。

そうして奨学金制度は、部落解放教育運動とも密接に結びつきながら、「部落民」

としての「誇り」に支えられて、部落解放運動の担い手を育てることをめざしつつ機能していきました。またそれを下支えする意味も持ちながら、啓発の場でも盛んに「部落民の誇り」が語られてきたのでした［内田二〇一〇］。

一九八六年に公開された大阪の被差別部落を舞台にしたドキュメンタリー映画「人間の街　大阪・被差別部落」（監督　小池征人）は、まさにそうした「部落民」の「誇り」が称揚されていく流れのなかの一つに位置づくものでしたが、その作品でさえ「誇り」一辺倒ではありえず、ほころびが端々に現れ、その両義性がまた、作品の訴えかける力ともなっています。作品の前半で、小学生を前に屠場《とじょう》の仕事の「誇り」を語った浜口比登美は、その後、制作者のインタビューに答え、「部落の人間て胸張って言えっていうけど」「実際みじめやで」と言葉を選びながら言います。彼は、自分の娘が大きくなって結婚する際に、自分は部落の人間であると自ら言わなければならない、そのことに思いをいたらせながら、解放運動や共同体のもつ〝あたたかさ〟などを重々認めつつも、「部落の人間」というどうやっても逃れることのできないものと真正面から向き合うのです［黒川二〇一一］。

従来の部落史やその成果に基づく同和教育は、被差別部落がいかに権力によって差別され、抑圧されてきたかということを明らかにすることに力点をおいてきたため、被差別部落の「悲惨さ」や「みじめさ」ばかりが強調される傾向があり、それに対して、実際に教育現場で子どもたちに向き合う教師たちから異議申し立てがなされてきました。そうして、被差別部落の「ゆたかさ」を伝えることは、被差別部落の子どもたちも自らの存在や自分の住む地域に「誇り」をもつことができ、かつ、部落外の子どもたちに対しても、被差別部落の良さを伝えることで偏見を取り去ることができると考えられて、同和教育や解放運動において大きな影響力をもつにいたりました。それは、被差別部落の文化への関心とも結びついており、前述の部落民アイデンティティの模索とも連動しています。

しかしながら、被差別部落の「ゆたかさ」を伝えるということが一人歩きし、一方で、被差別部落がいかに差別されてきたかを語ることが、あたかも部落解放に反することであるように受けとめられ、それをことさら避ける態度も生じてきました。また、部落問題を十分に理解していない教師たちが同和教育を行う場合には、往々にして、被差別部落の誇れる芸能や食文化、共同体のあたたかさなどを語る途が選ばれます。しかしながら、それは、被差別部落の「誇り」は理解できても、そのことが、差別意識をもつ人びとの前にたちはだかる〝身の素性〟の壁を粉砕することにつながりうるでしょうか。被差別者をことさら美化するのではなく、いかに等身大の被差別部落像を伝えていくことができるかは、問われつづける課題です。

マイノリティとの連帯

一方、一九八〇年代ごろから、部落解放運動が主体となって反差別国際連帯が追求されてきました[＊3]［友永二〇一五］。その対象は、在日朝鮮・韓国人、アイヌ、沖縄、障害者、ハンセン病回復者、性同一障害者、同性愛者、など、広範なマイノリティに及ぶようになりました。

「反差別国際運動」設立総会（1988年1月）

そのような運動の広がりは、一九八五年、部落問題を軸にすえて誕生した大阪人権博物館（一九九五年までは大阪人権歴史資料館）の、二〇〇六年一二月にリニューアルした展示のありようにも示されました。「差別を受けている人の主張と活動」というコーナーに設けられているのは、在日コリアン、ウチナーンチュ、アイヌ民族、女性、性的少数者、障害者、ＨＩＶ感染者・ＡＩＤＳ患者、ハンセン病回復者、ホームレス、被差別部落、公害被害者、水俣病患者、であり、むしろ被差別部落の比重の小ささに疑問を感じるほどです。

＊3　一九八八年、部落解放同盟の呼びかけにより、反差別国際運動（ＩＭＡＤＲ）が設立され、九〇年には日本委員会（ＩＭＡＤＲ－ＪＣ）も設けられた。

このような〝他者〟との連帯は、〝外〟からの批判によって促されたという側面もありました。全国水平社の指導者たちが侵略戦争に荷担したことの指摘や、「日本国民」という概念に自足していることは、日本社会がかかえている部落差別以外の差別への視野の欠落であり、自らを「絶対的な被差別者」と見なしていることである、といった批判が浴びせられたのでした〔金一九九四〕。

そうした視野の広がりは、歴史研究にも反映されていきました。一九九〇年、歴史家のひろたまさきは、これまでの「差別」の歴史が、被差別部落民、女性、アイヌ、等々、それぞれの「個別史」としてなされ、「「差別」の全体史」の研究へと展開してこなかった問題点を指摘しました。そうして、アイヌ、被差別部落民、娼婦《しょうふ》、病者と障害者、貧民、坑夫、囚人、についての史料を編み、「近代日本の差別構造」と題する詳細な解説をつけて、それらの差別の連鎖を視野にいれながら、「その全体的な構造と矛盾」を究明することをめざしました。それはひろたの、差別を近代社会のしくみとのかかわりでとらえようという問題意識と結びついていました〔ひろた一九九〇〕。

「同和」から「人権」へ——特別措置法の廃止

一九八二年三月三一日、時限立法であった同和対策事業特別措置法が期限切れを迎えるため、名称を変えて地域改善対策特別措置法が五年の時限立法で制定され、八七年からは「地域改善対策特定事業に係る国の財政上の特別措置に関する法律」として五年ごとに延長されてきましたが、二〇〇二年三月三一日をもって、一九六九年以来施行されてきた特別措置は終焉《しゅうえん》を迎えることとなりました。

それにともない、あるいはこれまでにみてきたようなそれ以前から進行していた部落問題をとりまく社会意識の変化のなかで、特に部落問題の行政側の位置づけが大きく変化しました。名称一つをとっても、同和対策が人権対策、同和教育が人権教育に軒並み取って代わられていき、行政のみならず、一九六八年に大阪に立ち上げられた部落解放研究所も、三〇周年の一九九八年を機に部落解放・人権研究所と名称を改め、一方、部落問題研究所の機関誌である月刊『部落』も、二〇〇二年四月に『人権と部落問題』と改題しました。全国同和教育研究協議会（第16章参照）が「同和」の看板をはずし、全国人権教育研究協議会と改めたのは、それらよりやや遅れて二〇〇九年のことでした。

それらは、部落問題を他の人権問題とのかかわりのなかで考えるという〝開かれた〟視野をもつにいたったことを意味しており、それ自体は重要なことにちがいありません。しかし、同時にそれは、部落問題の〝人権一般〟への解消として、かねてから部落問題を避けて通りたいと思ってきた人びとが部落問題を避けることの正当化のための方便になるとしたら、重大な問題をはらんでいるといわねばなりません。

鹿野政直は、公害問題などの浮上とともに一九七〇年代から「人権」意識が広がりをみせるようになったことを評価しつつも、「この言葉は、ある種の免罪符あるいは隠れ蓑《みの》との性格を、一部には帯びはじめた。そうして、政治運動ひいては政治そのものへの倦怠が、人びとの意識の焦点を「人権」へと向わせている面もある。その意味では「人権」意識の浮上は、それだけ「体制」直視の姿勢を減衰させている面すらなしとしない」と警鐘を鳴らしています〔鹿野一九八八a〕。また藤田敬一は、その一節をひきつつ鹿野と対談するなかで、「部落問題とその他の人権諸課題との関係について言えば、「人間の問題への普遍化」の動向は否定し」ないが、「大事なのは、それぞれの課題が「響き合い、重なり合う」ような感性の広がりと深まりにつながっていたのかどうか、「周縁・少数」とされてきた人びとの「苦しみ・悲しみ、憂さ・辛さ」への眼差しが豊かに育まれてきたのかどうかではないでしょうか」と述べています（前掲「「人間と差別」をめぐる体験と思索から」）。いままさに、部落問題への向き合い方が問われているといえましょう。

次の最終章では、これらの部落問題のありようを踏まえながら、ふたたび〝いま〟の部落問題に向き合い、いま何が求められているかを考えてみたいと思います。

第19章 部落問題の〈いま〉を見つめて

近年の意識調査から

二〇一三年に東京都が行った「人権に関する世論調査」の結果がインターネット上に報告されています（http://www.metro.tokyo.jp/INET/CHOUSA/2014/04/60o48111.htm）。そのなかに、「かりに、あなたのお子さんが結婚しようとする相手が、同和地区出身者であることがわかった場合、あなたはどうしますか」という設問があり、その問いに対して、「子どもの意志を尊重する。親が口出しすべきことではない」と言い切れた人の割合は四六・五％でした。それ以外の人たちは、「わからない」（二七・〇％）も含めて、そうは断言しきれず、「同和地区出身」であることになんらかのこだわりを持っているのです。

一方、「かりに、あなたが同和地区の人と結婚しようとしたとき、親や親戚から強い反対を受けたら、あなたはどうしますか」という設問については、「自分の意志を貫いて結婚する」が二六・一％、「親の説得に全力を傾けたのちに、自分の意志を貫いて結婚する」が三〇・四％で、結婚の意志を貫くとしたのはこの二つを合わせた五六・五％、すなわち約半分強の数字にとどまっています。

しかも、両者ともに、一九九九年の調査結果と比べて自分の意志を貫くという回答の割合が低下していることも看過しえない問題です。子どもの結婚についての設問では、「同和地区出身」であることがなんら障壁にならない人の割合は七・四ポイント下がっており、本人の場合について問うた後者では、最終的に自分の意志を貫くという回答の割合が一一・七ポイントも減少していて、楽観を許すような状況にはないことがみてとれます。前章で述べたような「同和」から「人権」への移行により、市民啓発や学校教育の場で部落問題が取り上げられる機会が減少していることが、こうした後退の一要因になっているとはいえないでしょうか。

部落問題の〝後退〟〝無化〟

現在も、インターネット上の差別的な書き込みや、種々の差別事件が後を絶たない一方で、私が授業等で接する大学生に目を向けると、「私たちは部落問題を何も気にしていない」「なぜそのような差別があるのか不思議だ」という声がかなりの割合を占めていることも事実です。しかし、そうした若者の多くは、部落問題を〝知らない〟のであり、ひとたび親や祖父母から話を聞く機会に接すると、それを批判的にとらえることなく、巷《ちまた》で差別的に語られるステレオタイプの部落民像であってもそれを鵜呑《うの》みにし、そのようにして得た情報がそのままレポートに記されたりもするのです。

部落問題を〝知らない〟そうした学生に、部落問題の〝いま〟を少しでも知ってもらおうと思い、「人間の街　大阪・被差別部落」（一九八六年）などを見せると、もっと直近のものが観たいとの要望が出ます。ところが、最近のもので、それらと同列に位置づくような被差別部落のドキュメンタリー映画はなかなか思い当たりません。

そのようなかで、「ある精肉店のはなし」（二〇一三年、監督　纐纈《はなぶさ》あや）は、近年、部落問題の観点から注目を集めた作品の一つといえましょう。大阪府貝塚市の「ある精肉店」すなわち北出精肉店の一家は、「牛を育て、屠場《とじょう》で手作業による解体処理を行い、小売までを一貫して手がけてい」ましたが、利用してきた市営屠場の閉鎖が決まり、カメラがその一家の屠畜作業を追います（「インタビュー／纐纈あや「「食べる」ことは、人が「生きる」こと――映画「ある精肉店のはなし」」『ＴＯＫＹＯ人権』第六一号、二〇一四年春）。

しかしながら、ここでは、部落問題を主題としたかつての作品のようには、部落差別の問題は前景化されていないように見受けられます。監督の纐纈あやはこのように述べます。

差別を映像で描くのは難しいことです。実際の場面に居合わせられることはなかなかありませんし、それを撮ればいいというものでもないと思います。（中略）「問題」を問題として理解するのではなくて、私たちはみな誰もが、同じ生活者なのだという視点を持つと、いかに豊かな営みと巧みな技術、伝統、そして温かい結びつきが残っているかが見えてくる。そこから、今まで彼らに向けられてきた差別や偏見とは一体何なのかを問いたいという思いがありました。（前掲「インタビュー／纐纈あや」）

「北出さん一家」を突き詰めていくと、部落差別の問題に行き当たらざるをえません。しかしながら、彼女は屠場の見学に行き、「この仕事があるから、私の「食べる」という日常があるんだなって。屠場の仕事を知らないために、差別や偏見が生まれているのは、大きな間違いだと感じました」と語るように、纐纈がこの映画をつうじて挑むのは、第一義的には「屠場での仕事に対する差別」です。「地域の皆さん」からは「私たちの置かれている現実を中途半端に映画にしてもらったら困る」と言われ、「多分、全然分かってないんだろうけど、分かろうしていることだけは伝わる。引き下がりそうもないしね」と言って承諾してもらったというように（同前）、屠場の映画を撮るために部落問題を学んでいったのだといえましょう。

この作品を立教大学の学生が多摩市の映画祭で上映したことが新聞で報じられましたが、そこでは部落問題には言及されず、もっぱら「と畜産業」への差別に焦点が当てられました。その学生は、「世界にはさまざまな差別がある。それぞれの原因は根深いが、知る努力を放棄したら、改善は難しい」と訴えるように、そして「僕は映画を見て以前よりお肉が好きになりました」と語るように（『朝日新聞』二〇一四年五月三日）、そうした発信の背後には、「食肉」という日常的行為にかかわるものを切り口として、若者世代が差別を考えるきっかけにしたいとの願いが込められているにちがいありません。

そのような傾向の端緒は、実はすでに一九九二年の『橋のない川』[*1]の二度目の映画化（監督　東《ひがし》陽一）の際に現れていたと考えられます。映画の宣伝コピーには、「日本近代を貫いた二〇世紀の〈魂の叙事詩〉」「愛を知り、人は光を放ちはじめる」とあり、もっぱら「愛」が強調され、部落問題が主題であることをあえて示さない手法がとられているようにさえ見受けられました。また、中上健次の作品『千年の愉楽』（一九八二年）が、「ある精肉店のはなし」と同じ二〇一三年に、若松孝二監督によって映画化されており、それにも同様の兆候がみてとれます。映画のＨＰの「解説ページ」（http://www.wakamatsukoji.org/sennenoyuraku/index01.html）を読んでも、「紀州の路地に生を受け」と書かれているだけでは、多くの人は被差別部落を舞台にしたものであることはわからないままでしょう。

映画の内容を紹介した『若松孝二　千年の愉楽』（游学社、二〇一三年）には、菅《かん》孝

＊1　原作は住井すゑの同名の小説。

行の、部落問題についての分量のある解説（「〈路地〉の背景に広がるもの」）が置かれており、けっして被差別部落というテーマをことさら隠蔽《いんぺい》しているわけでありません。同書に掲載された「完成台本」（井出真理）をたどると、被差別部落にかかわるものは、半蔵が産まれる際の礼如と彦之助の会話のなかで、礼如が「高貴で穢《けが》れた一党か……」などと語っていること、「ほやけど俺ら路地生まれじゃけ、漁師仲間には入れてもらえん」という三好の台詞《せりふ》、「三好もまた、己らの穢れを、己らで浄めるように命を落とした」という語り、「高貴で穢れた血を継いだ、中本の男じゃよ」という礼如の台詞、そして最後に流れる「バンバイ　バンバイ／明治の御代を迎えてよ／四民平等の声聞いて／万歳という字を知らず／意味もわからぬ者ながら／バンバイバンバイと叫んだが／礫《つぶて》打たれて　火を放たれて／槍《やり》で突かれて捨てられた（後略）」という歌に示されています。それゆえ中上の原作の主題を理解している者にとっては、そこから背後にある部落問題を読みとることは容易ですが、敢えて〝部落問題〟を訴えようとはしていないのだと思われます。

同書には、三好を演じた一九八二年生まれの俳優、高岡蒼佑《そうすけ》のインタビュー記事が掲載されています。そこで高岡は、「この作品の根底に流れる「差別」という問題はどのように意識していました？」と問われて、次のように答えます。

僕は、個人が自分の〈運命〉をどう意識するのか、そこから逃れたいとか、逃れられないとか、そういった感覚を演じていました。〈被差別〉という括り方の演技ではなく。／そもそも、〈差別〉という意味で考えるならば、何を〈差別〉と捉えるか、という事がありますよね。一〇人いれば、一〇人違う考えの人がいる。マンツーマンで向き合えば、それは対等な意見交換。でも、人数が増えてくると、そこで少数を排除していく。差別になっていく。自分にないもの、共感できないものを排除したいという感覚も、言うなれば〈差別〉ですよね。（「鉛のような〈宿命〉と刹那の炎と」）

この映画作品には「何を〈差別〉と捉えるか」などといった悠長な議論をするまでもなく、原作者中上の、逃れることのできない「路地」すなわち被差別部落への思いが貫かれているのですが、高岡のような理解は、特に若者世代の最大公約数的なものであることはおそらく否めず、そうであるならば、私たちはそうした意識と向き合っていかなければならないのだと思います。

私には、「ある精肉店のはなし」が屠場労働者の差別に、そして「千年の愉楽」が「日本」という空間に部落差別を流し込もうとしているように見え、そのことは、製作者が意図するか否かとは別に、被差別部落という語りの「消去」ないしは「無化」に向かうものではないかと思えてしまいます。あるいは、それこそが、部落問題が〝見えにくく〟なりその存在が理解されにくくなった今日、それでも差別という問題に接近させ、状況を多少なりとも打開するための戦術だと考えることも可能ではありましょう。

そのことの意味を受けとめつつ、そしてそれが被差別部落に対する意識をいくらかでも揺さぶることになるであろうということを承知しつつ、しかし、部落差別を正面突破する道を断念していいのかとの疑問は私につきまといます。それを放棄することは、ともすれば、前章で述べました人権一般への流し込みにつながるのではないでしょうか。そしてそれは、大日本帝国のもとで、「臣民平等」のたてまえが唱道され、とりわけアジア・太平洋戦争下には「国民一体」が高唱された、それと同じ轍《てつ》を踏むことになりかねないのではないかという危惧をも抱かせます。

「市民社会」を見つめる

中上は、「市民社会」に彷徨する「物の怪」を剔抉《てっけつ》してやみませんでしたが、彼はこのようにもいいます。

例えば、或る時、市民なり庶民なりの生活の存続がおびやかされ恐慌状態になる事が起きたとする。関東大震災のような天地異変でもよいし、食糧危機でも円高による経済の破綻でもよい。市民や庶民がそれを切り抜けるには敵がいる。関東で起こった大震災の時、井戸に毒を入れに来るとデマ宣伝で次々に殺されたのは朝鮮人であったが、この紀伊半島紀州で、もしそのようなことがそっくり起こるとしたら、市民や庶民は敵をどこに求めただろう。

彼は、「私の想像する被差別部落民虐殺と朝鮮人虐殺は、説明の手続きを無視して言えば、不可視と可視の違いである」とし、「私の〝戦争〟はこの一枚の写真の中にもある」といい、「路地」のなかに、〝戦争〟〝虐殺〟が及びうる可能性を見、警告を発し続けていたのです（「御坊」『紀州』）。

今日、いつの時代のことかと思うような差別が行われていることを見聞したりもします。しかし、総じて部落問題は見えにくくなっています。そうであるがゆえに、部落差別は解消しつつあり、そっとしておけばいい、何も知らせない方がいいという見解はずっと底流にあり、繰り返し頭をもたげてきます。しかしながら、近世社会には賤民《せんみん》身分が存在し、近代においては、「解放令」が発布されたにもかかわらず今日にいたるまで部落問題を存続させてきたという歴史的事実は消すことはできません。それゆえ「知らなければよい」といっても、中学・高校の歴史教科書にはそのことが記述され、部落問題の存在を直視することからは免れえないのです。そうであるならば、これまで述べてきたような現状に照らしても、私たちは、歴史に学び、部落問題に向きあう努力を続けていかなければならないはずです。

普遍的人権の意識獲得をめざして

「近代的思惟」の成熟を希求しつづけた政治学者の丸山眞男《まさお》は、国民国家論が席捲《せっけん》する以前から、あるいは「他者」認識が研究テーマに位置づくようになるはるか前から、「他者」の存在にはきわめて敏感であり、また社会全体がそうあるべきことを説いていた先駆的存在でした。丸山は、「日本は、長い間、同一民族、同一人種、同一言語、同一領土ということになっていて——これはどこまで歴史的「事実」かという問題よりは、そう考えられていた、という意識、そういう意識が事実あったという問題なのですが」と述べ、あくまで他との比較上「日本が同質的」だという実態を直視したうえで、それがゆえに「他者感覚が希薄になりやすい」問題を指摘します。そうして「他者感覚がないところに人権の感覚も育ちにくい」こと、そしてまた、たんに「同意する」ことと他者を「理解する」ことのちがいを強調したうえで、「中国に対する認識が根本的に誤っていたというのも、他者感覚がないから」だと述べます〔丸山一九九六年〕。「他者感覚」を保持することは、丸山いうところの永久革命としての民主主義、不断の精神革命と表裏一体であり、民主主義実現の大前提をなしていたといえ、安易な同一化や無関心のいずれにも陥ることなく「他者」を内在的に理解することは、それ自体もまた「永遠の・無限の課題」なのでした〔石田二〇〇五〕。

「日本思想史における「古層」の問題」一九七九年。『丸山眞男集』第一一巻、岩波書店、それは、いうなれば普遍的人権ということの重要性の指摘でもあります。当事者が立ち上がることは運動の原点でもありますが、自分にかかわる問題に対して闘うのみでは、普遍的人権の獲得にはつながっていきません。すでに述べたような人権一般への流し込みとは異なり、一つの問題にしっかりと足場を築きながら、そこを拠点に他の問題にも視野を広げていく、その研ぎ澄まされた人権感覚が求められているのだと思います。

あとがき

学生時代に部落史に関心をもち、まずテキストとして貪り読んだのが、部落問題研究所編『部落の歴史と解放運動』の一九七五年版でした。その後、部落史の通史がいくつか刊行されてきましたが、やはりそれは、〝通史〟というものの重みとともに、私の部落史の原点となっています。

そして、部落解放・人権研究所より『部落の歴史』（解放出版社）の〈前近代〉（寺木伸明著、二〇〇二年）と〈近代〉（秋定嘉和《あきさだよしかず》著、二〇〇四年）が刊行されてから十数年を経た今、それらを受け継いで新たな通史を世に送り出すこととなりました。本書がその間の部落問題のありようや研究状況の変化を反映したものになっているか否かは、読者のみなさんの判断を仰がねばなりませんが、私は、部落問題はたんに感性のレベルにとどまらず、社会構造のなかで論理的に理解することが重要であり、そのためには、その歴史を知ることが不可欠であると考えています。このところ争点になっている慰安婦の問題にしても然《しか》りですが、マジョリティが何をしてきたのかをしっかりと見据え、学び、その史実を正面から受けとめていかなければなりません。本書も、そうしたことを行っていくうえでの一助となれば、幸いです。

本書のもとになった原稿を『ヒューマンライツ』に連載させていただいた際には、部落解放・人権研究所啓発企画部（編集担当）の片木真理子さんには、激励のお言葉もいただき、大変お世話になりました。また、同研究所第一研究部門事務局の松本信司さんには、連載の段取りから本書刊行にいたるまでの手はずを整えていただき、松本さんのご尽力によって本書刊行にこぎ着けることができました。

また、本書刊行にあたっては、その編集など、解放出版社編集部の小橋一司さん、一文字工房の宮武利正さんにたいそうなご尽力をいただきました。

本書の内容は、英訳されて部落解放・人権研究所のホームページに掲載されています。この翻訳を、大変な作業であるにもかかわらず、『ヒューマンライツ』の連載と並行していち早くなし遂げてくださったのは、オックスフォード大学のイアン・ニアリーさんです。それによって、英語圏の世界にも発信することができるようになりました。

ほかにもお名前はあげませんが、今回も多くの方々にお世話になっています。心からお礼を申し上げます。

二〇一六年一月一一日

黒川みどり

●参考文献一覧

【前近代編】

朝尾直弘（一九八〇）「幕藩制と畿内の「かわた」農民――河内国更池村を中心に」『新しい歴史学のために』第一六〇号

安里嗣淳（一九九三）「南島の珊瑚礁文化――珊瑚礁の恵みに生きる貝塚時代の琉球の人々」『日本歴史館』小学館

阿南重幸（二〇〇〇）「江戸時代の牛皮輸入（上）――皮田（かわた）の役割に関連して」『部落解放史ふくおか』第九九号

阿南重幸（二〇〇三）「江戸期――皮流通と大坂商人――長崎・府内・小倉・筑前・大坂」『部落解放史ふくおか』第一一〇号

網野善彦（一九九四）『中世の非人と遊女』明石書店（講談社学術文庫、二〇〇五年）

網野善彦（一九九七a）『日本社会の歴史』（中）岩波新書

網野善彦（一九九七b）『日本社会の歴史』（下）岩波新書

網野善彦（一九九八）『日本中世の百姓と職能民』平凡社（平凡社ライブラリー、二〇〇三年）

新城俊昭（二〇〇八）『ジュニア版　琉球・沖縄史』東洋企画

有元正雄（二〇〇九）『近世被差別民史の東と西』清文堂

安達五男（一九八一）「七分の一の生命と蓮花寺騒動」小林茂編『人権の歴史――同和教育の手引』山川出版社

石母田正（一九六三）「古代の身分秩序」『古代史講座』第七巻、学生社

井上準之助（一九九四）「弾左衛門の燈心営業について」東日本部落解放研究所編『東日本の近世部落の生業と役割』明石書店

井上満郎（一九八七）『渡来人――日本古代と朝鮮』リブロポート

井上満郎（一九九七）「身分・階級の発生と展開」秋定嘉和他編『改訂版　人権の歴史　同和教育指導の手引』山川出版社

井上満郎（一九九九）『古代の日本と渡来人――古代史にみる国際関係』明石書店

植木雅俊訳（二〇〇八）『法華経　梵漢和対照・現代語訳』（下）岩波書店

上田正昭（一九六五）『帰化人――古代国家の成立をめぐって』中公新書

上田正昭（二〇一二a）『私の日本古代史（上）天皇とは何ものか――縄文から倭の五王まで』新潮選書

上田正昭（二〇一二b）『私の日本古代史（下）『古事記』は偽書か――継体朝から律令国家成立まで』新潮選書

臼井寿光（二〇〇九a）「転換期賤民法制と被差別民」大阪の部落史委員会編『大阪の部落史』第一〇巻〈本文編〉部落解放・人権研究所

臼井寿光（二〇〇九b）「弛緩する社会秩序と台頭する被差別民」大阪の部落史委員会編『大阪の部落史』第一〇巻〈本文編〉部落解放・人権研究所

遠藤和夫（一九九七）「日本仏教と旃陀羅」『部落解放史ふくおか』第八五号

大内寛隆（一九九二）「近世における被差別身分の実態――三春藩とその周辺」東日本部落解放研究所編『東日本の近世部落の具体像』明石書店

大熊哲雄（二〇一一）「弾左衛門体制下における長吏旦那場」大熊他『旦那場――近世被差別民の活動領域』現代書館

大阪の部落史委員会（二〇〇九）『大阪の部落史』第一〇巻〈本文編〉部落解放・人権研究所

大野　晋（一九九四）『日本語の起源　新版』岩波新書

大林太良編（一九七五）『日本古代文化の探究――隼人』社会思想社

大本敬久（二〇一三）『触穢の成立――日本古代における「穢」観念の変遷』創風社出版

大山喬平（一九七六a）「奈良坂・清水坂両宿非人抗争雑考」『日本史研究』第一六九号

大山喬平（一九七六b）「中世の身分制と国家」『岩波講座　日本歴史』8〈中世4〉岩波書店

沖浦和光・野間　宏（一九八三）『アジアの聖と賤』人文書院（河出文庫、二〇一五年）

沖浦和光・宮田　登（一九九九）『ケガレ――差別思想の深層』解放出版社

沖浦和光（二〇〇二）「日本列島の先住民・土蜘蛛――その伝承の地を歩く」『神奈川大学評論』第四二号

落合重信（一九七一）「近世皮多部落の形成と庄園村落」『歴史学研究』第三六九号

尾本惠市（一九九六）『分子人類学と日本人の起源』裳華房

海保嶺夫（一九八七）『中世の蝦夷地』吉川弘文館

加茂儀一（一九七六）『日本畜産史　食肉・乳酪篇』法政大学出版局

川嶋將生（一九九五a）「中世後期賤民の職掌と賤視」京都部落史研究所編『京都の部落史』一〈前近代〉阿吽社

川嶋將生（一九九五b）「皮革業者への成長と農民化」京都部落史研究所編『京都の部落史』一〈前近代〉阿吽社

鬼頭　宏（一九八三）『日本二千年の人口史――経済学と歴史人類学から探る生活と行動のダイナミズム』PHP研究所

木下　浩（一九八三）「新潟」部落問題研究所編『部落の歴史　東日本篇』部落問題研究所出版部

工藤雅樹（二〇〇一）『蝦夷の古代史』平凡社新書

黒田俊雄（一九七二）「中世身分制と卑賤観念」『部落問題研究』第三三輯

桑名市同和教育資料編集委員会（一九九五）『同和教育資料　人権のあゆみ・桑名』〈本文編〉桑名市教育委員会

後藤正人（一九七三）「幕藩法令にあらわれた賤民支配の諸相と展開」『法制史研究』第二三号

小林大二（一九八七）『差別戒名の歴史』雄山閣

斎藤洋一（一九九四）「研究ノート　近世の被差別民と医薬業」『水と村の歴史――信州農村開発史研究所紀要』第九号

斎藤洋一（二〇〇三）「近世の被差別民と医薬業・再考」『部落解放研究』第一五三号

斎藤洋一（二〇一一）「信州の旦那場と一把稲」大熊哲雄他『旦那場――近世被差別民の活動領域』現代書館

笹本正治（一九八八）『戦国大名と職人』吉川弘文館

笹本正治（二〇〇四）「戦国大名の職人編成とかわた」『解放研究』第一七号

滋賀県部落史研究会（一九七四）『滋賀の部落』第三巻〈部落史論叢〉滋賀県同和事業促進協議会

柴田　一（一九七一）『渋染一揆論』八木書店

下村欣司（一九九五）「近世和泉の物吉について」『部落解放研究』第一〇四号

神野清一（一九八六）『律令国家と賤民』吉川弘文館

神野清一（一九九三）『日本古代奴婢の研究』名古屋大学出版会

神野清一（一九九六a）「開かれた列島――渡来人・先住民」部落解放・人権研究所編『部落史の再発見』解放出版社

神野清一（一九九六b）「律令制下の賤身分」部落解放・人権研究所編『部落史の再発見』解放出版社

神野清一（一九九七）『卑賤観の系譜』吉川弘文館

鈴木明・山本哲也（一九七八）『揖竜の部落史』一〈近世篇〉揖竜の部落史刊行会

鈴木則子（一九九六）「近世癩病観の形成と展開」藤野豊編著『歴史のなかの「癩者」』ゆみる出版

高澤裕一（一九八三）「石川・富山」部落問題研究所編『部落の歴史　東日本篇』部落問題研究所出版部

高橋　崇（一九八六）『蝦夷（えみし）――古代東北人の歴史』中公新書

田中喜男編（一九八六）『加賀藩被差別部落史研究』明石書店

田良島哲（一九八五）「中世の清目とかわた村――乙訓郡の事例から」『京都部落史研究所紀要』第五号

田良島哲（一九九五a）「非人の生活と清水坂・奈良坂の争い」京都部落史研究所編『京都の部落史』一〈前近代〉阿吽社

田良島哲（一九九五b）「宿の村落化とさまざまな生業」京都部落史研究所編『京都の部落史』一〈前近代〉阿吽社

塚田　孝（一九九六）『近世の都市社会史――大坂を中心に』青木書店

塚田　孝（二〇〇一）『都市大坂と非人』山川出版社

塚田正朋（一九八六）『近世部落史の研究――信州の具体像』部落問題研究所

辻ミチコ（一九七九）「京都における被差別部落の成立について」部落解放

研究所編『近世部落の史的研究』（上）解放出版社
辻ミチコ（一九八六）「概説・近世Ⅰ」京都部落史研究所編『京都の部落史』四〈史料近世一〉阿吽社
辻ミチ子（一九八九）「太鼓屋——ピシッとした皮の張り具合いが音をきめる」京都部落史研究所編『近世の民衆と芸能』阿吽社
辻ミチ子・山本尚友（一九九五）「徳川幕府と身分制」京都部落史研究所編『京都の部落史』一〈前近代〉阿吽社
辻本正教（一九九五）「御根太草履と呪的世界（上）・（中）」『部落解放史ふくおか』第七七・八〇号
出口公長（一九九九）『皮革あ・ら・か・る・と』解放出版社
寺木伸明（一九八六）『近世部落の成立と展開』解放出版社
寺木伸明（一九八八）「安永七年の「賤民」取締令についての小考察」『同和問題研究』一一号
寺木伸明（一九八九）「解題」『編年差別史資料集成』第一三巻〈近世部落編八〉三一書房
寺木伸明（一九九〇）「解題」『編年差別史資料集成』第一七巻〈近世部落編一二〉三一書房
寺木伸明（一九九二）『被差別部落の起源とは何か』明石書店
寺木伸明（一九九六）『被差別部落の起源——近世政治起源説の再生』明石書店
寺木伸明（二〇〇〇）「大阪地域における近世部落の人口動態と背景——河内国丹北郡更池村内の近世部落を中心として」『近世身分と被差別民の諸相——〈部落史の見直し〉の途上から』解放出版社
寺木伸明・野口道彦編（二〇〇六）『部落問題論への招待——資料と解説第二版』解放出版社
寺木伸明（二〇〇九）「近世身分制」寺木伸明・中尾健次編著『部落史研究からの発信』第一巻〈前近代編〉解放出版社
寺木伸明（二〇一四）『近世被差別民衆史の研究』阿吽社
中尾健次（一九九二）『江戸社会と弾左衛門』解放出版社
中尾健次（一九九六）『江戸の弾左衛門——被差別民衆に君臨した〝頭〟』三一新書
中尾健次（二〇〇一）「古地図から見た渡辺村の変遷」大阪人権博物館編刊『絵図の世界と被差別民』大阪人権博物館
仲尾俊博（一九八二）『宗教と部落差別——旃陀羅の考察』柏書房
中澤巷一・小林　宏（一九六九）「近世上方における賤民支配の成立」『法制史研究』第一九号
永原慶二（一九九二）「中世社会の展開と被差別身分制」『室町戦国の社会——商業・貨幣・交通』吉川弘文館
中村明蔵（一九八六）『熊襲・隼人の社会史的研究』名著出版
奈良県立同和問題関係史料センター（二〇〇一）『奈良の被差別民衆史』奈良県教育委員会
丹生谷哲一（一九八六）『検非違使——中世のけがれと権力』平凡社選書（平凡社ライブラリー、二〇〇八年）
丹生谷哲一（一九九三）『日本中世の身分と社会』塙書房
丹生谷哲一（二〇〇五）『身分・差別と中世社会』塙書房
布引敏雄（一九八〇）「幕末薩長の牛馬骨交易」『長州藩部落解放史研究』三一書房
布引敏雄（二〇〇九ａ）「中世後期の被差別民」大阪の部落史委員会編『大阪の部落史』第一〇巻〈本文編〉部落解放・人権研究所
布引敏雄（二〇〇九ｂ）『長州藩維新団——明治維新の水平軸』解放出版社
のびしょうじ（一九九五）「かわた生業構造の特質」「大阪の部落史」編纂委員会編『新修　大阪の部落史』（上巻）解放出版社
のびしょうじ（二〇〇七）『被差別民たちの大阪　近世前期編』解放出版社
畑中敏之（一九九五）「近世「かわた」村の雪踏稼——和泉国南王子村の事例を中心に」『ヒストリア』第一四九号
畑中敏之（一九九八）『雪踏をめぐる人びと——近世はきもの風俗史』かもがわ出版
服部英雄（二〇一二）『河原ノ者・非人・秀吉』山川出版社
埴原和郎（一九九五）『日本人の成り立ち』人文書院
林由紀子（一九九八）『近世服忌令の研究——幕藩制国家の喪と穢』清文堂
原田信男（一九九三）『歴史のなかの米と肉——食物と天皇・差別』平凡社選書（平凡社ライブラリー、二〇〇五年）

万羽正朋（一九六〇）「「部落」の形成に関する考察——信州における部落史素描（一）」『信濃』第一二巻第五号
深谷克己（一九九三）『百姓成立』塙書房
藤井寿一（二〇一三）「紀伊国「鉢坊」の人たちと空也堂」『部落解放と大学教育』第二六号
藤沢靖介（二〇一三）『部落・差別の歴史——職能・分業、社会的位置、歴史的性格』解放出版社
藤野　豊編（一九九六）『歴史のなかの「癩者」』ゆみる出版
藤本清二郎（一九八三）「広島」部落問題研究所編『部落の歴史　西日本篇』部落問題研究所出版部
藤本清二郎（一九九七）『近世賤民制と地域社会——和泉国の歴史像』清文堂
藤本清二郎（二〇一一）『近世身分社会の仲間構造』部落問題研究所
部落問題研究所編（一九八三）『部落の歴史　東日本篇』部落問題研究所出版部
古川与志継（二〇〇三）「近江の太鼓づくり——張替と製作をめぐって」『部落解放研究』第一五三号
細川涼一（一九九四）『中世の身分制と非人』日本エディタースクール出版部
本田　豊（一九八九）『白山神社と被差別部落』明石書店
前田速夫（二〇一三）『白山信仰の謎と被差別部落』河出書房新社
前田正明（一九九四）「諸獣類取捌きとかわた身分」『部落問題研究』第一二九輯
牧　英正（二〇一四）『差別戒名の系譜——偽書『貞観政要格式目』の研究』阿吽社
松井　章（一九九三）「家畜と肉食——イノシシ・ブタ・ニワトリの飼育がはじまる」『日本歴史館』小学館
松下志朗（一九八五）『九州被差別部落史研究』明石書店
松崎武俊（一九七六）「慶長期における筑前藩の「皮多」政策」『部落解放研究』第八号
松永友和（二〇〇七）「大坂非人研究の新たな展開のために——研究史整理と新史料『長吏文書』の紹介」『部落解放研究』第一七七号
松根　鷹（一九九〇）『差別戒名とは』部落解放研究所
水本正人（一九九六）『宿神思想と被差別部落——被差別民がなぜ祭礼・門付にかかわるのか』明石書店
峯岸賢太郎（一九八三）「関東」部落問題研究所編『部落の歴史　東日本篇』部落問題研究所
宮田　登（一九九六）『ケガレの民俗誌——差別の文化的要因』人文書院（ちくま学芸文庫、二〇一〇年）
三好伊平次（一九四三）『同和問題の歴史的研究』同和奉公会
ミュージアム知覧（二〇〇九）『獣骨を運んだ仲覚兵衛と薩南の浦々——知覧・穎《え》娃《い》に残る海運資料と発掘調査速報展』
森　明彦（一九九六）「古代の穢」部落解放・人権研究所編『部落史の再発見』解放出版社
森　杉夫（一九七一）「近世末解放部落の成立と生活」『部落解放』第二一号
森　杉夫（一九七五）『近世部落の諸問題——堺の被差別部落を中心として』堺市教育委員会
森　杉夫（一九八五）『南王子村の歴史』「郷土の歩み」編集委員会
盛田嘉徳他（一九七九）『ある被差別部落の歴史——和泉国南王子村』岩波新書
矢木明夫（一九六九）『身分の社会史』評論社
山口之夫（一九七二）「「河内国更池村文書」の史料解題」『部落解放』第三一号
山路興造（一九九五ａ）「散所村と声聞師」京都部落史研究所編『京都の部落史』一〈前近代〉阿吽社
山路興造（一九九五ｂ）「声聞師と鉢叩き」京都部落史研究所編『京都の部落史』一〈前近代〉阿吽社
山本　薫（二〇〇二）「研究ノート　泉州の堺「四ヶ所」長吏と郡中非人番」『部落問題研究』第一五九輯
山本幸司（一九九二）『穢と大祓』平凡社選書
山本尚友（一九八一）「近世部落寺院の成立について（上）」『京都部落史研究所紀要』創刊号
山本尚友（一九九五）「中世賤民の全体像」京都部落史研究所編『京都の部

落史』一〈前近代〉阿吽社
山本尚友（二〇〇四）「散所の概要と研究の経緯」世界人権問題研究センター編『散所・声聞師・舞々の研究』思文閣出版
横井　清（一九六二）「日本中世における卑賤観の展開とその条件――一つの試論的展望」『部落問題研究』第一二輯
横井　清（一九七五）『中世民衆の生活文化』東京大学出版会
横田冬彦（一九八八）「賤視された職人集団」『日本の社会史』六〈社会的諸集団〉岩波書店
横山勝英（一九七〇）「全体社会からみた部落――未解放部落の形成過程―備前藩の場合」『部落問題研究』第二七輯
脇田晴子（一九八八）「山水河原者善阿弥の収入」部落問題研究所編刊『部落の生活史』
脇田晴子（二〇〇二）『日本中世被差別民の研究』岩波書店
和気紀於（一九八四）『被差別部落の大騒動――武州鼻緒騒動記』明石書店
和田　勉（一九八二）「三重」部落問題研究所編『部落の歴史　近畿篇』部落問題研究所出版部

[近現代編]

秋定嘉和・渡部徹編（一九七三～七八）『部落問題・水平運動資料集成』全三巻＋補巻一・二、三一書房
朝治　武（二〇〇八）『アジア・太平洋戦争と全国水平社』解放出版社
阿部安成（二〇〇二）「養生から衛生へ」小森陽一他編『岩波講座　近代日本の文化史』４〈感性の近代〉岩波書店
石田　雄（二〇〇五）『丸山眞男との対話』みすず書房
上杉　聰（一九九〇）『明治維新と賤民廃止令』解放出版社
上野千鶴子（二〇〇六）「戦後女性運動の地政学――「平和」と「女性」のあいだ」西川祐子編〈歴史の描き方②〉『戦後という地政学』東京大学出版会
内田龍史（二〇一〇）「期待される「部落民」像」黒川みどり編著『近代日本の「他者」と向き合う』解放出版社
大阪人権歴史資料館（一九八九）『満州移民と被差別部落――融和政策の犠牲となった来民開拓団』
大沼保昭（一九八七）「遥かなる人種平等の理想――国際連盟規約への人種平等条項と日本の国際法規」大沼保昭編『国際法、国際連合と日本』弘文堂
鹿野政直（一九八八ａ）『「鳥島」は入っているか――歴史意識の現在と歴史学』岩波書店
鹿野政直（一九八八ｂ）『コレラ騒動――病者と医療』〈週刊朝日百科　日本の歴史97〉（責任編集）朝日新聞社
川村善二郎（一九七二）「一　ファシズム下の部落解放運動――三重県朝熊部落のたたかい」（一九七二年初出、朝熊町歴史史料集編集委員会編『朝熊町歴史史料集　近代編』一九九六年、および黒川みどり・藤野豊編『近現代部落史』有志舎、二〇〇九年に所収）
金靜美（一九九四）『水平運動史研究――民族差別批判』現代企画室
クセルゴン、ジュリア（一九九二）『自由・平等・清潔――入浴の社会史』（鹿島茂訳）河出書房新社
黒川みどり（一九九九）〈シリーズ日本近代からの問い①〉『異化と同化の間――被差別部落認識の軌跡』青木書店
黒川みどり（二〇〇三）『地域史のなかの部落問題――近代三重の場合』解放出版社
黒川みどり（二〇〇四）「部落差別における人種主義――「人種」から「民族」へ」沖浦和光・寺木伸明・友永健三編『アジアの身分制と差別』解放出版社
黒川みどり（二〇〇九）「千葉県の戦後被差別部落の生活と運動」（『千葉県史研究』第一七号）
黒川みどり（二〇一〇）「被差別部落民の由緒の語り」歴史学研究会編〈シリーズ歴史学の現在12〉『由緒の比較史』青木書店
黒川みどり（二〇一一）『描かれた被差別部落――映画の中の自画像と他者像』岩波書店
黒川みどり（二〇一三）「差別の諸相」安田常雄編〈シリーズ戦後日本社会の歴史４〉『社会の境界を生きる人びと――戦後日本の縁』岩波書店
黒川みどり（二〇一四）「「改造」の時代」『岩波講座　日本歴史』17〈近現代３〉岩波書店

黒川みどり・藤野豊（二〇一五）『差別の日本近現代史』岩波現代全書
黒川みどり（二〇一六）『創られた「人種」――部落差別と人種主義《レイシズム》』有志舎
小林初枝（一九八一）『おんな三代――関東の被差別部落の暮らしから』朝日選書
坂野　徹（二〇〇五）『帝国日本と人類学者――一八八四―一九五二年』勁草書房
杉山　弘（二〇〇四）「コレラ騒動論――その構図と論理」〈日本の時代史22〉新井勝紘編『自由民権と近代社会』吉川弘文館
鈴木　良（二〇一〇）「日本社会の変動と同和行政の動向――同和対策審議会から同和対策事業特別措置法へ」部落問題研究所編刊『部落問題解決過程の研究』第一巻〈歴史篇〉
髙野眞澄（二〇〇七）「憲法六〇年と被差別部落の人権保障」『部落解放』第五八一号
高橋幸春（一九九五）『絶望の移民史――満州へ送られた「被差別部落」の記録』毎日新聞社
ただえみこ（二〇〇〇）『唄で命をつむいで――部落のおばあちゃん、母、そして私』青木書店
手島一雄（二〇一二）「報告／「国民融合論」の成立と近現代部落史研究」『部落解放研究』第一九四号
冨山一郎（一九九四）「国民の誕生と「日本人種」」『思想』第八四五号、一九九四年一一月
友永健三（二〇〇六）『いま、改めて「部落地名総鑑」差別事件を問う』解放出版社
友永健三（二〇一五）『部落解放を考える――差別の現在と解放への探求』解放出版社
長崎県部落史研究所（一九九五）長崎県部落史研究所編『ふるさとは一瞬に消えた――長崎・浦上町の被爆といま』解放出版社
丹羽邦男（一九九一）「「解放令」と地租改正」大阪人権歴史資料館編刊『明治維新と「解放令」』
丹羽邦男（一九九五）『地租改正法の起源――開明官僚の形成』ミネルヴァ書房
濱口亜紀（二〇〇一）「部落解放全国婦人集会の開催とその意義」『大阪人研博物館紀要』第五号
林　宥一（一九九四）「五　民族解放と差別撤廃の動き」〈近代日本の軌跡4〉金原左門編『大正デモクラシー』吉川弘文館
原田伴彦（一九八四～八六）原田伴彦ほか監修『近代部落史資料集成』第一～一〇巻、一九八四～八六年、三一書房（本資料集成については、［　］内「原田」のあとに巻数を記すこととする）
ひろたまさき（一九九〇）『差別の諸相』〈近代日本思想大系22〉岩波書店
藤野　豊（一九八四）『同和政策の歴史』解放出版社
藤野　豊（一九八六）「留岡幸助と部落問題」部落解放研究所編『論集・近代部落問題』解放出版社
藤野豊・徳永高志・黒川みどり（一九八八）藤野・徳永・黒川『米騒動と被差別部落』雄山閣
藤野　豊（二〇〇一）『被差別部落ゼロ？　近代富山の部落問題』桂書房
部落問題研究所編刊（一九七八～七九）『戦後部落問題の研究』全七巻
本田　豊（一九八二）本田豊編『群馬県部落解放運動六十年史』部落解放同盟群馬県連合会
町田市立自由民権資料館（二〇〇六）〈民権ブックス19〉『山上卓樹・カクと武相のキリスト教』
松尾尊兊（一九七四）『大正デモクラシー』岩波書店（岩波現代文庫、二〇〇一年）
室田保夫（一九九八）『留岡幸助の研究』不二出版
山路勝彦（二〇〇六）『近代日本の海外学術調査』山川出版社
歴史教育者協議会（二〇〇四）『図説　米騒動と民主主義の発展』民衆社

●掲載写真所蔵・提供一覧

15頁　三内丸山遺跡（青森県教育庁文化財保護課蔵）
25頁　奴婢逃亡記載のある計帳（正倉院宝物）
27頁　須恵器（京都国立博物館蔵）
40頁　『塵袋』（国立国会図書館蔵）
41頁　『天狗草紙』（個人蔵）
50頁　『一遍上人絵伝』（藤沢道場本、模本。土佐吉光作、東京国立博物館蔵）
52頁　『三十二番職人歌合絵巻』（天理大学附属天理図書館蔵）
55頁　『七十一番職人歌合』（大阪人権博物館蔵）
72頁　「河内国丹北郡更池村検地帳」（松原市史編さん室蔵）
87頁　「高津本　洛中洛外図屏風」（九州国立博物館蔵、山﨑信一撮影）
87頁　「新板大坂之図」（明暦3年）（大阪歴史博物館蔵）
106頁　万歳・鳥追（大阪人権博物館蔵）
107頁　猿曳（大阪人権博物館蔵）
109頁　安永7年生野代官所御触書（朝来市教育委員会蔵）
113頁　雪踏（大阪人権博物館蔵）
121頁　差別戒名墓石（『写真記録 全国水平社六十年史』解放出版社、1982年、より）
132頁　「維新団規則」（山口県文書館蔵）
140頁　「太政類典」（国立公文書館蔵）
142頁　『公議所日誌』（大阪人権博物館蔵）
151頁　「新民世界」（『復刻 東雲新聞』部落解放研究所、1977年、より）
163頁　『琵琶歌』（大阪人権博物館蔵）
175頁　『明治之光』（『復刻　明治之光』兵庫部落問題研究所、1977年、より）
180頁　『公道』（東京大学法学部附属明治新聞雑誌文庫蔵）
181頁　上田静一資料（大阪人権博物館蔵）
194頁　『民族と歴史』「特殊部落研究号」（大阪人権博物館蔵）
196頁　『同愛』第35号（大阪人権博物館蔵）
199頁　燕会の人びと（水平社博物館蔵）
201頁　『よき日の為めに』（水平社博物館蔵）
203頁　全国水平社「綱領」「宣言」「則」「決議」（崇仁自治連合会蔵）
203頁　全国水平社創立者写真（水平社博物館蔵）
203頁　全国水平社総本部荊冠旗（部落解放同盟中央本部蔵）
208頁　福岡県婦人水平社の人びと（『写真記録 全国水平社六十年史』より）
210頁　衡平社第8回大会ポスター（法政大学大原社会問題研究所蔵）
213頁　『特殊部落一千年史』（大阪人権博物館蔵）
214頁　世良田村事件写真（朝日新聞社提供）
216頁　全国農民組合三重県連合会事務所写真（谷口佳文蔵）
228頁　「全国水平社解消の提議」（水平社博物館蔵）
229頁　高松差別裁判全国部落代表者会議写真（松本龍蔵）
231頁　『融和事業完成十箇年計画書（抄録）』（松本治一郎記念会館蔵）
233頁　「声明書」（部落解放同盟長野県連合会蔵）
240頁　来民開拓団の人びと（部落解放同盟熊本県連合会鹿本支部蔵）
244頁　部落解放全国委員会結成記念写真（福岡県人権研究所蔵）
250頁　『オール・ロマンス』（部落解放・人権研究所蔵）
254頁　第1回部落解放全国婦人集会（仁保芳男撮影）
256頁　第9回全国同和教育研究大会（『写真記録 全国水平社六十年史』より）
259頁　部落解放国策樹立請願行進（仁保芳男撮影）
265頁　狭山事件の新聞記事（部落解放同盟大阪府連合会蔵）
267頁　「人事極秘」（部落解放同盟大阪府連合会蔵）
279頁　「反差別国際運動」設立総会写真（反差別国際運動日本委員会蔵）

●著者紹介

寺木伸明（てらき　のぶあき）

1944年、滋賀県に生まれる。
1972年、大阪大学大学院文学研究科博士課程単位取得、満期退学　博士（文学）
現在　桃山学院大学名誉教授
［主要著書］
『近世部落の成立と展開』解放出版社、1986年
『部落史の見方考え方』解放出版社、1989年
『被差別部落の起源とは何か』明石書店、1992年
『部落史をどう教えるか』（稲垣有一・中尾健次と共編著）解放出版社、1993年
『被差別部落の起源――近世政治起源説の再生』明石書店、1996年
『近世身分と被差別民の諸相――〈部落史の見直し〉の途上から』解放出版社、2000年
『部落の歴史　前近代』部落解放・人権研究所、2002年
『近世被差別民衆史の研究』阿吽社、2014年
『近世大坂と被差別民社会』（藪田貫と共編著）清文堂、2015年

黒川みどり（くろかわ　みどり）

早稲田大学第一文学部日本史学専攻卒業　博士（文学）
現在　静岡大学教授
［主要著書］
『異化と同化の間――被差別部落認識の軌跡』青木書店、1999年
『共同性の復権――大山郁夫研究』信山社、2000年
『地域史のなかの部落問題――近代三重の場合』解放出版社、2003年
『つくりかえられる徴《しるし》――日本近代・被差別部落・マイノリティ』部落解放・人権研究所、2004年
『近現代部落史――再編される差別の構造』（藤野豊と共編著）有志舎、2009年
『近代部落史――明治から現代まで』平凡社新書、2011年
『描かれた被差別部落――映画の中の自画像と他者像』岩波書店、2011年
『内藤湖南とアジア認識――日本近代思想史からみる』（山田智と共編著）勉誠出版、2013年
『戦後知識人と民衆観』（赤澤史朗・北河賢三と共編著）影書房、2014年
『差別の日本近現代史――包摂と排除のはざまで』（藤野豊と共著）岩波現代全書、2015年
『創られた「人種」――部落差別と人種主義《レイシズム》』有志舎、2016年

入門　被差別部落の歴史

2016年 5 月25日　初版第1刷発行
2020年 8 月30日　初版第3刷発行

著　者　寺木伸明・黒川みどり

発　行　株式会社 解放出版社

〒552-0001 大阪市港区波除 4-1-37　HRCビル3階
TEL 06(6581)8542・FAX 06(6581)8552　郵便振替 00900-4-75417
東京事務所　〒113-0033 東京都文京区本郷 1-28-36 鳳明ビル 102A
TEL 03(5213)4771・FAX 03(5213)4777 HP http//www.kaihou-s.com/

装　丁　森本良成

印　刷　モリモト印刷株式会社

ISBN978-4-7592-4063-4　NDC210.1　P302　21cm